Interessiert daran, die Dinge im Schlaf zum Guten zu wenden?

Originaltitel:
Prosper While You Sleep

Verfasser:
Ben Sweetland

Übersetzung aus dem Amerikanischen:
Benno Schmid-Wilhelm

ISBN-10: 1514109042
ISBN-13: 978-1514109045

Bezugslink Taschenbuch:
http://goo.gl/ms3fuy

Bezugslink Kindle:
http://goo.gl/GcQKsL

Interessiert daran, die Dinge im Schlaf zum Guten zu wenden?

Originaltitel:
Prosper While You Sleep

Verfasser:
Ben Sweetland

Übersetzung aus dem Amerikanischen:
Benno Schmid-Wilhelm

ISBN-10:
1517089115

ISBN-13:
978-1517089115

Herausgeber:
I-Bux.Com
Wissen, das Ihr Leben gestaltet

Bezugslink:
http://goo.gl/OcXX0R

Inhaltsübersicht

Inhaltsübersicht

Inhaltsübersicht

Inhaltsübersicht

Inhaltsübersicht

Inhaltsübersicht

Besuchen Sie http://goo.gl/6ZJCrT

Einleitung

Fünfundneunzig Prozent aller menschlichen Probleme sind auf negatives Denken zurückzuführen.

Diese Zahl beinhaltet solche Wesenszüge wie Schüchternheit, Zwistigkeiten unter Familienangehörigen, geschäftliche Misserfolge, schlechtes Gedächtnis, Angespanntheit, ein Gefühl des Unglücklichseins, Sorgen und dergleichen.

Das können Sie ändern, und zwar während Sie schlafen!

Sie sind ein Bewusstsein mit einem Körper – nicht umgekehrt!

Dies zu erkennen, ist bereits der halbe Weg zur Meisterung dieser Probleme. Das ist der Ansatz, der es Ihnen ermöglicht, sich durch Zuhilfenahme des Tagesbewusstseins zum niemals schlafenden anderen Bewusstseinsbereich, das schöpferische Bewusstsein (das „Unterbewusstsein"), Zugriff zu verschaffen. Was Sie in diesem Buch erfahren werden, ist unbezahlbar.

Dieses Buch zeigt Ihnen, wie Sie im Schlaf den tiefsten denkenden Teil von sich nutzen, um das zu erhalten, was Sie sich im Leben wünschen:

- finanzieller Erfolg
- persönlicher Einfluss
- Liebe
- Respekt und Bewunderung usw.

Sie können das schöpferische Bewusstsein willentlich dazu anleiten, Ihnen bei der Lösungsfindung behilflich zu sein. Es wird Ihnen helfen, die richtigen Entscheidungen zu treffen, es wird Ihnen Mittel und Wege aufzeigen, um Außergewöhnliches zu vollbringen – über Nacht!

Bei dieser Vorgehensweise wird die Lösung im Schaf ausgearbeitet und Sie wachen morgens mit fertigen Lösungen auf, deren Klarheit Sie in helles Erstaunen versetzt.

Einleitung

In diesem Buch erfahren Sie unter anderem:

- Eine Drei-Stufen-Übung, um Ihr schöpferisches Bewusstsein in ein **geistiges Kraftwerk** zu verwandeln (Seite 76);
- Fünf Möglichkeiten, um Ihr **schöpferisches Bewusstsein in Ihrem Sinne wirken** zu lassen (Seite 165);
- Vorschläge zur **Verbesserung Ihrer Konzentrationsfähigkeit** (Seite 187);
- Eine Formel für den Aufbau eines **Erfolgsbewusstseins**, welche Sie in jedem Lebensbereich erfolgreicher macht und Ihnen zu einer Einkommensverdoppelung verhilft (Seite 221);
- Wie Sie das **Positive verstärken** und eine **anziehende Persönlichkeit** entwickeln (Seite 284);
- Wie Sie eine **mentale Diät** einnehmen, geistige und körperliche Gesundheit erlangen und sich um Jahre jünger fühlen, auch wenn Sie bereits siebzig Jahre alt sein sollten (Seite 276).

Da diese Methode Blockaden auf geistigen Bahnen beseitigt, wird Ihr Gedächtnis automatisch besser, Ihre übrigen geistigen Fähigkeiten nehmen zu und Ihre Herzenswünsche werden wahr.

Mit dieser Methode erreichen Sie Optimismus, Zuversicht, Kühnheit und bringen Ihre schlummernden Talente zum Vorschein.

Sie können in jeder Hinsicht reicher werden, materiell ebenso wie spirituell, und zwar

während Sie schlafen!

Einleitung

Wie Ihnen dieses Buch zu mehr Reichtum verhelfen kann

Stellen Sie sich auf eine wunderbare Erfahrung ein. Unabhängig davon, was Sie sich im Leben wünschen, wird Ihnen dieses Buch den Weg zur Erfüllung Ihrer Wünsche aufzeigen. Das gilt für alle Lebensbereiche – Finanzen, Einfluss, Liebe, Anerkennung.

Dieser Weg ist berufs- und spartenunabhängig. Mit Ihrer schulischen Ausbildung, Ihrer Herkunft oder mit Glücksfällen hat dieser Weg nichts zu tun.

Dieser Weg beruht auf dem essenziellsten Teil von Ihnen; dem Teil, der am tiefsten denkt.

Es ist leicht festzustellen, dass nur sehr wenige Menschen genau wissen, was sie wirklich wollen oder wie ihre Idealsituation aussehen sollte. Da sie kein Ziel haben, können sie nicht einmal unterscheiden zwischen dem, was für sie gut und schlecht ist.

Sollte dies auch auf Sie zutreffen, ist das noch kein Grund zur Verzweiflung. Die Umsetzung der Hinweise in diesem Buch wird diesen Umstand zu Ihrem Vorteil ändern. Sie sind besser, als Ihnen bewusst ist!

Bevor Sie dieses Buch durchgearbeitet haben, werden Sie ein für allemal wissen:

Wie Sie Ihre wirklichen Lebensziele erkennen und wie Sie aus Ihren wahren Fähigkeiten, aus Ihren riesigen Fundus der verborgenen Talente, schöpfen.

Sie werden gelernt haben, wie Sie eine so unerschütterliche Zuversicht und einen Elan entwickeln, dass Ihnen andere Menschen auf Ihrem Weg zum Angestrebten gerne behilflich sein werden.

Sie werden auch wissen, wie Sie ein plastisches Vorstellungsbild Ihres eigenen Erfolges aufbauen und aufrechterhalten, und dieses innere Bild mit jedem Wort und jeder Tat immer besser ausmalen.

Ihre Arbeit wird an Wert gewinnen. Dabei sollten Sie Folgendes bedenken: Sie besitzen nicht nur käuflich erwerbbare Dinge, sondern auch eine tiefe innere Befriedigung. Dieses Gefühl der Befriedigung ist eine normale Begleiterscheinung dessen, dass Sie Ihr Leben immer mehr so gestalten, wie Sie es sich wünschen. Bei dieser Art des Reichwerdens drücken Sie das aus, was in Ihnen steckt, und auf diese Weise vollbringen Sie das Konstruktivste, Gesündeste und Schönste, was Sie für sich tun können!

Für Ihren Erfolg ist Ihr schöpferisches Bewusstsein entscheidend!

Das Leitmotiv des gesamten Buches ist der Satz:

Wie der Mensch in seinem Herzen denkt, so ist er!

Ohne die Bedeutung dieser zeitlosen Wahrheit schmälern zu wollen, darf ich diesen Spruch im Lichte der modernen Psychologie etwas umformulieren:

Der Mensch ist das, was ihm sein schöpferisches Bewusstsein vorgibt.

Sie sind kein Körper mit einer Seele. Sie sind eine Seele mit einem Körper!

Das Bewusstsein lässt sich in zwei Bereiche unterteilen. Der uns am besten bekannte Bereich ist das Tagesbewusstsein. Das ist das, was uns bewusst ist.

Dieser Bereich nimmt über Ihre Sinnesorgane – Sehen, Hören, Tasten, Schmecken, Riechen - Eindrücke auf. Bei den tausenderlei unserer täglichen Entscheidungen ist dieser Bereich äußerst effektiv.

Einleitung

Wenn Sie eine bewusste Handlung vollführen - zum Beispiel einen Kugelschreiber in die Hand nehmen, zu einer Kellnerin sprechen, einen Anruf machen -, sendet Ihr Tagesbewusstsein die entsprechenden Anweisungen an Ihren Körper. Und wenn Sie einschlafen, schläft Ihr bewusster Bereich – Ihr Tagesbewusstsein – ebenfalls ein.

Nicht jedoch der andere Bereich: **das schöpferische Bewusstsein!**

Ihr schöpferisches Bewusstsein hält Sie am Leben. Es ist zuständig für die unwillkürlichen Lebensfunktionen wie Herzschlag und Atmung. Es hat die Kontrolle über Ihre Drüsen, die Chefregulatoren Ihres Körpers.

Für unseren Zweck ist jedoch Folgendes am Wichtigsten: Ihr schöpferisches Bewusstsein bestimmt auch Ihre Persönlichkeit, Ihren Charakter, Ihre innersten Antriebe und Ihre geheimsten Wünsche!

W. Clement Stone erstellte in seinem schöpferischen Bewusstsein ein machtvolles Vorstellungsbild: Er sah vor seinem geistigen Auge, dass er einer großen Versicherungsgesellschaft vorstehen würde.

Nun ist allgemein bekannt, dass man für eine Unternehmensgründung Startkapital benötigt. In der Tat ist es so, dass die meisten Existenzgründungen scheitern, weil ihnen das Kapitel fehlt, um eine Flaute zu überbrücken.

Mein Freund Stone jedoch besaß nicht einmal 100 Dollar. Damit schuf er als Leiter einer Versicherungsgesellschaft ein persönliches Vermögen von etwa 100.000.000 Dollar.

Wie viele Verkäuferinnen und Verkäufer ziehen heute mit einem guten Produkt und einer guten Verkaufsgespräch los und machen dennoch keinen Abschluss?

Das Tagesbewusstsein dieser Personen weiß alles über das Produkt; die technischen Fakten und die Vorteile für den Nutzer kennt es aus dem Effeff.

Doch ob Sie als Verkäufer Ihren Kunden Vertrauen oder Misstrauen, Glaube oder Zweifel, einflößen, hat mit Ihrer Sachkenntnis nichts zu tun. Darüber entscheidet Ihr schöpferisches Bewusstsein.

Ihr schöpferisches Bewusstsein ist die Instanz, welche dafür sorgt, ob Sie die Frau oder der Mann sind, der dem potenziellen Abnehmer sympathisch ist, oder ob es eher negative Charakterzüge formt, weshalb es dann nicht so einfach ist, mit Ihnen Geschäfte zu machen.

Damit will ich nicht sagen, dass ein Erfolgsbild in Ihrem schöpferischen Bewusstsein in jedem Fall ein hundertprozentiges Gelingen garantieren würde. Ich werde Ihnen jedoch einige Beispiele von Menschen präsentieren, die nach einem anfänglichen Scheitern ihre Hindernisse überwunden haben. Diese Personen haben ihre Rückschläge als eine Chance für eine Verbesserung betrachtet.

Ihr schöpferisches Bewusstsein ist es, das Sie in die Gruppe der glücklichen, lebensfrohen, gut gekleideten und gut situierten Menschen einreihen wird. Das sind Menschen, welche Liebe anziehen und einen Weg aus Schwierigkeiten finden und sich immer auf der Sonnenseite des Lebens aufzuhalten scheinen.

Dieses Buch wird Ihnen aufzeigen, wie Sie im Schlaf wohlhabender werden. Dies tun Sie, indem Sie mit Ihrem schöpferischen Bewusstsein kommunizieren, während Ihr Tagesbewusstsein schläft.

Das sind die Zeiten, in denen Ihr schöpferisches Bewusstsein im höchsten Maße aufnahmefähig und empfänglich ist; dazu kommt, dass das Tagesbewusstsein nicht dagegensteuern kann.

Senden Sie Ihrem schöpferischen Bewusstsein dann eine Botschaft, wenn Ihr Körper und Ihr Tagesbewusstsein schlafen, und Sie können sicher sein, dass diese Botschaft fest verwurzelt wird. Sie kann sogar unerwünschte frühere Botschaften ausmerzen (dies ist zwar auch zu anderen Zeiten möglich, doch während des Schlafes sind die Voraussetzungen am besten). Ein weiterer Pluspunkt ist, dass Sie einen tiefen und gesunden Schlaf haben werden.

Wie Sie sehen werden, ist der eigentliche Kommunikationsablauf ziemlich einfach. Einige Personen brauchen ein paar Tage, um dieses Geheimnis in die Praxis umzusetzen, andere schaffen es in einer einzigen Nacht. Es ist eine wunderbare Erfahrung, eine Art Flaschengeist als getreulichen Befehlsempfänger und Ausführenden vorzufinden.

Als Erstes empfehle ich Ihnen, mit den in diesem Buch enthaltenen bewährten Botschaften zu üben. Ich weiß aus Erfahrung, dass sie sehr nachhaltig wirken.

Bald werden Sie jedoch Ihre eigenen Botschaften formulieren wollen. Das sind geistige Vorstellungsbilder, die Sie in der erreichten Idealsituation sehen: Sie fahren Ihr Traumauto, Sie leben in Ihrem Wunschhaus, Sie verkehren in den Kreisen, denen Sie angehören wollen, usw. Und nicht zuletzt verfügen Sie über das ausreichende Kleingeld, um sich Ihre materiellen Wünsche erfüllen zu können.

Sie mögen nun einwenden, dass Sie dies bereits vergeblich versucht hätten. Falls Sie so denken, darf ich Ihnen versichern, dass die Chancen tausend zu eins stehen, dass Sie Ihr schöpferisches Bewusstsein falsch angesprochen und deshalb nicht erreicht haben. Jede Veränderung läuft darauf hinaus, dass Sie Ihr schöpferisches Bewusstsein ändern.

Sie werden nun dort ansetzen, wo Sie wirklich leben.

Diesmal reißen Sie alle Verneinungen, Selbstzweifel und selbstsabotierenden Anwandlungen an der Wurzel heraus. Optimismus, Zuversicht, Selbstvertrauen, Mut und neue Talente werden nun gedeihen und der breite Weg zu Wohlstand und Wohlergehen ist von unnützem Gestrüpp und Hindernissen befreit!

Der gesündeste Zustand auf der Welt

Es war keineswegs eine Übertreibung, als Sie weiter vorne gelesen haben, dass das Reicherwerden das Konstruktivste, Gesündeste und Schönste sei, was Sie für sich tun können!

Allerdings ist auch der Warnhinweis wichtig, dass dieses Reicherwerden auf eine Art und Weise zu geschehen hat, bei der Ihre eigene, ganze persönliche Leistung am besten zum Ausdruck gebracht wird. Nur dann verdienen Sie mehr als nur Geld.

Da etwa drei Viertel unserer Krankheiten eine psychische Grundlage haben, liegt es auf der Hand, dass Ihr Geisteszustand einen nicht zu unterschätzenden Einfluss auf Sie hat. Wie der bekannte Forscher Dr. John A. Schindler nachgewiesen hat, ist einer der gesundheitsförderlichsten Aspekte eine lebensfrohe, konstruktive und zukunftsgerichtete Geisteshaltung.

Ich kenne viele Leute, die auf Kosten ihrer Gesundheit reich geworden sind – immerhin so reich, dass sie sich die besten und teuersten Ärzte leisten können.

Ihnen wird das nicht passieren! Die nächsten Jahre, während Sie Ihr Vermögen aufbauen, werden zu Ihren glücklichsten Lebensjahren gehören. Sie werden viele innere Konflikte über Bord werfen und keine psychosomatischen Gründe für „Kopfschmerzen“ oder „Geschwüre“ haben.

Sie werden auch viel Müdigkeit ablegen und Ihre Arbeit müheloser erledigen. Denn was ist ermüdender als ständige Niederlagen? Diese zermürbende Mattigkeit, wenn man das Gefühl hat, mit dem Kopf gegen eine Wand zu laufen? Eines der besten Heilmittel bei Müdigkeit ist eine Arbeit, die mit Erfolgssicherheit erledigt wird. Am Ende des Tages können Sie sich dann zufrieden bei Ihrem Lieblingshobby entspannen.

Privatleben und schöpferisches Bewusstsein

Eine Dame suchte mich um Rat auf. Sie kam mit ihrem Gatten nicht zurecht. Das Einkommen reichte nicht, um anständige Kleidung für die Familie zu kaufen. Ihre Kinder schienen ihr nichts als Sorgen zu bereiten. Sie sah keinen Ausweg mehr. Nur eines wusste sie mit Sicherheit: für eine Selbstvervollkommnung hatte sie nun wirklich keine Zeit.

Ich erklärte ihr, dass die Antworten auf ihre Probleme in ihrem schöpferischen Bewusstsein zu finden seien. Wir verbrachten knapp über eine Stunde zusammen und ich zeigte ihr in groben Zügen auf, was Sie auch in diesem Buch erfahren.

Sechs Monate später berichtete sie mir, dass Ihr Eheleben ideal sei. Sie habe nun auch genügend Kleidung im Schrank und ihre Kinder hätten sich von Sorgen- zu Freudenbringern gewandelt.

Sie hatte nicht anderes getan, als sich innerlich Vorstellungsbilder von den angestrebten Idealbedingungen auszumalen. Diese inneren „Filme“ wurden buchstäblich Teil ihres schöpferischen Bewusstseins. Doch auch äußerlich wirkte sie tatkräftig mit.

Da ich der Meinung bin, dass eine tragfähige und glückliche Partnerschaft ein unschätzbarer Reichtum ist, werden Sie in diesem Buch viele Seiten finden, die diesem Thema gewidmet sind.

Einleitung

Wie stufen Sie Ihre Erfolgskraft ein?

In dieses Buch fließen sowohl zahlreiche persönliche Erlebnisse als auch die Erfahrungen anderer ein.

Zunächst eine der wahrheitsgemäßen Erfahrungen, die man mir geschildert hat. Es handelt sich um ein Experiment mit einem Arbeiter, der weder lesen noch schreiben konnte.

Dieser Mann verdiente sein tägliches Brot mit Muskelkraft. Er war Anfang sechzig und fing rasch zu altern an. Über trickreiche Rechenkünste wurde ihm jedoch „bewiesen", dass die Daten falsch seien und er in Wirklichkeit zehn Jahre jünger sei.

Der Mann fing fast schlagartig an, jünger auszusehen und sich jünger zu fühlen. Wo er sich vorher darüber beschwert hatte, dass er nicht mehr so schwer arbeiten könne wie früher, erledigt er nun dasselbe Pensum, ohne übermäßige Ermüdungserscheinungen zu zeigen. Organisch war alles in Ordnung mit ihm. Doch er hatte sich eingebildet, dass er nun, da er das sechzigste Lebensjahr überschritten hatte, „kürzer treten" müsse und nicht mehr so leistungsfähig sei – so wie ihm das alle seine Kumpels vormachten.

Es hat sich auch gezeigt, dass Menschen, die in jungen Jahren erblinden, dreißig Jahre später häufig jünger aussehen als gleichaltrige sehende Personen. Die Erblindeten sehen sich innerlich noch mit ihren damals jugendlichen Gesichtszügen. Sie halten nicht Ausschau nach Falten und grauen Haaren.

Nach demselben Prinzip erwarten viele Leute nur mittelmäßige Leistungen von sich. Genau das erhalten sie dann! Solche Selbstbeschränkungen werden dann von Aussprüchen der folgenden Art begleitet: *„Er ist einfach zu schüchtern, um auf andere Leute zuzugehen"*. In diesem Fall wird Ihnen Ihr schöpferisches Bewusstsein weiterhin einreden, dass Sie sich selber nicht mögen.

Einleitung

Sie fühlen sich unter anderen Menschen nicht wohl und gehen ihnen lieber aus dem Weg.

Doch Ihr schöpferisches Bewusstsein kann durchaus davon überzeugt werden, dass es sich ändert, und wird Ihnen dann völlig andere Signale zusenden. Bald werden Sie sich in Ihrer Haut wohler fühlen, andere Menschen mehr schätzen und die schönen Zeiten mit ihnen genießen.

„Mein Gedächtnis ist wahnsinnig schlecht, ich kann mir einfach nichts merken". Doch seltsamerweise kann Ihr essenzielles Gedächtnis gar nicht schlecht sein, denn Ihr schöpferisches Bewusstsein speichert lückenlos alles ab, was Sie jemals gehört, gesehen, gefühlt oder geschmeckt haben. Eventuell sogar alles, was Sie jemals gedacht haben.

Wenn Sie etwas „vergessen", bedeutet das nichts anderes, als dass Sie Ihr Tagesbewusstsein nicht dazu bringen können, etwas im schöpferischen Bewusstsein Abgespeichertes aufzurufen. Die geistige Bahn ist blockiert. Stunden oder Tage später fällt es Ihnen dann vielleicht „aus heiterem Himmel" ein. Plötzlich haben sich die Schleusen auf Ihrer geistigen Bahn wieder geöffnet.

Millionen von Menschen verzichten auf den größeren Teil ihres Bewusstseins, indem sie ihr eigenes Gedächtnis blockieren. Sie werden in diesem Buch erfahren, dass eine offene geistige Bahn nicht nur Ihr Gedächtnis verbessert, sondern auch anderen geistigen Fähigkeiten zugutekommt. Es kann sehr nützlich sein, sich dann an Namen, Anschriften, Telefonnummern oder Preise erinnern zu können, wenn diese Angaben benötigt werden. Bedenken Sie deshalb immer, dass Sie bereits ein vollkommenes Gedächtnis besitzen. Es geht nur noch darum, es aufzuwecken.

„Ich kann mich nicht konzentrieren!" Zerstreute Menschen befürchten manchmal, dass geistig etwas mit ihnen nicht in Ordnung sei. In Ausnahmefällen mag das zutreffen, doch in der Regel ist es nicht so.

Viel wahrscheinlicher ist, dass Ihr schöpferisches Bewusstsein schlechte Gewohnheiten angenommen hat.

Sie werden noch sehen, wieso Gedanken so viel Macht besitzen und dass jede Handlung mit einem Gedanken beginnen muss. Und Sie werden auch sehen, dass Sie in Ihrem schöpferischen Bewusstsein entscheiden, wie viel Macht Sie einem bestimmten Gedanken gewähren wollen.

Als Erstes werden Sie Ihr schöpferisches Bewusstsein anweisen, sich auf jene Vorstellungsbilder zu konzentrieren, die Sie am eindringlichsten haben wollen.

Als Nächstes wird Ihr schöpferisches Bewusstsein Ihr Tagesbewusstsein dazu anleiten, diese Vorstellungsbilder immer im Blickfeld zu haben. Es wird Ihnen keine Anstrengung bereiten, sich zu konzentrieren. Die Konzentration wird mühelos sein und viele Sorgen hinfällig machen; Ihre Lebenskräfte werden im Verbund auf Ihre Ziele hinarbeiten.

Wachen Sie auf! In jeder Faser Ihres Seins!

Sie werden in vielerlei Hinsicht ein besserer Mensch werden und sich manchmal wie neu geboren vorkommen!

Ihr schöpferisches Bewusstsein wird Ihnen eine fröhliche und schwungvolle Einstellung verschaffen; Sie werden die Dinge beherzter anpacken. Wenn Sie entschlossen und erfolgsüberzeugt an Probleme und Entscheidungen herangehen, werden Ihr Selbstvertrauen und Ihre Selbstdisziplin zunehmen. Was andere Leute nervös und unsicher macht, wirft Sie nicht aus der Bahn.

Gestatten Sie mir an dieser Stelle eine weitere Geschichte. Sie handelt von mir selbst.

Einleitung

Vor vielen Jahren, als ich die grenzenlose Macht des schöpferischen Bewusstseins zu ahnen begann, wurden einige häusliche Reparaturarbeiten immer notwendiger. Aber ich schob sie immer weiter vor mir her und flüchtete mich in Ausreden.

Als die Arbeiten endlich erledigt waren, quälte mich das schlechte Gewissen. Ich überlegte mir, wie ich mein schöpferisches Bewusstsein künftig dazu bringen könnte, meinem Tagesbewusstsein klarzumachen, dass die Dinge dann erledigt werden sollten, wenn es an der Zeit dafür war.

Die Antwort war geradezu lächerlich einfach:

Wenn ich heute eine Arbeit zu erledigen habe, gebe ich meinem schöpferischen Bewusstsein zunächst ein Vorstellungsbild vom bereits abgeschlossenen Werk vor. Dies tue ich im Schlaf und nach dem Aufwachen fühle ich mich so befreit und freudig, wie ich mich fühlen würde, wenn die anstehende Aufgabe bereits erledigt wäre.

Wenn ich mich dann an die eigentliche Arbeit mache, scheinen die Hindernisse vielfach förmlich wegzuschmelzen, zumindest aber fallen sie nicht störender ins Gewicht, als handle es sich lediglich um belanglose Begleiterscheinungen.

Wenn die Arbeit fertiggestellt ist, spüre ich diese Befriedigung nochmals.

Entscheiden Sie heute mit Ihrem Tagesbewusstsein (Verstand), dass Sie bereits reich sind. Damit ist ein Großteil Ihrer Arbeit bereits erledigt!

Das ist eine absolute Voraussetzung, welche Sie Ihrem schöpferischen Bewusstsein fest einprägen müssen. Sobald dieser Gedanke fest in Ihrem schöpferischen Bewusstsein verankert ist, kann Sie nichts mehr aufhalten!

Einleitung

Wie würden Sie „Reichtum“ definieren?

Ihre Antwort auf diese Frage wird darüber entscheiden, welchen Nutzen Sie aus diesem Buch ziehen. Von nun an wird der Begriff „Reichtum“ in dem Sinn verwendet, den Sie ihm geben.

Einige werden sich unter „Reichtum“ einen unermesslichen finanziellen Zufluss vorstellen, sie werden an Immobilien, eine Jacht oder ein Flugzeug denken. Falls dies Ihre Vorstellung von „Reichtum“ ist, ist daran nichts auszusetzen. Arbeiten Sie mit diesen Vorstellungsbildern und je mehr Sie dieses Buch studieren, umso mehr werden Sie feststellen, dass diese Wünsche durchaus Realität werden können.

Doch vielleicht ist „Reichtum“ für Sie gleichbedeutend mit Führungseigenschaften – auf dem Felde der Politik, der Industrie oder des Handels. Sollte dies auf Sie zutreffen, werden Sie mit diesem Buch ebenfalls auf den richtigen Weg zur Erfüllung Ihres Wunsches gelangen.

Eventuell halten Sie Reichtum sowohl in materieller wie auch persönlicher Hinsicht für zu hoch gesteckt. Doch diese Art von Reichtum ist keineswegs zu hoch gegriffen. In der Tat gehen beide Bereiche Hand in Hand. Eine Einschränkung gilt jedoch: Diese beiden – oder auch nur einen der beiden – Dinge zu wünschen, wird Ihnen nicht weiterhelfen! Seien Sie vorsichtig mit dem Wörtchen „wünschen“. Wie Sie noch erfahren werden, kann es Ihnen mehr schaden als nutzen.

Ich habe einmal eine Definition von „Reichtum“ gehört, welcher Sie sich vielleicht anschließen können:

Kapitel 1

„Reichtum" – Eine Interpretation

Meine Frau Edel und ich suchten den gemütlichen Bungalow eines Tagelöhners und seiner Familie auf. Das Häuschen war klein, aber geschmackvoll eingerichtet.

Alle modernen Annehmlichkeiten waren vorhanden. Der kleine Innenhof ließ eine ökologische Orientierung erkennen. Die Hypothek auf das Haus war völlig abbezahlt. Der Mann hatte ein Gehalt, mit dem Familie ein gutes Auskommen hatte und er konnte mit einem vernünftigen Ruhegehalt rechnen, sobald er in Rente gehen würde. Die gesamten Sachwerte dieser Familie dürften 12.000 Dollar nicht überschritten haben.

„Ich rechne uns zu den reichsten Familien in der Stadt", erklärte die Dame des Hauses stolz. *„Wir haben keine Geldsorgen und ein harmonisches Familienleben."*

Falls Sie diese Ebene von Reichtum noch nicht erreicht haben, können Sie sie sich als das erste Plateau vorstellen und mithilfe der in diesem Buch enthaltenen Erkenntnisse von dort aus eine Stufe höherkommen. Danach können Sie Ihren Blickwinkel noch mehr erweitern und in noch höhere Gefilde vorstoßen.

Es gibt auf dieser Erde Menschen, die so gut wie nichts Materielles besitzen, und sich dennoch als reich betrachten, weil sie sich glücklich fühlen und gesund sind. Meines Erachtens sollte keiner von uns anstreben, ein Krösus zu werden, weil materieller Reichtum alleine ebenso leicht Unglücklichsein hervorrufen kann, wie er den betreffenden Menschen auf eine Stufe der Ekstase bringen kann. Deshalb gestatte ich mir an dieser Stelle die Frage:

„Was ist das höchste Gut, das man von Reichtum erwarten kann?"

Reichtum - Eine Interpretation

Geld auf dem Konto? Eine herrschaftliche Villa? Ein Leben in Saus und Braus? Reisen nach Lust und Laune – und Erster Klasse? Eine Garderobe aus feinstem Zwirn?

Das sind durchaus einige Dinge, die Sie als angenehme Begleiterscheinungen von Reichtum betrachten könnten.

Sie können an all dies oder Ähnliches denken, was mit Geld in Verbindung gebracht wird, und befinden sich dennoch noch weit weg von einer intelligenten Antwort auf die obige Frage.

Der wahre Grund, um Reichtum anzustreben, ist, dass Sie sich glücklich fühlen wollen.

Das ist das Endergebnis aller Bemühungen und Leistungen. Auch wenn viele Menschen glauben, dass ihr Ziel Reichtum sei, suchen sie in Wirklichkeit ein Glücksgefühl, das die Seele befriedigt, und ein solches Glücksgefühl stellt sich infolge von etwas Erreichtem ein. Der Reichtum ist die Belohnung für das Erreichen des gesetzten Zieles.

Einige Beispiele werden Ihnen das verdeutlichen.

Ein Kapitalbesitzer aus Neu-England hatte eine eigenartige Art, sein überschüssiges Geld auszugeben. Er besaß eine große, gut ausgestattete Farm. Jeden Sommer lud er eine große Gruppe unterprivilegierter Kinder für ein paar Wochen auf die Farm ein. Die Kleinen erhielten von allem nur das Beste: frische Milcherzeugnisse, die besten Fleischprodukte, schmackhaftes Obst und Gemüse, usw. Die Buben und Mädchen befanden sich die ganze Zeit unter der Obhut aufmerksamer und fähiger Betreuer.

Dieser Wohltäter hätte sein Geld nicht besser anlegen können, um glücklich zu sein. Er konnte jede Nacht mit einem Lächeln auf dem Gesicht einschlafen, wenn er an die Freude der kleinen Besucher dachte.

Kapitel 1

In New York gibt es einen großzügigen Financier, der wieder völlig anders vorgeht, um sein inneres Glück zu erhöhen. Er kennt den Wert eigener vier Wände und freut sich darüber, wenn junge Leute ihre Wohnungen oder Häuser belastungsfrei ihr eigen nennen können.

Er ist ständig auf der Suche, wie er jungen Paaren unter die Arme greifen kann. Sobald er ein neues Paar gefunden hat, lässt er von seinem Assistenten Nachforschungen anstellen, um die Höhe der Hypothek und den Hypothekengläubiger ausfindig zu machen. Alsdann trifft dieser großzügige Herr Anstalten, um die Hypothek anonym abzuzahlen und den Auserwählten eine Löschungsurkunde zuzustellen.

Es dürfte nicht schwerfallen, sich auszumalen, welche seelische Befriedigung dieser freizügige Mann aus diesem Verhalten zieht.

Sehen wir uns nun ein gegenteiliges Beispiel an. Es ist die Geschichte eines Paares, das durch den Erwerb von Reichtum unglücklich geworden ist. Sobald diese beiden Personen zu Reichtum gekommen waren, ließen sie sich ein extravagantes Haus entwerfen und bauen. In ihrer Garage standen zwei der teuersten Autos. Die Garderobe der Frau musste grundsätzlich aus Paris kommen. Der Mann war Stammgast im protzigsten Country Club.

War dieses Paar glücklich?
Ganz und gar nicht!

An den Wochenenden hielten sie fürstlich Hof und gaben sich der Schwelgerei hin. Und der Wochenanfang brachte routinemäßig schwere Köpfe und einen faden Beigeschmack mit sich.

Das überreichliche Essen schlug sich auf die Verdauung und der allgemeine Gesundheitszustand wurde zunehmends schlechter. Die Ausschweifungen hinterließen auch ihre Spuren in den Gesichtern und ließen sie rascher altern.

Der Magnetismus vernünftig lebender Leute verschwand merklich.

Unerträgliche Langeweile zeichnete ihr Leben aus. Das Familienoberhaupt arbeitete fleißig und sicherlich auch intelligent auf mehr Glück zu, doch es entzog sich ihnen, da er nicht verstand, was wahres Glück bedeutete.
Es gibt eine weitere Definition von Reichtum, welche Sie in Erwägung ziehen sollten und welche nach meinem Dafürhalten die wichtigste von allen ist.

Über einen vom Glück begünstigten Menschen kann man bisweilen hören: „Der führt ein erfülltes Leben!“ Was ist damit gemeint?

Ein erfülltes Leben ist ein mit vielen Interessen und Erfahrungen abgerundetes Leben.
Das Leben eines solchen Menschen unterteilt sich in schöpferische Arbeit, Ruhe, Entspannung und Unterhaltung, doch keiner dieser Bereiche kann für sich alleine bereits Glück hervorbringen!

„Arbeit allein macht auch nicht glücklich“, sagt der Volksmund. Auch wenn sich mancher über diese Volksweisheit hinwegzusetzen versucht, ist sie dennoch wahr.

Doch seine gesamte Lebenszeit nur dem Müßiggang und der Ruhe zu widmen, wäre ebenso einseitig und würde bald lästig werden. Der Zweck von Ruhezeiten würde ad absurdum geführt. Zwischen den Arbeitsphasen genossene Ruhe- und Erholungszeiten sind erholsam, und Sie werden nach der Wiederaufnahme der Arbeit auch Ihre beruflichen Tätigkeiten wieder besser genießen.

Die Unterhaltung ist die „Nachspeise“, die man sich nach Abschluss eines zufriedenstellenden Arbeitstages gönnt. Ebenso wenig wie „Arbeit allein“ wünschenswert ist, ist auch eine ständige Unterhaltung nicht dazu angetan, ein Glücksgefühl herbeizuführen.

In den Entspannungsphasen sollten Sie Zeit für aufbauende Lektüre vorsehen und Ihren Freundes- und Bekanntenkreis durch Gespräche ausbauen.

Aus diesen Ausführungen können Sie entnehmen, dass sich ein erfülltes Leben aus dem Zusammenfügen sämtlicher wünschenswerter Lebenselemente ergibt.

Was würden Sie mit Ihrem Reichtum anfangen?

Bevor ich dieses Kapitel begann, befragte ich einige Männer und Frauen aus unterschiedlichen gesellschaftlichen Schichten. Die Antworten waren so unterschiedlich wie die Befragten selbst.

Ein Mechaniker sagte: „*Ich würde meine Stelle an den Nagel hängen, mein Haus verkaufen und dann ein paar Jahre lang nur durch die Weltgeschichte gondeln.*“

Wäre er dann glücklich? Ich bezweifle es sehr!

Ich kannte einen Mann, der sich als Präsident eines großen Unternehmens zurückzog. Er verkaufte sein Haus und führte ausgedehnte Reisen durch. Das langweilte ihn mit der Zeit so, dass er wieder in seine frühere Stadt zog, ein neues Haus kaufte und wieder ein Geschäft anfing.

Ein Abteilungsleiter beantwortete mir diese Frage etwas zögernd wie folgt: „*Ich würde diesen Laden kaufen und mein eigener Chef werden.*“ Man braucht kein Psychologiestudium, um allein aus dieser Antwort viel über diese Person zu erfahren. Wahrscheinlich wird dieser Mann zu sehr umhergescheucht, weshalb er das Geschäft lieber besitzen möchte, damit er selbst dann andere Leute umherscheuchen kann.

Kein Selbstständiger ist jemals sein eigener Herr. Er hat so viele Chefs, wie er Kundinnen und Kunden hat. Entweder stellt er seine Kundschaft zufrieden, oder sie fangen an, ihm einzuheizen oder ihn abzuschreiben.

Reichtum - Eine Interpretation

Vielleicht steckt dieser Abteilungsleiter auch in finanziellen Schwierigkeiten und ist der Meinung, dass er doch eine tolle Sache wäre, eine Firma zu besitzen und in der Eingangspost dicke Schecks vorzufinden. Doch was dieser Mann und andere selten bedenken, ist, dass das Gehalt eines Firmenbesitzers ebenso wie das eines Abteilungsleiters von den Nettoeinnahmen eines Unternehmens abhängig ist. Es spricht sicherlich viel für einen eigenen Betrieb, doch in einen solchen muss man erst hineinwachsen!

Einer Hausfrau habe ich ebenfalls die Frage gestellt, was sie mit Reichtum anfangen würde. Ihre Antwort gefiel mir.

„Ich habe so viele Freundinnen und Verwandte, die nur mit Müh und Not über die Runden kommen. Ich würde mich ihnen widmen, einem nach dem anderen, und versuchen, sie glücklicher zu machen. Die eine würde ich vielleicht in ein tolles Geschäft begleiten und sie von Kopf bis Fuß neu einkleiden. Einem anderen würde ich eine Inklusivreise bezahlen. Und wenn jemand das Zeug für die Selbstständigkeit hat, würde ich ihn dabei unterstützen."

Es war ihr anzumerken, dass es ihr Ernst damit war. Diese Frau wusste, dass das Glück kommt, wenn man es verschenkt.

Ein knapp zwanzig Jahre alter Bursche sagte mir auf diese Zauberfrage: *„Äh, Mister. Ich weiß nicht so recht. Aber wahrscheinlich würde ich meinem Vater ein Motorboot kaufen. Davon träumt er schon lange. Dann würde ich meiner Mutter eine moderne Küche einrichten, damit sie nicht mehr so abplagen muss. Und was mich betrifft, ich würde gerne Elektronik studieren."*

Da möchte man diesem jungen Mann doch am liebsten gleich unter die Arme greifen, damit er seine Vorhaben in die Tat umsetzen kann!

Ein ungebildeter Mann wurde ebenfalls gefragt, was er mit Reichtum anfangen würde.

„Mit Reichtum?", platzte er heraus. *„Na ja, geschniegelt und gebügelt mit den Snobs herumzuhängen, wäre nichts für mich. Schuster bleib bei deinen Leisten."*

Solchen Leuten wird dieses Buch wohl keine Hilfe sein. Sie hätten Angst davor, dass einige der hier enthaltenen Empfehlungen und Ratschläge doch tatsächlich stimmen könnten, weil sie dann ihr momentanes In-den-Tag-hinein-Leben nicht mehr so weitermachen könnten.

Wieso diese Diskussion über Reichtum?

Wie Sie im Laufe dieses Buches noch feststellen werden, können Sie sehr wohl Reichtum erlangen, und es wird sogar wesentlich einfacher sein, als Sie es sich bislang vorgestellt haben. Dieser Reichtum betrifft alle Bereiche, die Ihnen wichtig sind:

- Sie können materiell reich werden und Geld, Immobilien oder dergleichen besitzen.
- Sie können mental und spirituell reich werden.
- Sie können eine innerlich reichere Persönlichkeit oder reich an Freunden werden.

Welche Art von Reichtum liegt Ihnen am Herzen? Wäre dies nicht ein guter Zeitpunkt, um sich darüber gründlich Gedanken zu machen?

Was würde Sie glücklicher machen?

Falls Sie bisher so gelebt haben, wie die Meisten in unserer Gesellschaft, das heißt, falls Sie gerade genug verdient haben, um sich über Wasser zu halten, was nicht ausschließt, dass Sie sich hie und da auch ein bisschen Luxus gegönnt haben, dürfte Ihre Interpretation von Reichtum eher bescheiden ausfallen.

Schuldenfrei und vielleicht ein paar Tausender auf dem Bankkonto. Das könnte dann durchaus eine Wunschsituation sein, die bereit wesentlich über den Status Quo hinausgeht und Ihnen wie ein „Traum" vorkäme.

Napoleon Hill, Verfasser der Bestseller „Denke nach und werde reich" sowie der „Erfolgsgesetze in sechzehn Lektionen" verdanken wir den Ausspruch:

„Alles, was sich der Mensch vorstellen und was er glauben kann, kann er auch erreichen!"

Um die Tiefe dieser Aussage zu begreifen, sollten Sie darüber gründlich nachdenken. Ihr Wunsch sieht vielleicht folgendermaßen aus: *„Ich möchte ein einflussreicher Mensch sein. Ich möchte viel Geld haben!"*

Wenn Sie dieses geistige Vorstellungsbild aufbauen, aufrechterhalten und daran glauben können, gehen Sie schnurstracks auf die Erfüllung dieses Wunsches zu.

Als W. Clement Stone ein junger Mann war, malte er sich aus, dass er eine große Versicherungsgesellschaft besitzen würde.

Er glaubte fest daran, dass er einer solchen Gesellschaft vorstellen würde. Mit nicht einmal hundert Dollar schickte er sich an, ein Versicherungsimperium aufzubauen und sein Startkapital von weniger als hundert Dollar in ein persönliches Vermögen von einer Million Dollar zu verwandeln.

Wie er dabei vorgegangen war, beschreibt er in dem Buch, das er zusammen mit Napoleon Hill verfasste: „Erfolg durch positives Denken".

Er richtete sich nach einem einfachen Muster, das die Wirksamkeit von Hills obiger Aussage wieder einmal unter Beweis stellte.

Kapitel 1

Im Schlaf reicher werden

Je mehr Sie über die Funktionsweise des Bewusstseins lernen, umso bewusster wird Ihnen werden, dass Ihre Zukunft – die erfolgreiche ebenso wie die erfolglose – im Unterbewusstsein geschaffen wird und zwar meist im Schlaf!

Trotz der Vielzahl von Büchern über Persönlichkeitsentwicklung wird von der zentralen Rolle, welche das Unterbewusstsein spielt, nur selten ein verständliches und anschauliches Bild der vermittelt.

Das gängige Konzept von „Geist über Materie“ besagt, dass Sie Erfolg haben werden, wenn Sie an Erfolg denken. Das will ich nicht abstreiten, aber was ist damit gemeint? Ist Ihnen diese Aussage mit all ihren Konsequenzen klar?

Eine Frau wollte mich auf die Probe stellen. Sie war zwar nicht grundsätzlich gegen die Aussage, dass der Erfolg zunächst geistig vorhanden sein müsse, bevor er sich im Außen zeigen kann, meinte aber, dass man doch ein beträchtliches Durchhaltevermögen aufzubringen habe und dass sie solche Klimmzüge nicht vollbringen könne.

Die Auffassung dieser Dame von der Entwicklung und Anwendung geistiger Kräfte war völlig verkehrt. Leider befürchte ich, dass diese Dame kein Einzelfall war und dass sogar die meisten Menschen, die sich mit Persönlichkeitsentwicklung beschäftigen, von falschen Voraussetzungen ausgehen.

Es gibt ein schmales Büchlein mit dem Titel „Developing the Urge for Self-Improvement“ („Wie man den inneren Drang nach Persönlichkeitsentfaltung aufbaut“). In dieser Abhandlung wird ausgeführt, dass die meisten Menschen nach Schul- oder Hochschulabschluss feststellen müssen, dass ihre Ausbildung keineswegs abgeschlossen ist – sie fängt erst richtig an!

Reichtum - Eine Interpretation

Die Schulabgänger erkennen, dass sie ihren Wissen- und Kenntnisstand weiter ausbauen sollten, und einige tun dies auch. Sie besorgen sich Fachbücher oder schreiben sich bei Fernlehrgängen ein, und sind ernsthaft bestrebt, weiterzukommen. Ob Sie aus diesen Zusatzstudien wirklich den erhofften Nutzen ziehen, ist jedoch fraglich, und zwar, weil sie sich dazu gezwungen fühlen.

Sollte es ihnen andererseits gelingen, den Drang nach Selbstverbesserung zu entwickeln und studieren zu wollen, dann würden sie wesentlich begeisterter sein, wenn sie wieder etwas Neues gelernt hätten.

Falls Sie sich entgegen Ihrer natürlichen Neigung dazu zwingen müssen, in Erfolgskategorien zu denken, haben Sie sich auf einen mühsamen und langweiligen Weg begeben. Diese Art der Selbstdisziplinierung werden nur wenige durchhalten. Die Meisten werden wohl zu dem Schluss gelangen, dass das nichts für sie sei.

Falls Sie aber die Idee verinnerlicht haben, dass Sie bereits erfolgreich sind, wird Sie Ihr Unterbewusstsein zu Gedanken und Handlungen führen, die Ihnen Erfolge bringen. Dann brauchen Sie sich nicht mehr nach gewissen Vorgaben zu richten; Sie werden ganz von selbst erfolgsfördernde Pläne umsetzen, weil Sie das von sich aus wollen!

Ist das nicht fantastisch?

Ich bin keineswegs von der Zwischenunterschrift abgewichen. Wir sind nach wie vor bei dem Thema, wie Sie „im Schlaf reicher werden!“. Die vorhergehenden Ausführungen dienten lediglich dem Zweck, Ihnen aufzuzeigen, dass es keineswegs etwas Außergewöhnliches ist, im Schlaf reicher zu werden. Es ist vielmehr ein ganz natürliches Phänomen des Unterbewusstseins!

Wie Sie bereits wissen, unterscheiden wir zwei Bewusstseinsbereiche: das Tagesbewusstsein (Wachbewusstsein) und das Unterbewusstsein.

Kapitel 1

Das Tagesbewusstsein kümmert sich um unsere Denkvorgänge, Pläne und bewussten Überlegungen, während sich das Unterbewusstsein der unwillentlichen Abläufe annimmt, zum Beispiel Gasaustauch der Lunge (Ein-/Ausatmen), Blutkreislauf, Wiederherstellung verschlissener Gewebeteile, usw.

Zusätzlich hat das Unterbewusstsein ein vom Tagesbewusstsein unabhängiges scharfsinniges Denkvermögen. Während das Tagesbewusstsein über eine Sache nachgrübelt, kann das Unterbewusstsein an etwas völlig anderem arbeiten.

Haben nicht auch Sie schon oft gesagt: „*Ich habe das Gefühl, dass ich dies und das tun sollte*" oder „*Vom Bauch her meine ich, dass das keine gute Entscheidung wäre.*"

Wir alle kennen das. Woher kommt dieses Gefühl?

Es ist nicht von irgendwo her aus dem heiterem Himmel auf Ihre geistigen Antennen gefallen. Dieses „Bauchgefühl" kommt aus Ihrem Unterbewusstsein.

Wenn es sich um ein „negatives" Gefühl handelte, dann deshalb, weil Sie Ihr Unterbewusstsein gewohnheitsmäßig mit negativen Gedanken füttern. Und glücklicherweise gilt auch der Umkehrschluss: Positive Gedanken werden positive Reaktionen erschaffen.

Wie sieht Ihre normale Tendenz aus, wenn Sie morgens aufstehen? Gleiten Sie mit dem Gedanken ins Tagesbewusstsein: „*Ach du lieber Gott, schon wieder malochen! Am liebsten würde ich gar nicht aufstehen!*"

Oder starten Sie frohgemut mit dem Gedanken: „*Gott sei Dank ein neuer Tag! Jetzt aber ran an den Speck!*"

Woher kommen solche Unterschiede?

Hat es physische Ursachen?

Reichtum - Eine Interpretation

In Einzelfällen mag körperliches Unwohlsein vielleicht eine Rolle spielen, bei der übergroßen Mehrheit handelt es sich um ein Spiegelbild der gedanklichen Zustände, die am Vorabend im Unterbewusstsein abgelegt wurden.

Wenn Sie mit dem Gedanken einschlafen: *„Uff! Heute war ein übler Tag. Morgen steht mir einiges bevor. Ich will gar nicht dran denken!“*, werden Sie wahrscheinlich einen unruhigen Schlaf haben und Ihr Unterbewusstsein wird den „üblen Tag“ als Vorgabe übernehmen. Dass Sie dann am nächsten Tag mit einem Gefühl der Beklommenheit aufwachen, dürfte Sie nicht weiter verwundern.

Ganz anders, wenn Ihnen vor dem Einschlafen Gedanken der folgenden Art durch den Kopf gehen:
„Heute kann ich eigentlich recht zufrieden sein. Ich bin doch wieder ein beträchtliches Stück vorangekommen. Aber morgen wird's erst richtig Spitze! Jetzt erst mal einen erholsamen Schlaf, morgen rechtzeitig aus den Federn und dann auf zu neuen Taten!“

Ein solcher Geisteszustand lässt Sie garantiert begeisterter in den neuen Tag starten!

Wird Ihnen die Aussage „Im Schlaf reicher werden“ jetzt bereits etwas klarer? Ein erster Lichtstrahl sollte die Wolke der Ungewissheit bereits durchdrungen haben.

Vielleicht erkennen Sie auch bereits die Tatsache, dass Sie ein nachhaltiges Erfolgsbewusstsein nur während des Schlafs aufbauen können?

Jedes Mal, wenn ein mächtiger Gedanken in mein Tagesbewusstsein sickert, spüre ich, wie in der Nähe meines Sonnengeflechts am Übergang von Brustkorb zur Magengrube ein kleines Licht angeht. Ich bin sicher, dass mir dieses leise Flackern sagen will: *„Auf geht's, Junge!“*

Soeben habe ich dieses Kapitel nochmals durchgelesen, bevor ich mich dem nächsten widme, und spürte dabei wieder dieselbe körperliche Reaktion.

Für mich ist das ein Hinweis darauf, dass noch wesentlich mehr in mir steckt und ich den Zenit meiner Leistung bei Weitem noch nicht erreicht habe.

Wie fühlen Sie sich?

Spüren Sie dieses „Aufflackern“ auch? Wissen Sie intuitiv, dass Sie das „Sesam – Öffne Dich!“, diesen Zauberschlüssel der Ihnen die Tür zu einem erfüllteren Leben in mehr Wohlstand aufschließt, in sich besitzen? Und bedenken Sie immer, dass „Wohlstand“ von Ihrer eigenen Definition abhängt. Was muss gegeben sein, damit es zu Ihrem Wohle steht?

Falls Sie dieses „Aufflackern“ nicht spüren, haben Sie über die bisherigen Zeilen nur hinweggelesen.
Dann sollten Sie eine kleine Pause einlegen, sich entspannen, und das vorherige Kapitel konzentriert und aufmerksam nochmals durchlesen. Erst dann sollten Sie sich das nächste vornehmen.

Überhaupt ist es eine gute Idee, wenn Sie **jedes Kapitel zunächst zweimal durchlesen** und vielleicht auch Unterstreichungen oder Anmerkungen vornehmen, bevor Sie weiterlesen!

Wiederholung ist das erste Lerngesetz

Lesen Sie bitte das vorhergehende Kapitel ab Seite 1 nochmals durch.

Erst dann nehmen Sie sich das nächste vor.

Kapitel 2

Der Schlaf

Wie Sie einen erholsamen Schlaf erreichen

Da wir darüber sprechen, wie Sie im Schlaf reicher werden, ist es sicherlich auch angebracht, darüber zu reden, wie Sie eine entspannte Nachtruhe erreichen.

Vielen Menschen klagen über Schlafstörungen. Manche sagen, dass sie zwar sofort einschlafen, später jedoch wieder aufwachen und längere Zeit wach bleiben, bevor sie wieder einschlafen. Andere brauchen eine Stunde oder länger, bis Sie überhaupt einschlafen.

Da das Unterbewusstsein am wirkungsvollsten arbeitet, während das Tagesbewusstsein ausgeschaltet ist – oder während Sie schlafen - , liegt es nahe, dass Sie möglichst schnell einschlafen und die ganze Nacht über tief schlafen sollten. In diesem Kapitel erfahren Sie, wie Sie sich diese Gewohnheit aneignen.

Schlaflosigkeit ist meist auf schlechte Angewohnheiten zurückzuführen. Dass sich jemand im Bett lange Zeit hin- und herwälzt, hat wahrscheinlich psychische und keine physiologischen Ursachen. Falls Sie ernsthafte Einschlafschwierigkeiten haben, empfehle ich Ihnen einen Arztbesuch, um zunächst herauszufinden, ob Sie geistige oder körperliche Beschwerden haben, die Sie nicht einschlafen lassen. Im ersteren Fall wird das vorliegende Kapitel sehr wertvoll für Sie sein.

Sollte es sich um körperliche Ursachen handeln, richten Sie sich am besten nach den ärztlichen Anweisungen. Bei den folgenden Hinweisen wird davon ausgegangen, dass Sie körperlich beschwerdefrei sind.

Der Schlaf

Auf den Schlaf aus psychologischer Sicht werde ich in diesem Buch nicht eingehen. Es wird Sie wahrscheinlich nicht interessieren, was Schlaf ist, sondern Sie wollen lernen, wie Sie rasch einschlafen und erholsam schlafen.

Ein entdeckter Mangel ist bereits halb abgestellt. Sprechen wir deshalb zunächst über einige Gründe für Schlaflosigkeit:

➢ Sorgen.

Das ist wahrscheinlich der Hauptfeind eines gesunden Schlafes. Wir sorgen uns über unsere Finanzen, über unsere Gesundheit und über die unserer Angehörigen, über unsere Arbeit oder Zukunft. Wir sorgen uns über eventuelle Kriege, Krisen und entsprechende Gerüchte. Wir halten Geräusche für Einbrecher. Wir sorgen uns über den Eindruck, den wir hinterlassen – oder nicht hinterlassen – haben. Sie brauchen sich nur die Sorgen in Erinnerung zu rufen, die Sie nicht einschlafen ließen, und werden diese Sorgenliste ohne Weiteres verlängern können.

- **Die Lösung:**

Gehen Sie logisch vor! Erkennen Sie, dass Sorgen in keiner Weise dazu beitragen können, den Zustand, der Ihnen Sorgen bereitet, aus der Welt zu schaffen.

Eine schlaflose und obendrein sorgenvolle Nacht bringt Sie nur um den Elan, den Sie zur Überwindung Ihrer Sorgen brauchen!

„Die meisten Sorgen sind Lügengespinste", schrieb ein großer Philosoph. *„Nur selten trifft das ein, worüber wir uns Sorgen machen"*, fügte er hinzu. Denken Sie nur an all Ihre vergangenen Sorgen und überlegen Sie, wie viele davon eingetroffen sind. Sie werden dem weisen Ausspruch dieses Mannes rasch zustimmen.

Je mehr Sie die Zauberformeln aus diesem Buch geistig verdauen, umso klarer wird Ihnen werden, dass die scheinbaren Anlässe für Sorgen in keiner Weise ein Grund für Sorgen sind. Sie sind vielmehr Herausforderungen und Chancen, um zu wachsen und Lösungen zu finden.

Ab der heutigen Nacht sollten Sie mit dem Gedanken einschlafen:

„Während ich schlafe, findet mein Unterbewusstsein eine Lösung für mein Problem, und morgen wird es mich anleiten, das zu tun, was den Zustand beseitigt, der mir Sorgen bereiten könnte!"

Wenn Sie sich Sorgen machen, halten Sie von etwas Unerwünschtem eine geistige Vorstellung aufrecht. Doch das genaue Gegenteil wir Ihnen das Erwünschte beschaffen:

Sie brauchen Vorstellungsbilder von der gewünschten oder angestrebten Idealsituation!

Wenn Sie sich schlafen legen, malen Sie sich innerlich das Idealszenario aus. Sie denken nicht an die Ist-, sondern an die Soll-Situation!

Bedenken Sie dabei, dass sich Ihr Unterbewusstsein erst an die Arbeit der Lösungsfindung macht, nachdem Sie schlafen!

➢ Nicht abschalten können.

Viele Leute nehmen ihre Arbeit mit ins Bett. Stundenlang grübeln Sie nochmals über den vergangenen Tag nach, denken nochmals an das, was Sie getan und unterlassen haben, und was sie eigentlich anders machen hätten sollen. Nachdem sie viele schlaflose Stunden mit der Vergangenheit verbracht haben, wandern ihre Gedanken in die Zukunft und sie denken an alles Mögliche, was sie tun werden oder sollten.

- **Die Lösung:**

Denken Sie ein paar Augenblicke über das vergangene Tagwerk nach. Sollte etwas vorgefallen sein, das Ihnen nicht behagt hat, legen Sie fest, wie Sie sich in einer vergleichbaren Situation künftig verhalten werden. Setzen Sie Ihr Unterbewusstsein zu Ihrem Vorteil ein. Es schläft nie.

Lassen Sie es deshalb in Ihrem Sinne tätig werden, während Sie schlafen.

Machen Sie sich bewusst, dass ein erholsamer Schlaf die Voraussetzung dafür ist, dass Sie am nächsten Morgen voller Energie aufwachen und sich positiv und tatkräftig den neuen Aufgaben widmen können.

➢ Eifersucht.

Es ist erbärmlich, wie viele Stunden dieses Monster unzähligen Männern und Frauen geraubt hat. Solchen Stunden der Schlaflosigkeit sind zudem sehr leidgetränkt. Die betreffenden Personen malen sich das Schlimmste aus und zermartern sich selbst.

- **Die Lösung:**

Eifersucht lässt meist auf eine der beiden Gegebenheiten schließen: Selbstsüchtigkeit oder Minderwertigkeit.

Wenn Sie sich abends zur Ruhe begeben, rufen Sie sich in Erinnerung, dass Ihnen ein gesunder und erholsamer Schlaf den Charme verleihen wird, der Ihnen die Angst vor Ihrem Rivalen oder Ihrer Rivalin nimmt.

Je mehr Sie anderen vertrauen, umso mehr verdienen Sie Vertrauen!

Kapitel 2

➢ Neid.

Nicht jeder ist von Neid erfüllt, aber leider gibt es allzu viele Menschen, die nachts lange darüber nachgrübeln, wieso ein Freund, Nachbar oder Verwandter so viel „Glück" gehabt habe, während sie selbst anscheinend auf keinen grünen Zweig kommen. Diese Unglücklichen beneiden andere um deren bessere Arbeitsstellen, Häuser, Kraftfahrzeuge, Partner oder vieles andere.

- **Die Lösung:**

Neid ist negativ.

Einem anderen Menschen seinen Besitz zu neiden, zeigt, dass der Neider an seinen eigenen Fähigkeiten zweifelt, selbst ebenfalls das zu erreichen, was er dem Beneideten missgönnt.

In diesem Buch erfahren Sie äußerst einfache Regeln, die Ihnen helfen, das Angestrebte, Gewünschte oder Ersehnte zu erhalten. Verschwenden Sie keine Zeit mit Neidgedanken! Sie können dasselbe – oder Besseres – mit Sicherheit selbst erreichen!

➢ Schlechtes Gewissen.

Ein schlechtes Gewissen, auch „Schuldgefühle" genannt, muss nicht bedeuten, dass Sie ein Verbrechen begangen oder etwas Schlimmes angestellt haben. Das Gewissen kann einen Menschen auch quälen, falls er meint, er habe sich lieben Menschen oder Angehörigen gegenüber zu nachlässig verhalten.

Er denkt, er hätte sich mehr um den anderen kümmern müssen. Es kann sich auch melden, wenn man einen anderen Bereich vernachlässigt hat, sich zum Beispiel zu wenig um seine Gesundheit kümmert, zu wenig Sport betreibt, oder dergleichen.

- **Die Lösung:**

Ein schlechtes Gewissen wird durch etwas ausgelöst, das in der Vergangenheit geschah. Daran ist jetzt nichts mehr zu ändern.

Lassen Sie die Vergangenheit ruhen und verzeihen Sie sich selbst Ihre vergangenen Fehler!

Sie können aber Ihre Lehren daraus ziehen und in Zukunft darauf achten, dieselben Fehler nicht nochmals zu begehen. Legen Sie sich zuversichtlich schlafen, weil Sie eine klare Entscheidung über Ihre Zukunft getroffen haben!

➢ Faulheit.

Der faule Mensch bringt sich in zweifacher Weise um den Schlaf: Er denkt über die verpassten Chancen nach und er verpasst aufgrund seiner Untätigkeit auch weitere Chancen. Zusätzlich denkt er über Mittel und Wege nach, wie er sich um Dinge drücken kann, die er erledigen sollte.

Man kann oft hören, dass der Faule länger schläft, als er sollte, eben weil er faul ist. Er bringt es ohne Weiteres fertig, dann zu schlafen, wenn er eigentlich einer Beschäftigung nachgehen sollte, aber er bleibt dann wach, wenn er schlafen sollte, weil er hinsichtlich seiner Arbeitsabneigung ein Schuldgefühl hat.

- **Die Lösung:**

Physische Faulheit gibt es gar nicht. Jede Faulheit ist mentaler Art. Wenn wir einer bestimmten Arbeit aus dem Weg gehen, dann deshalb, weil sie uns nicht interessiert. Sie langweilt uns.

Lernen Sie, das was Sie tun müssen, gerne zu tun!

Nehmen Sie sich vor, es ein bisschen besser zu machen als beim letzten Mal. Falls die Faulheit Ihr Stolperstein ist, sollten Sie sich vor dem Einschlafen selbst versprechen, dass Sie künftig jeder Sache, die Ihnen zuwider ist, etwas Positives abzugewinnen versuchen, und dass Sie diese Sache dann gerne in Angriff nehmen!

➢ Hass.

Schlaf- und Schlaflosigkeitsforschungen haben ergeben, dass Personen mit Hassgefühlen niemals so gut schlafen, wie Menschen, die mit sich im Reinen sind. Der Hasserfüllte tut sich schwer einzuschlafen, und wenn er dann endlich eingeschlafen ist, ist er angespannt und ruht sich nie richtig aus.

- **Die Lösung:**

Hass ist Gift für Körper und Seele. Wer den Schaden erkannt hat, den er durch das Hassen bei sich selbst anrichtet, erkennt schlagartig, dass er sich solche Anwandlungen nicht leisten kann.

Dem Gehassten bleibt der Hass vielleicht völlig verborgen. Doch der Hasser bezahlt in jedem Fall den Preis.

Ob der Hass jemanden wach hält?

Einmal spielte mir ein Mann übel mit, was mich wirklich zur Weißglut brachte. Ich ging zu Bett und blieb zwei oder drei Stunden lang wach, während ich ständig über die Sache nachgrübelte, die diesen Hass hervorbrachte. Nachdem ich diesen Hassgesang lange genug angestimmt hatte, erkannte ich schließlich, dass ich selbst der einzige Leidtragende dieser Gefühle war. Wahrscheinlich hätte sich dieser Mann sogar gefreut, wenn er mitbekommen hätte, wie sehr mir sein übles Spiel nachging.

Ich erkannte die Nutzlosigkeit dieser Hassgedanken und brachte es sogar fertig, ihm eine Art Segensgebet zuzuschicken. Das löste meinen Hass in nichts auf. Ich schlief friedlich ein und wachte anderntags ohne irgendwelche Hassgefühle auf.

➢ Vorausplanen.

Das ist bisher der einzige konstruktive Grund für Schlaflosigkeit. Vorausschauende Menschen verbringen oft viele Stunden mit geistigen Planspielen, während sie eigentlich schlafen sollten.

So lobenswert dieser Charakterzug auch erscheinen mag, ist die Folge doch eine Schwächung der körperlichen Kondition, die sich als Bumerang erweisen kann.

- **Die Lösung:**

Warum nutzen Sie nicht die große Quelle der Intelligenz und Macht im Unterbewusstsein, wenn Sie Ihre Zukunft planen? Schlafen Sie zum Beispiel mit folgendem Gedanken ein:

„Während ich schlafe, macht sich mein Unterbewusstsein meine bisherigen Erfahrungen zunutze und bildet daraus praktische und vorausblickende Modelle für meine Zukunft. Ich freue mich auf das ständige Wachstum und auf große Erfolge!“

Sie können diese Aussage auch spezifischer auf Ihre Situation zuschneiden und eindeutiger formulieren. Falls Sie ein bestimmtes Ziel haben, könnte Ihr letzter Gedanke vor dem Einschlafen beispielsweise lauten: „Während ich schlafe, feilt mein Unterbewusstsein konkrete Schritte aus, um meine (hier nennen Sie Ihre Produkte) einem immer größer werdenden interessierten Käuferkreis bekannt zu machen, und leitet mich entsprechend an!“

➢ Kreieren

Der erfinderisch veranlagte Mensch, der sich zum Beispiel mit patentierbaren Ideen, Entwürfen, Geschichten oder künstlerischen Dingen beschäftigt, neigt am Meisten dazu, zur Schlafenszeit hochgradig aktiv zu sein. Um diese Zeit kommen ihm die besten Einfälle.

- **Die Lösung:**

Was unter der Rubrik „Vorausplanen" gesagt wurde, gilt auch hier. Im Wachzustand schöpferisch tätig sein zu wollen, bedeutet, sich mit einem Bruchteil Ihres Bewusstseins zu begnügen!

Wenn Sie aber in einen erholsamen Schlaf hinübergleiten, nachdem Sie Ihrem ergebenen inneren Diener, dem Unterbewusstsein, die entsprechenden Anweisungen erteilt haben, nutzen Sie die größtmöglichen mentalen Fähigkeiten.

Ich selbst schreibe morgens am besten. Vor dem Einschlafen sage ich meinem Unterbewusstsein: *„Ich schlafe heute Nacht tief und erholsam. In dieser Zeit entwickelt mein Unterbewusstsein ein gutes Thema für einen Zeitungsartikel und morgen früh fliegen mir die Ideen nur so zu, und ich kann in kurzer Zeit einen hervorragenden Artikel schreiben!"*

Es ist nicht selten, dass ich am Morgen ein Blatt Papier in die Schreibmaschine einspanne und noch gar nicht weiß, worüber ich schreiben werde. Kaum ist das Blatt richtig einjustiert, fängt der Ideenfluss an und hört nicht mehr auf, bis der Artikel fertig ist.

➢ Angst vor dem Tod.

An letzter Stelle ist die keineswegs minder schwerwiegende Angst vor dem Tod zu nennen.

Hat der Mensch gesundheitliche Probleme, so fürchtet er häufig den Tod aufgrund dieser Krankheit. Vielleicht hat er auch Angst vor dem Tod infolge eines Verkehrsunfalls in einem Flugzeug, Zug oder Auto oder sogar als Fußgänger. Und des Nachts, wenn alles dunkel ist und er sich alleine fühlt, gibt er sich solchen Ängsten hin.

- **Die Lösung:**

Lieben Sie das Leben, aber haben Sie keine Angst vor dem Tod! Ich kenne niemanden, der lieber lebt als ich. Mein Familienleben ist glücklich, meine Zukunft vielversprechend, meine Gesundheit gut, aber ich verschwende keine Zeit an den Tag, an dem ich diese Ebene der Existenz verlassen werde.

Die Angst vor dem Tod beschleunigt ihn. Wenn wir Schmerzen haben, begehen wir den Fehler, nicht nach der Ursache zu forschen und sie zu beheben, sondern uns Sorgen zu machen. Da wir diese Schmerzen manchmal mit dem Sterben assoziieren, bekommen wir Panik.

Leben Sie so, als wären Ihnen hundertfünfundzwanzig Jahre garantiert! Dann sind Sie unabhängig von Ihrem jetzigen Lebensalter immer jung im Vergleich zu Ihrem selbstgesteckten Altersziel!

Beseitigen Sie die Angst vor dem Sterben und Sie werden eine der weitverbreitetsten Ursachen für Schlaflosigkeit abgestellt haben!

Probleme, Ängste und Sorgen werden zur Nachtzeit übermäßig aufgeblasen. Bei geschlossenen Augen, und obendrein in einem dunklen Raum, ist Ihre gesamte Aufmerksamkeit auf das gerichtet, was Sie wach hält.

Tagsüber, wenn Sie mit offenen Augen durch die Welt gehen, schrumpft der Auslöser Ihrer Schlaflosigkeit häufig stark zusammen.

Kapitel 2

Viele Menschen bereiten sich unwissentlich auf Schlaflosigkeit vor, bevor sie sich schlafen legen: *„Jetzt kommt wieder das allabendliche Drama. Ich weiß schon, dass ich wieder nicht einschlafen kann!“*

Sie, die Sie dieses Buch jetzt lesen, wissen bereits, dass solche Gedanken einer Anweisung an das Unterbewusstsein gleichkommen, Sie wachzuhalten. Das Unterbewusstsein wird Ihnen gehorchen!

Freuen Sie sich auf die Ruhe- und Schlafenszeit! Stellen Sie sich vor, wie gut es Ihnen tun wird, sich auszustrecken und es sich in einem gut gefederten Bett bequem zu machen! Stellen Sie sich darauf ein, bald einzuschlafen und Kraft und Energie zu tanken.

Oft wird die Schuld für Schlaflosigkeit auf Kaffee geschoben. In dem meisten Fällen, zu Unrecht. Die stimulierende Wirkung von Kaffee lässt etwa zwei Stunden nach dem Trinken nach. Wenn Sie um 18.00 Uhr beim Abendessen eine Tasse Kaffee trinken, ist die Wirkung bis 20.00 Uhr verpufft. Doch viele Menschen können auch nicht einschlafen, wenn Sie um 22.00 Uhr zu Bett gehen, weil sie „wissen“, dass sie der Kaffee wachhalten würde. Diese Art von Schlaflosigkeit ist psychologisch bedingt und hat mit dem eigentlichen Getränk nichts zu tun.

Wie Sie einen gesunden Schlaf sonst noch fördern können.

Stellen Sie Ihr Bett nicht so auf, dass von außen hereinscheinende Lichter auf Ihr Gesicht fallen.

Stellen Sie Ihr Bett nicht in den Luftzug, sondern achten Sie darauf, dass Ihr Schlafzimmer gut durchlüftet ist. Sollte es Geräusche geben, welche Sie nicht abstellen können, arbeiten Sie an Ihrer geistigen Einstellung. Bald werden Ihnen diese Außengeräusche nichts mehr ausmachen.

Vielleicht leben Sie in einer Wohngegend mit beträchtlichem Verkehrslärm. Sich darüber aufzuregen, hält Sie nur wach. Lernen Sie, diesen Lärmquellen gegenüber gleichgültig zu werden und Ihr Unterbewusstsein wird sie bald wegfiltern.

„Bei diesem Gedudel kann doch kein Mensch schlafen!“ Solche Klagen sind zum Beispiel bei Radiomusik oder Kneipenlärm zu hören. Da Sie jetzt aber wissen, wie Ihr Bewusstsein funktioniert, verstehen Sie auch, dass solche Aussagen buchstäblich eine Anweisung an Ihr Unterbewusstsein sind, Sie wach zu halten.

Wie Sie sich zum Einschlafen bringen

Meines Wissens wird die folgende Idee außer von mir von niemandem empfohlen. Sie ist ebenso interessant wie wirkungsvoll.

Ist Ihnen schon einmal aufgefallen, dass der Bereich in Ihrem Gesichtsfeld nicht vollkommen schwarz ist, auch wenn Sie mit geschossenen Augen in einem dunklen Zimmer liegen? Meist ist er gräulich, ähnlich wie eine oft benutzte Schiefertafel, von der die Kreidespuren nicht völlig abgewischt wurden.

Wenn Sie sich gut entspannen und Ihre Aufmerksamkeit auf dieses grauschwarze Feld richten, werden Sie feststellen, dass allerlei Veränderungen vor sich gehen. Manchmal werden Sie durcheinanderwirbelnde Massen unterschiedlicher Farben bemerken. Ein andermal sehen Sie geometrische Figuren: Quadrate, Kreise, Dreiecke und dergleichen. Diese Bilder erscheinen dann weißlich auf einem dunklen Hintergrund.

Nachdem Sie einige Nächtige mit diesem „geistigen Bildschirm“ experimentiert haben, werden Sie auch Gesichter und manchmal menschliche Ganzkörperfiguren erkennen.

Diese kleine Übung wird Ihnen helfen, sich geistig von dem zu lösen, was für Ihre Schlaflosigkeit verantwortlich ist, doch sie ist noch nicht die gesamte Einschlafformel.

Doch holen wir zunächst ein bisschen aus und greifen wir ansatzweise auf das nächste Kapitel vor, damit Sie meine Entdeckung besser verstehen.

Wenn Sie abends – oder auch, nachdem Sie in der Nacht aufgewacht sind – wieder einschlafen wollen, gehen Sie wie folgt vor:

1. Sorgen Sie dafür, dass Sie völlig entspannt sind und bequem liegen!
   Achten Sie darauf, dass Ihr Schlafanzug nirgends festhängt und dass die Betttücher glatt gespannt sind.

2. Erteilen Sie Ihrem Unterbewusstsein die entsprechenden Anweisungen.
   (Im nächsten Kapitel erfahren Sie mehr über die Intelligenz des Unterbewusstseins und darüber, auf welche Weise es vom Tagesbewusstsein Anweisungen übernimmt und sie ausführt, und zwar unabhängig davon, ob diese Anweisungen für Sie gut oder schlecht sind!).

Wenn ich mich zum Schlafen fertigmache, spreche ich mein Unterbewusstsein so an, als ob es sich um ein sichtbares Wesen handelte. Nachstehend erfahren Sie, was ich sage, warum ich genau diese Formulierungen verwende und wie diese Botschaft funktioniert:

„Ich bis jetzt kurz davor, in einen erholsamen Schlaf zu gleiten. Dabei übergebe ich meine kompletten Angelegenheiten Dir!

Im Schlaf erhältst du die Anweisungen, die Dich in die Lage versetzen, mich in Gedanken und Tat anzuleiten, damit ich meine Angelegenheiten so regle, dass sie zum Wohle aller ausgeführt werden ...

Ich warte jetzt am Bahngleis des Schlafzuges, der mich in glückliche Träume bringt. Während ich warte, amüsiere ich mich damit, die Bilder vor meinem inneren Auge zu betrachten und zu interpretieren ...

Ich wache morgen früh erfrischt auf und freue mich auf einen weiteren produktiven Tag!"

Das Unterbewusstsein ist der Sitz der Intelligenz und kann mithilfe seines eigenständigen Scharfsinns an der Lösung Ihrer Probleme arbeiten, während Ihr Tagesbewusstsein mit völlig anderen Dingen beschäftigt ist.

Zu wissen, dass die außergewöhnliche Intelligenz des Unterbewusstseins im Schlaf Lösungen arbeitet, ist an sich bereits ein beruhigender Gedanke, der einem erholsamen Schlaf zugutekommt.

Vielleicht erscheint es Ihnen kindisch, von einem „Bahngleis des Schlafzuges" zu sprechen, doch was soll's? Ein jeder von uns ist ein erwachsenes Kind, wieso sollen wir nicht ab und zu in solche Fantasiewelten eintauchen?

Dem Menschen ist es nicht möglich, an zwei Dinge gleichzeitig zu denken. Sobald Sie mit dieser Übung beginnen, fühlen Sie sich wohl dabei und Gedanken, die Sie ansonsten gequält hätten, werden verschwinden.

Meistens schlafe ich bereits ein, bevor ich mit meinen geistigen Anweisungen fertig bin. Das wird auch Ihnen so ergehen, nachdem Sie gelernt haben, dass dieses System funktioniert.

Doch auch wenn Sie nicht sofort einschlafen sollen, besteht kein Grund zur Sorge. Schauen Sie sich einfach weiter die Farbenspiele und Bilder an, die vor Ihrem inneren Auge umhertanzen. Es wird dann nicht mehr lange dauern, bis Sie Morpheus beim Händchen nimmt und in das Traumland entführt.

Kapitel 2

Eine Schattenseite beim Lesen von Büchern ist, dass sie so leicht zu erhalten sind. Viele Leute schätzen den Wert nicht und machen sich nicht die Mühe der konsequenten Umsetzung!

Was wäre es Ihnen wert, ein wirksames Gerät zu besitzen, das Ihnen auf viele Jahre hinaus hilft, rasch einzuschlafen? Würden Sie dafür 100, 500 oder 1000 Dollar investieren?

Die beschriebene Formel ist ein Vielfaches des Kaufpreises dieses Buches wert und doch ist sie nur einer der zahlreichen Vorteile, welche Ihnen dieses Buch zu bieten hat. Wir sind noch ziemlich am Anfang. Sie werden keine Aktie finden, die Ihnen vergleichbare Dividenden zahlt!

Falls Sie ungeduldig sind, können Sie gleich weiterlesen. Meiner Einschätzung nach ist es jedoch sinnvoller, erst eine Pause einzulegen und das bisher Gelesene zu durchdenken.

* * *

Die Geschichte von Aladdin und seiner Wunderlampe stammt zweifelsohne von einem Verfasser, der sich seine eigenen Wünsche erfüllen wollte.

Die meisten Menschen bleiben im Wunschdenken stecken. Das trifft vor allem auf jene zu, welche der Meinung sind, dass sie im Leben zu kurz kommen würden.

Viele Personen mit ernsthaften Problemen werden sich sagen, dass es sicherlich herrlich wäre, sich schlafen legen und dann mit der ausgearbeiteten Lösung wieder aufstehen zu können. Wäre es zu abwegig, diesen Menschen zu sagen, dass dies sehr wohl möglich ist? Sie besitzen bereits alle Möglichkeiten, um realistische Wünsche zu verwirklichen!

Falls Sie hoch verschuldet sind, kann Sie diese Macht aus finanziellen Verstrickungen befreien. Falls Sie mit Ihren Wohnverhältnissen unzufrieden sind, kann Sie sie daraus herausführen und Ihnen Ihr Traumhaus verschaffen.

Die Höhe Ihres Vermögens hängt nur vom Maß Ihrer persönlichen Macht ab, die Sie einbringen.

Es ist wie bei einem Auto: Je mehr Sie auf das Gaspedal drücken, umso schneller wird es fahren.

Wiederholung ist das erste Lerngesetz

Lesen Sie bitte das vorhergehende Kapitel ab Seite 29 nochmals durch.

Erst dann nehmen Sie sich das nächste vor.

Der Sitz der Intelligenz

Unabhängig davon, ob Ihre Definition von finanziellem Reichtum 50.000, 100.000 oder eine Million und mehr ansetzt, verfügen Sie doch über die mentalen Fähigkeiten, dieses Ziel zu erreichen.

Falls Sie diese Aussage anzweifeln, überlegen Sie:

„Wie haben die Millionäre ihr Geld verdient?“

„Es wurde es ihnen von einer Glücksfee in den Schoß gelegt.“

Es war ihr Schicksal.“

Natürlich sind die beiden obigen Antworten Humbug. Diese Leute haben sich ihrer inneren Macht bedient, wenngleich nicht immer wissentlich. Diese Finanzmagnaten besitzen auch keine größeren inneren Fähigkeiten als Sie, außer dass ihnen vielleicht bewusst ist, dass sie Dinge im großen Stil erledigen können.

„Aber sie haben eine bessere Ausbildung als ich!“, wenden Sie nun vielleicht ein.

Papperlapapp!

* * *

In New York wohnt ein Mann mit praktisch keiner Vorbildung. Er war früher einmal Geschirrmacher mit einem lausigen Gehalt. Heute ist der Besitzer von zwei Wolkenkratzern und einigen schmucken Mehrfamilienhäusern. Als ihm bewusst wurde, dass er in sich eine Kraftquelle trägt, die ihm zu großen Erfolgen verhelfen könne, kam er gerade so über die Runden. Zu diesem und ähnlichen Fällen passt ein Motto, das ich mir vor vielen Jahren einmal aufschrieb.

Denken Sie bitte bewusst darüber nach!

Kapitel 3

„Jemand kann sich jahrelang abrackern, ohne sichtbar weiterzukommen – bis dann eines Tages unverhofft ein mächtiger Gedanke in sein Bewusstsein tritt und eine Führungspersönlichkeit geboren wird!“

Bildung ist wünschens- und erstrebenswert. Keine Frage! Man sollte sich so viel Wissen aneignen, wie es nur geht, und auch dafür sorgen, dass auch die Nachkommen eine gute Ausbildung erhalten. Doch nur weil jemand nicht die Gelegenheit zu einer guten Ausbildung hatte, besteht kein Grund dazu, sich von seinen Hoffnungen zu verabschieden und auf ein lohnenswertes Leben zu verzichten.

* * *

In einer großen Verkaufsorganisation in New York ist einer der Top-Verkäufer ein Mann mit praktisch keiner Ausbildung. Sein Gesprächsstil enthält grauenhafte Ausdrücke. Doch er verkauft keineswegs an ungebildete Leute; er spricht bei den Leitern großer Unternehmen vor.

Wie Sie an späterer Stelle in diesem Kapitel noch erfahren werden, bedient sich dieser ungebildete Starverkäufer der Kräfte in seinem schöpferischen Bewusstsein.

* * *

Ein Geschäftsmann in einer Großstadt im Osten der Vereinigten Staaten stand vor der Pleite. Über eine Reihe nachteiliger Bedingungen war er an einen Punkt gelangt, an dem seine Verbindlichkeiten um knapp 50.000 Dollar seine Aktiva überstiegen.

Die Gläubiger drohten ihm mit einem Gerichtsverfahren; zwei von ihnen hatten bereits rechtliche Schritte eingeleitet. Alles in allem sah es für diesen Geschäftsmann so schlimm aus, dass der Konkurs unabwendbar schien.

Der Sitz der Intelligenz

Er war so entmutigt, dass er sich morgens nicht mehr in sein Geschäft traute, weil ihm vor den Drohanrufen graute und er nicht wusste, wie er seine Außenstände bezahlen könne.

Eines Tages stieß er beim Zeitunglesen im Zug auf die Geschichte eines Mannes, welcher ein beinahe bankrottes Geschäft übernommen und es zu einem großen Erfolg gemacht hatte. Das löste bei diesem Geschäftsmann eine Reihe provokativer Gedanken aus. *„Wenn dieser Kerl einen beinahe bankrotten Laden in einen Erfolg verwandelt hat, dann kann ich doch mit meinem eigenen beinahe bankrotten Laden dasselbe machen!"*

Ohne sich dessen bewusst zu sein, brachte er damit sein schöpferisches Bewusstsein auf den Plan. Er fing an, in Kategorien von **„Ich kann!"** und **„Ich werde!"** zu denken. Nun drückte er sich nicht mehr darum, in sein Büro zu gehen. Am nächsten Morgen ließ er sich von seinem Buchhalter eine vollständige Liste aller Gläubiger vorlegen.

Er rief einen nach dem andern an. „Geben Sie mir ein bisschen Zeit und Sie erhalten Ihr Geld zurück! Mit Zinsen!"

„Haben Sie einen großen Auftrag an Land gezogen?"

„Nein", erwiderte er. *„Ich habe etwas viel Wichtigeres erhalten, nämlich einen neuen Aufrieb!"*

„Dann kann man hören. Wir freuen uns auf die weitere Zusammenarbeit mit Ihnen!"

Innerlich wieder zuversichtlich, machte er sich daran, neue Aufträge zu erhalten. Und mit der neu gewonnenen Einstellung gelang ihm dies auch. Bald schrieb sein Geschäft wieder schwarze Zahlen.

In diesem Fall war nichts Ungewöhnliches vorgefallen.

Die geschäftlichen Bedingungen waren wie eh und je. Die einzige Veränderung war die veränderte Geisteshaltung des Mannes, der vorher der Meinung gewesen war, dass er kurz vor der Pleite stünde!

Unterbewusstsein und Tagesbewusstsein

Anfang des 19. Jahrhunderts, als Studenten des menschlichen Verhaltens zu begreifen begannen, dass die Funktionsweise des Bewusstseins dualer Art ist, wurde der Bereich unterhalb der Bewusstseinsschwelle „Unterbewusstsein“ genannt. Man war der Meinung, dass das Tages- oder Wachbewusstsein, mit seiner Fähigkeit zum Denken, Planen und Überlegen, selbstverständlich der Meister und der andere Bereich der Diener sein müsse.

Weit gefehlt!

Wie wir noch sehen werden, ist der wirkliche Sitz der Intelligenz und Macht das Unterbewusstsein. Niemand hat jemals so viel Intelligenz besessen, wie ein jeder von uns unterbewusst hat, noch wird das irgendwann der Fall sein.

Warum nennen wir diese Instanz dann weiterhin Unterbewusstsein, wo sie doch der Sitz der Intelligenz und Macht ist?

Unsere Gedanken und Verhaltensweise werden ständig vom Unterbewusstsein gesteuert, unabhängig davon, ob diese zu Erfolg und Glück, oder zu Misserfolg und Unglück führen!

Sobald wir ein Erfolgsbewusstsein entwickeln, dirigiert uns das Unterbewusstsein – in Gedanken und in der Tat – zu Erfolgen und Glückserlebnissen. Aus diesem Grunde erscheint mir die Bezeichnung „schöpferisches Bewusstsein“ treffender zu sein und ich werde von uns an statt der vormaligen Bezeichnung „Unterbewusstsein“ den Ausdruck „schöpferisches Bewusstsein“ verwenden.

Unser geistiges Kraftwerk

Sie werden nun eine sehr einfache Beschreibung des schöpferischen Bewusstseins und seiner Beziehung zum Tagesbewusstsein erfahren. Es ist dieselbe Beschreibung, wie ich sie 1930 in New York im Rundfunk vorgetragen habe, und von der der österreichische Psychotherapeut Alfred Adler sagte, dass sie die beste Beschreibung von dieser Instanz sei, die er je gehört habe.

Zur Veranschaulichung stellen wir uns einen großen Herstellungsbetrieb vor.

Bekanntlich hat jedes Großunternehmen einen Präsidenten und einen Geschäftsführer. Dazu auch eine Reihe von Abteilungsleitern, Vizepräsidenten, Sekretärinnen, Schatzmeister und andere Positionen. Zur Vereinfachung bleiben wir jedoch beim Präsidenten und Geschäftsführer.

Nehmen wir an, dass dieses Werk Autos herstellt.

Der Präsident kümmert sich um die Planung; der Geschäftsführer setzt die Pläne um.

Wenn ein neues Automodell auf den Markt kommen soll, trifft der Präsident die Entscheidung über die diversen Veränderungen. Diese Änderungen teilt er dem Geschäftsführer mit. Konstrukteure und Zeichner übertragen die Pläne auf Papier, es werden Modelle erstellt, das Werk wird mit den entsprechenden Apparaten und Geräten ausgestattet, um die neuen Gestaltungsformen herzustellen und so geht es weiter, bis eines Tages ein neuer Wagentyp vom Fließband läuft, der alle ursprünglich vom Präsidenten ausgedachten Änderungen enthält.

Damit haben wir ein ideales Beispiel für das Wechselspiel zwischen Tages- und schöpferischem Bewusstsein.

Das Tagesbewusstsein ist der Präsident; das schöpferische Bewusstsein ist der Geschäftsführer.

Das Tagesbewusstsein kümmert sich ums Denken, Planen und Bewerten. Das schöpferische Bewusstsein führt die Anweisungen aus.

Nehmen wir, ebenfalls zur Veranschaulichung, an, dass sich jemand gerade so durchschlängelt. Diese Person schafft es, Essen auf den Tisch zu bringen und ihre Miete zu zahlen. Für Kleider, Erholung, Reisen oder Extras bleibt nichts übrig.

Auf einmal durchzuckt diesen Menschen ein mächtiger Gedanke. Er sieht sich erfolgreich. Er sagte sich: „**ICH BIN** *erfolgreich!*"

Was geschieht nun?

Sein Geschäftsführer – das schöpferische Bewusstsein – übernimmt diese gedankliche Vorgabe als Anweisung. Nun haben wir ein neues Modell, welches vom Präsidenten – dem Tagesbewusstsein – in Auftrag gegeben wird.

Ebenso wie der Geschäftsführer im Herstellungsbetrieb die Anweisung an die zahlreichen Abteilungen weitergeben würde, wird sich auch Ihr Geschäftsführer – Ihr schöpferisches Bewusstsein – daran machen, seine Assistenten und Helfer im ganzen Körper anzuweisen.

Aber am Wichtigsten ist, dass Ihr Geschäftsführer Ihr Denken so steuern wird, dass Sie dazu gebracht werden, Dinge zu tun, die Sie erfolgreich machen!

Vor vielen Jahren kam ein Mann zu mir und erbat Hilfe bei der Arbeitssuche. Er befand sich ziemlich in der Klemme. Seine Miete war überfällig. Sein Telefon hatte man ihm abgestellt. Sein Gemüsehändler war nicht mehr bereit, ihn auf Pump einkaufen zu lassen.

Ich bat ihn, innerhalb der kommenden vierundzwanzig Stunden immer wieder den Satz zu wiederholen „**ICH BIN** *erfolgreich!*" Das sollte er vor allem kurz vor dem

Einschlafen tun. Das kam ihm zwar ziemlich abwegig vor, aber ich nahm ihm das Versprechen ab, dass er sich danach richten würde.

Am nächsten Morgen wachte er auf und verspürte einen unbändigen Drang zu beweisen, dass er erfolgreich sei. Er schlang sein Frühstück hinunter und konnte es nicht erwarten, außer Haus zu kommen.

Statt lustlos herumzuschlendern, weil er ohnehin nur einen weiteren verlorenen Tag vor sich habe, streckte er das Kinn heraus und marschierte zügig voran, erfüllt von dem Gedanken, dass er in eine Welt voller Chancen und Gelegenheiten hineinschreiten würde und er sich förmlich die Rosinen herauspicken könne.

Er kam an einem Kaufhaus vorbei und bemerkte in einem der Fenster ein Kärtchen. Darauf stand: „Verkäufer gesucht. Eisenwarenabteilung."

Er starrte das Arbeitsangebot eine Weile an und betrat dann entschlossen das Kaufhaus. Bald saß er in der Personalabteilung dem Mann gegenüber, der für Neueinstellungen zuständig war.

„Ich habe keine Erfahrung mit Eisenwaren, Sir, aber ich hantiere gerne mit Werkzeugen und glaube, dass ich für die Stelle geeignet wäre!"

Dieses beherzte und zuversichtliche Auftreten machte einen guten Eindruck auf den Personalchef. Er stellte nur wenige Fragen.

„Sie sollen Ihre Chance haben. Zeigen Sie, was Sie drauf haben! Können Sie morgen Vormittag anfangen?"

Das ist nun einige Jahre her. Dieser Mann ist mittlerweile Leiter der Eisenwarenabteilung und verdient gutes Geld. Er hat sich ein komfortables Haus gekauft, fährt einen neuen Wagen und kommt abends zu einer sorgenfreien Familie nach Hause.

Der durchschnittliche Nichtsnutz ist der Meinung, dass die Straße zum Erfolg lange und schwierig sei. Aber stimmt das auch?

Der soeben beschriebene Fall belegt, dass es nicht so sein muss. Es hat keine vierundzwanzig Stunden gedauert, bis sich das Blatt für diesen Mann wendete.

Nachdem die Erfolgsvorgabe in das schöpferische Bewusstsein dieses Mannes eingepflanzt war, wurde er – geleitet von seinem schöpferischen Bewusstsein – erfolgreich.

Ist das eine Offenbarung für Sie? Ist es nicht ein Unding, dass Sie bisher durchs Leben gegangen sind, und sich dies und jenes gewünscht haben, ohne zu erkennen, dass Sie gar nicht zu wünschen brauchen, sondern dass es buchstäblich in Ihrer Macht ist, sich Ihre Träume selbst zu erfüllen?

Natürlich ist finanzieller Erfolg beileibe nicht der einzige Einsatzbereich für Ihr schöpferisches Bewusstsein. Die folgende Geschichte wird Ihnen dies aufzeigen.

* * *

Eine einsame „alte Jungfer“ beklagte sich darüber, dass sie für das andere Geschlecht nicht attraktiv sei und den Rest ihrer Tage wohl alleine verbringen müsse.

Ich sagte ihr, dass sie folgenden Gedanken in sich aufbauen solle: *„Ich bin attraktiv für Männer. Ich treffe den Mann, den ich glücklich machen kann und der mich glücklich macht!“*

Was war die Folge?

Es dauerte nur wenige Wochen, bis diese Frau einen herzensguten Mann kennenlernte. Als ich zuletzt von ihnen hörte, waren sie glücklich verheiratet.

Geschichten dieser Art mögen dem Außenstehenden wie Märchen erscheinen. Doch sie sind nur Hinweise darauf, wozu das schöpferische Bewusstsein in der Lage ist, wenn Sie es entsprechend anweisen. Diese Frau war in der Vergangenheit zu unfreundlich gewesen und hatte nur Nabelschau betrieben.

Das schöpferische Bewusstsein – von dem Sie bereits wissen, dass es unabhängig von Tagesbewusstsein an Lösungen arbeiten kann – wies diese Frau an, freundlicher und uneigennütziger zu werden. Eine freundliche Einstellung spürt man und Männern gefällt die Gesellschaft einer freundlichen und sympathischen Frau. Und so lernte sie diesen Mann kennen. Die beiden verbrachten Zeit miteinander und ihre Großzügigkeit löste bei ihm den Gedanken aus, dass sie doch gut zusammenpassen würden.

* * *

Etwa fünfzehn Jahre lang trat ich im Rundfunk auf. In San Francisco hatte ich über zehn Jahre lang eine tägliche dreißigminütige Sendung. Wenn das Publikum Tag für Tag ein und denselben Mann eine halbe Stunde lang im Radio hört, wird es für viele langweilig. Doch bei meiner Sendung war das nicht der Fall. *„Sie scheinen immer besser zu werden"*, war ein Lob, das ich in den Zuschriften immer wieder lesen durfte.

Damit will ich mich nicht als eine Art Wundermann darstellen; das wäre auch nicht zutreffend. Ich habe nichts getan, was Sie nicht auch tun können. Mein „Geheimnis", dem dieser Sender immerhin siebzig Prozent seiner Zuschriften verdankte, bestand darin, dass ich mich meines schöpferischen Bewusstseins bediente. Ein Manuskript für ein dreißigminütiges Programm umfasst mindestens vierzehn, im doppelten Abstand geschriebene Schreibmaschinenseiten. Doch bei mir kam das Meiste aus dem Stegreif und wurde improvisiert, denn meine Vorlage bestand lediglich aus einer einzigen Seite mit ein paar knappen Stichpunkten.

Das musste ausreichen, um eine halbe Stunde lang zügig zu sprechen.

Bevor ich auf Sendung ging, wiederholte ich jeden Abend: *„Diese Sendung ist die Beste, die ich bisher gemacht habe!“* Und genauso kam es dann.

Kaum hatte ich meine Zuhörerinnen und Zuhörer begrüßt, flossen die Worte nur so aus mir heraus und das ging so, bis die Sendezeit um war.

Auch mein Herausgeber verlangt an meinen Manuskripten nur äußerst selten Korrekturen. Autoren müssen manchmal ganze Absätze umschreiben, es gibt welche, die sogar das gesamte Buch neu schreiben müssen, bevor es druckreif ist. In meinem letzten Buch wurde keine einzige Seite umgeschrieben.

Will ich mich darüber über den grünen Klee loben? Keineswegs! Ich bin auch nicht besser als Sie. Ich bediene mich lediglich einer Kraft, die ein jeder von uns hat. Ich arbeite mit meinem schöpferischen Bewusstsein zusammen, welches immer auf Bereitschaft steht, um mich richtig zu führen.

Bevor ich mich an meine Schreibmaschine setze, halte ich Zwiesprache mit meinem schöpferischen Bewusstsein. Meist sage ich ihm etwas der folgenden Art: *„Ich werde gedanklich so geleitet, dass dieses Buch allen, die es lesen, weiterhilft!“* Und als ob eine innere Stimme mir diktieren würde, fließen mir die Gedanken mühelos zu.

Lesen Sie bitte nicht über diese Zeilen hinweg und sagen sich dann: *„Hört sich gut an. Das probiere ich irgendwann auch mal aus.“*

„Irgendwann“ ist ein schlechtes Wort. Es ist viel zu unbestimmt. Auf diese Weise können Sie zehn Jahre lang untätig bleiben und sind Ihrem Vorsatz dennoch treu – doch gleichzeitig führen Sie sich an der Nase herum.

Tun Sie es jetzt!

Sie werden die Macht Ihres schöpferischen Bewusstseins erst erkennen, wenn Sie davon Gebrauch machen. Jetzt, in diesem Augenblick, wartet es auf Ihre Anweisungen!

Sprechen Sie das schöpferische Bewusstsein nicht negativ an! Sagen Sie sich nicht: „Ich probier mal aus, ob das bei mir funktioniert!" Verben wie „ausprobieren" oder „versuchen" weisen auf Zweifel hin. Wenn wir wissen, dass etwas funktionieren, „probieren" wir es nicht – wir tun es.

Denken Sie an etwas Gutes oder Schönes, das Sie gerne erleben würden. Nehmen wir als Beispiel, dass Sie morgen eine wichtige Entscheidung zu treffen haben. Momentan befinden Sie sich im Zwiespalt; Sie wissen nicht, welchen Kurs Sie einschlagen sollen.

In diesem Fall halten Sie einen Gedanken der folgenden Art fest: *„Bezüglich dieser Entscheidung werde ich geführt, die Schritte zu ergreifen, welche für alle Beteiligten optimal sind!"*

Wiederholen Sie diesen Satz mehrmals, vor allem vor dem Einschlafen. Wenn dann der Zeitpunkt für Ihre Entscheidung kommt, können Sie getrost davon ausgehen, dass sich die Richtung, die Sie einzuschlagen haben, klar vor Ihnen abzeichnet.

Sie werden erstaunt sein, wie folgerichtig das sein wird, und werden instinktiv wissen, dass Ihre Meinung Hand und Fuß hat.

Doch hören Sie hier noch nicht auf! Geben Sie Ihrem schöpferischen Bewusstsein eine neue Aufgabe. Sie es können es gar nicht übertreiben. Wie ein Auto, das darauf wartet, Sie dorthin zu bringen, wo Sie hinfahren wollen, wartet das schöpferische Bewusstsein nur darauf, Sie an Ihr Ziel zu bringen.

Bedenken Sie bitte Folgendes:

Kapitel 3

Ihr schöpferisches Bewusstsein ist niemals untätig. Es arbeitet ständig, entweder für oder gegen Sie. Dass Sie es zu Ihrem Vorteil, zugunsten Ihrer Gesundheit und Ihres Wohls einsetzen sollten, braucht sicherlich nicht eigens betont zu werden.

In jeder Zelle Ihres Körpers gibt es Intelligenz, und diese Intelligenz ist ein wichtiger Teil Ihres schöpferischen Bewusstseins.

Eröffnet Ihnen diese Erkenntnis nicht neue Verständnis-horizonte?

Wir begannen dieses Kapitel mit einem Hinweis auf das schöpferische Bewusstsein als Sitz der Intelligenz. Dabei gibt es eine Tatsache, auf die wir näher eingehen sollten.

Wie Sie bereits wissen, akzeptiert das schöpferische Bewusstsein Gedanken aus dem Tagesbewusstsein und begreift sie als Anweisungen oder Befehle, nach denen es aktiv wird. Sie haben ebenfalls erfahren, dass das schöpferische Bewusstsein vom Tagesbewusstsein unabhängige eigenständige Denkfähigkeiten besitzt.

Ob Ihr Gedanke positiv oder negativ ist, ist dem schöpferischen Bewusstsein einerlei; es wird Ihre gedankliche Vorgabe umsetzen, ohne sie zu hinterfragen!

Wenn Sie an Wehwehchen, Gebrechen oder Schwächen denken, wird Ihr schöpferisches Bewusstsein – welches ja mit jeder Zelle Ihres Körpers in Kontakt steht – Ihre Gedanken als Weisung auffassen und diese Vorgabe durch Ihr System senden, um Sie schwächlich und gebrechlich zu machen. Das mag eine Weile dauern, aber eines Tages werden Sie auf der körperlichen Ebene das Spiegelbild Ihrer Gedanken erleben.

Sie werden sich müder fühlen, Ihre Augen werden ihren Glanz verlieren, Sie werden langsamer machen müssen und zum Schwarzsehen neigen.

Doch dasselbe Prinzip gilt auch in positiver Hinsicht. Falls Sie die Haltung einnehmen, dass Sie sich großartig fühlen, werden Sie ebenfalls entsprechende Anweisungen an Ihre Zellen senden.

* * *

Vor einigen Jahren veröffentlichte eine Klinik in New Orleans einen Bericht, demzufolge bei vierundsiebzig Prozent von fünfhundert Patienten in der Abteilung für Magenerkrankungen Gemütskrankheiten festgestellt wurden.

Im Jahre 1951 war dem Bericht eines Ambulatoriums einer amerikanischen Universität zu entnehmen, dass sage und schreibe sechsundsiebzig Prozent der dort eingewiesenen Patienten an psychischen Krankheiten litten, und psychosomatische Symptome aufwiesen.

Wenn die Beschwerden von immerhin sechsundsiebzig von hundert Personen auf psychische (seelische) Ursachen zurückgingen, liegt es dann nicht auf der Hand, dass das Gefühl *„Ich bin so froh, dass ich am Leben bin!“* ebenfalls mental ausgelöst werden kann?

Selbstverständlich!

Verbessern Sie Ihre Übungen, im Zuge derer Sie die Wirksamkeit Ihres schöpferischen Bewusstseins bei der Förderung von Gesundheit, Wohlbefinden und Glück unter Beweis stellen, noch deutlich mehr, indem Sie ihm die richtigen Anweisungen erteilen.

Denken Sie zum Beispiel: *„Ich werde in Gedanken und Tat dazu angeleitet, das zu tun, was mir gesundheitlich am meisten guttut.*

Mein schöpferisches Bewusstsein, das mit jeder Zelle meines Körpers in Kontakt steht, erbaut einen Gesundheitszustand, welcher zu meinem Wohlbefinden beiträgt und mich immer gesünder macht!“

Sagen Sie sich diese Aussage vor dem Einschlafen mehrmals gefühlvoll vor. Sie werden bemerken, dass Sie sich am nächsten Tag wesentlich besser fühlen.

Unterschätzen Sie die Bedeutung dieses Kapitels nicht!

Den größten Nutzen ziehen Sie daraus, wenn Sie es zunächst nochmals aufmerksam durchlesen, bevor Sie sich dem nächsten Kapitel widmen!

Wiederholung ist das erste Lerngesetz

Lesen Sie bitte das vorhergehende Kapitel ab Seite 46 nochmals durch.

Erst dann nehmen Sie sich das nächste vor.

Kapitel 4

Der Mensch ist geistige Vorstellung

Was meint ein Mann, der von einer jungen Dame als „lieb" oder „goldig" schwärmt?

Spricht er damit ihre körperlichen Reize an? Meint er ihr Aussehen oder ihre Gesichtszüge? Oder lächelte sie auf eine Weise, die ihn zu dieser Aussage verleitet?

Nichts von alledem!

Auch wenn es vielen Menschen nicht bewusst ist, meint er damit ihre geistige Ausstrahlung – beziehungsweise das Gegenteil. Ein „netter Mensch" ist ein großzügiger, verständnisvoller, sympathischer, freundlicher und hilfsbereiter Mensch.

Wenn wir jemandem eine magnetische Persönlichkeit zuschreiben, ist es zwar gang und gäbe, diese Persönlichkeit mit der sichtbaren körperlichen Erscheinung in Verbindung zu bringen, aber dennoch gehen wir einem Trugschluss auf den Leim. Es gibt hübsche Mädchen mit einem geradezu abstoßenden Wesen. Und es gibt durchschnittlich aussehende Mädchen, deren Persönlichkeit so magnetisch ist, dass sie uns „süß", „charmant" oder „nett" vorkommen.

Was unterscheidet diese Mädchen? Der Unterschied liegt in der geistigen Einstellung. Die Letztgenannten denken ans Geben, die anderen ans Kriegen.

Nehmen wir zwei Männer, die sich körperlich durchaus ähnlich sehen. Der eine ist ein guter Geschäftsmann. Er verdient gutes Geld und spart einen ansehnlichen Betrag. Der andere schlängelt sich mehr schlecht als recht durch. Er verdient nur wenig und gibt das Wenige wieder bis auf den letzten Cent aus.

Der Mensch ist geistige Vorstellung

Dieses Beispiel ließe sich seitenlang weiterspinnen. Der einzige Unterschied zwischen einem Schriftsteller und einem anderen Menschen, der nicht schreibt, liegt in der Geisteshaltung. Der eine weiß, dass er schreiben kann; der andere ist überzeugt davon, dass er es nicht kann.

Bei Erfolg oder Misserfolg geht es nicht um physische Unterschiede. Man kann es drehen und wenden, wie man will – letztendlich läuft es immer auf die geistige Einstellung hinaus. Der Eine sieht sich als Versager, der andere hält sich für erfolgreich.

Diese Vergleiche drängen uns die Schlussfolgerung geradezu auf, dass der herausragende Teil des Menschen sein Geist, sein Bewusstsein, ist. Sein Bewusstsein macht ihn zu dem, was er ist – im Guten wie im Schlechten.

Wenn jemand das persönliche Fürwort „ich" gebraucht, bezieht er sich in keiner Weise auf seine körperliche Erscheinung. Die Aussage „ich bin glücklich" betrifft nicht seine äußere Erscheinung; diese kann nicht glücklich sein, wenngleich nicht abgestritten werden soll, dass der gefühlsmäßige Zustand des Glücklichseins eine physische Reaktion nach sich zieht. Auf den Lippen dieses Glückspilzes wird sich ein Lächeln zeigen und vielleicht schüttelt sich sogar sein ganzer Körper vor Lachen, aber ohne den Geisteszustand des Glücklichseins und der Freude wird nichts davon eintreten. Wenn ich Ihnen sage: „Sie sind ein feiner Kerl!", meine ich damit nichts, was ich mit meinen physischen Augen sehe. Ich beziehe mich nicht auf Ihre Haut, Ihre Gesichtsfarbe, Ihren Knochenbau oder andere körperliche Attribute. Ich meine damit Ihre Geisteshaltung.

Belegt all das nicht die Überschrift dieses Kapitels?
Der Mensch ist geistige Vorstellung!

„Der Mensch ist das, was er von sich hält". Diese Aussage finden Sie in allen meinen Büchern wieder. Ist Ihnen die Bedeutung dieses kurzen Satzes bewusst?

Diese Aussage bedeutet nicht, dass Sie dieser oder jener sind, weil Sie groß, klein, schlank oder dick, rundlich oder sportlich sind. Sie bedeutet, dass Ihr Ich, welches Ihren Mitmenschen sympathisch oder unsympathisch vorkommt, ein Spiegelbild Ihrer Geisteshaltung, Ihres Bewusstseins, ist.

Es besteht kein Grund, sich unglücklich zu fühlen, jammernd durch das Leben zu gehen und sich über Gott und die Welt zu beklagen.

Sie können erfolgreich sein!

In Ihrem fantastischen Bewusstsein tragen Sie die Macht und Intelligenz, Ihr Leben in jede Richtung zu lenken, die Sie ihm vorgeben!

Denken Sie bitte kurz an die herausragenden Leistungen der Menschheit. Ein Zug mit vielen Waggons kann mit einer beträchtlichen Geschwindigkeit fahren, aber gesteuert wird er von einem einzigen Zugführer. Wir können durchaus sagen, dass dieser lange Zug vom Bewusstsein einer einzigen Person gesteuert wird.

Riesenschiffe werden von einer einzigen Person gelotst. Dieser Mensch hat zwar seine Helfer, aber ohne den Chefdenker wird das Schiff sein Ziel nicht erreichen.

Großflugzeuge, welche Hunderte von Passagieren, ihr Gepäck und Postsäcke befördern, haben einen einzigen Flugkapitän (der Kopilot springt nur ein, wenn der verantwortliche Pilot nicht anwesend oder nicht mehr handlungsfähig ist).

Diese Züge, Schiffe und Flugzeuge entstanden zunächst im Bewusstsein von Menschen. Sie mussten erst erschaffen werden.

Und nun sage ich Ihnen, dass Sie in Ihrem mentalen Selbst ein riesiges Reservoir an Macht haben, welche größtenteils sogar brachliegt.

Der Mensch ist geistige Vorstellung

Und ich sage Ihnen auch, dass Sie – genauso wie der Pilot im Flugzeug, der Kapitän auf dem Schiff oder der Ingenieur im Zug – Ihr schöpferisches Bewusstsein so steuern können, dass es Sie in jede Richtung lenkt, die Sie ihm vorgeben, sei es im Bereich der Gesundheit, des Wohlstands oder des Lebenserfolgs.

Der Mensch ist Bewusstsein mit einem Körper

Ich bin mit einem neugierigen Bewusstsein gesegnet. Wahrscheinlich bin ich im Sternzeichen des Fragezeichens geboren worden. Die Fragewörter *„Wie?“*, *„Wann?“*, *„Warum?“* und *„Wo?“* sind in meinem Wortschatz die am meisten strapazierten Wörtchen.

Als ich den Führerschein machte (das war vor der Zeit von Automatikgetrieben), gab ich mich nicht damit zufrieden, dass mir der Fahrlehrer sagte, ich solle mit dem Ganghebel den ersten Gang einlegen. Ich beharrte darauf, dass das Getriebe freigelegt würde, weil ich sehen wollte, was das vor sich ging, wenn ich den Hebel bewegte.

Das ist typisch für mich. Warum funktioniert das so? Wie geht das? Fragen dieser Art gehen mir ständig durch den Kopf.

Vor etlichen Jahren saß ich mit einem Freund beim Abendessen. Wir kamen auf ein provokantes Thema zu sprechen: die Rätsel des Menschseins. Wir sprachen über die Macht des Bewusstseins und wie es jede einzelne Körperzelle anweist. Würde man das Bewusstsein wegnehmen, bliebe nur noch ein verfallender Haufen Fleisch und Knochen übrig.

Dieses Gespräch war der Auslöser einer großen Erkenntnis für mich. Bis dahin hatte ich den Menschen immer als einen Körper mit einem Geist betrachtet. Doch es ist genau anders herum!

So einfach sich die Aussage auch anhört, dass der Mensch ein Geist mit einem Körper ist, muss sie zuerst durchdacht werden, bevor sie wirklich verstanden werden kann.

In Wirklichkeit ist dieser Körper nur ein Werkzeug für den Geist – für Ihr wahres Ich.

Ihre Beine sorgen dafür, dass Sie gehen können. Ihre Arme verrichten die unterschiedlichsten Aufgaben, je nachdem, wozu der Geist sie anleitet. Die Nahrung, die Sie aufnehmen, liefert Ihrem „Motor" Treibstoff. Ihr Mund hat eine Doppelfunktion: Er fungiert als „Nahrungseinlass" und als Mundstück für Ihr verbales Kommunikationssystem. Ihre Augen sind die Orientierungslinsen und Ihre Ohren die Empfänger Ihres Kommunikationssystems.

Ihr physisches Wesen funktioniert auf zweifache Weise:

1. Es hält Sie am Leben.
2. Es führt die Befehle des Geistes aus.

Der Mensch als Gewohnheitswesen

Zwar ist dies nur eine Schätzung meinerseits, ich würde aber sagen, dass mindestens fünfundneunzig Prozent aller unserer Handlungen auf Gewohnheiten und nicht auf eine verstandesmäßige Überlegung zurückgehen.

Kleiden Sie sich morgens bewusst oder unbewusst an? Natürlich unbewusst! Wenn Sie sich rasieren, denken Sie nicht darüber nach, wie Sie den Rasierapparat halten müssen und wie sehr Sie aufdrücken sollten. Wahrscheinlich sind Ihre Gedanken bei ganz anderen Dingen.

Wenn Sie sich dann an den Frühstückstisch setzen, machen Sie sich keine Gedanken darüber, wie Sie Messer und Gabel halten sollten. Sie essen, ohne sich über die Mechanik des Essens den Kopf zu zerbrechen.

Der Mensch ist geistige Vorstellung

Falls Sie tippen können, überlegen Sie nicht, wo die einzelnen Buchstaben auf der Tastatur angeordnet sind.

Sie denken an das Thema und bringen Ihre Gedanken zu Papier. Währenddessen sorgt Ihr schöpferisches Bewusstsein dafür, dass Ihre Finger die richtigen Buchstaben tippen.

Ein guter Autofahrer fährt nicht bewusst. Egal, ob er Lenkrad, Bremsen, Gaspedal oder Hube bedient – alles wird automatisch von seinem schöpferischen Bewusstsein erledigt.

Wenn wir etwas Neues lernen, sind wir anfänglich langsam. Der Grund ist, dass wir denken müssen, bevor wir handeln. Sobald aber das schöpferische Bewusstsein das Kommando übernommen hat, werden wir immer schneller und genauer. Wir werden gut, nachdem der Vorgang zu einer Gewohnheit geworden ist.

Falls Sie mit Ihren momentanen Lebensumständen nicht zufrieden sind, ist die Annahme dann abwegig, dass Sie lediglich Gewohnheitsmuster einzuüben haben, die dem angestrebten Leben entsprechen?

Nein! Diese Aussage ist alles andere als abwegig. Bleiben wir noch eine Weile bei diesem Thema. Anschließend erfahren Sie dann eine Übung, die es Ihnen gestattet, gesundheits-, wohlstands- und glücksfördernde Gewohnheiten zu entwickeln.

Gewohnheiten kommen nicht über Nacht. Sie kennen vielleicht den Spruch, dass Gewohnheiten wie Kabel sind. Wir flechten jeden Tag einen neuen Draht und eines Tages ist das Kabel dann so stark, dass wir es nicht mehr brechen können.

Doch auf Gewohnheiten übertragen, stimmt dies nur, wenn wir den Gewohnheiten diese Stärke lassen. Wenn wir uns absichtlich vornehmen, eine Gewohnheit zu verändern, ist dies ohne Weiteres möglich.

Falls Ihre körperliche Kondition zu wünschen übrig lässt, kann Ihnen ein Trainer in relativ kurzer Zeit zeigen, mit welchen Übungen Sie wieder auf Vordermann kommen. Doch mit dem Zeigen ist es nicht getan. Wenn Sie positive Ergebnisse sehen wollen, müssen Sie diese Übungen eine gewisse Zeit lang selbst durchführen.

Falls Sie nicht erfolgreich oder nicht glücklich sind, sondern ständig jammern und sich beschweren, liegt dies daran, dass Sie sich von einer Gewohnheit leiten lassen, welche diese Umstände zu einer Realität macht. Sie halten sich selbst für einen Versager, Benachteiligten oder Übergangenen oder glauben, es sei Ihr Los, unglücklich zu sein. Die natürliche Folge eines Bewusstseins, das in Misserfolg und Schwarzseherei schwelgt, ist ein von Wehwehchen geplagter Körper, was den Teufelskreis insofern verdichtet, als Sie dann noch mehr Gründe für die Selbstbemitleidung sehen.

Ein Freund von mir – ein sehr erfolgreicher Mann – erzählte mir eine Geschichte, welche meine vorhergehenden Ausführungen bestätigt.

„Eine nebenbei fallen gelassene Bemerkung, die nicht einmal an mich gerichtet war, hat mein Leben umgekrempelt“, sagte er mir.

„Ich war immer schon einer, der sich gerade mal über Wasser hielt“, fuhr er fort *„aber gleichzeitig hatte ich eine große Klappe und prahlte von den Dingen, die ich noch vorhatte.“*

„Eines Tages hörte ich von einem Mann, den ich für meinen Freund gehalten hatte, eine Bemerkung. Er sagte zu einem anderen Mann: ‚Joe ist ja ein netter Kerl, aber er lebt in einem Wolkenkuckucksheim. Das ist ein ewiger Träumer, der nie etwas zuwege bringen wird!‘“

„Das versetzte mir einen Stich. Ich fasste auf der Stelle den Entschluss, den Beweis zu erbringen, dass ich außer Träumen auch was tun könne!“

Dieser Mann veränderte sein geistiges Muster.

Der „ewige Träumer“ ging ihm nach und er baute ein neues Vorstellungsbild auf. Er fing an, sich als jemand zu sehen, der die Dinge anpackt und nicht nur davon träumt. Und es dauerte gar nicht so lange, bis sich diese neue innere Vorlage im Außen als großer Erfolg zeigte.

Sind Sie ein Negativdenker?

Der negative Mensch hält sich selbst meist nicht für negativ. Sollte auch nur angedeutet werden, dass er negativ denkt, wird er sofort in die Defensive gehen. Vielleicht redet er sich auch damit heraus, dass er „Realist“ sei.

Sie erfahren nun von einem sehr einfachen Test. Damit können Sie mit absoluter Sicherheit herausfinden, ob Sie mehr zur negativen oder zur positiven Seite neigen.

Nachstehend finden Sie fünfundzwanzig Begriffe. Lesen Sie diese bitte langsam durch und achten Sie darauf, welche Assoziation Sie mit diesen Wörtern verbinden. Die jeweilige Assoziation wird entweder positiv oder negativ sein.

Sollten die meisten Ihrer Assoziationen negativ ausfallen – seien Sie froh! Ich sage dies deshalb, weil in Ihrem Leben eine große Veränderung bevorsteht, was Ihnen mehr Gesundheit, mehr Wohlstand und mehr Glück bringen wird.

1. Liebe
2. Bergfels
3. Geld
4. Auto
5. Nahrung
6. Sex
7. Dunkelheit
8. Buch
9. Ruhe
10. Gesetz
11. Wasser

12. Brief
13. Garten
14. Putzfrau
15. Chef
16. Zuhause
17. Gäste
18. Gesundheit
19. Tier
20. Vater
21. Kleidung
22. Musik
23. Kinder
24. Schreiben
25. Prüfungen

Manche dieser Begriffe scheinen negativ zu sein, andere positiv.

Doch Sie werden gleich feststellen, dass jeder dieser Begriff entweder negativ oder positiv sein kann.

- Liebe

Ein negativ denkender Mensch wird mit diesem Begriff folgende Assoziation verbinden: Keiner liebt mich.

Ein positiver Mensch wird wahrscheinlich an jemanden denken, den er oder sie liebt.

- Bergfels

Der negative Mensch wird damit Gefahren verbinden. Vielleicht denkt er an verschmutzte oder zerrissene Kleidung oder dass er über einen Felsen stürzen könnte.

Der Positivdenker dürfte eher die Schönheit der Bergwelt vor Augen haben.

- Geld

Negativ: Schulden, Geldmangel, Verpflichtungen, usw.

Positiv: Bequemlichkeit, Großzügigkeit.

- Auto

Negativ: Fehlt, ist alt oder reparaturbedürftig.

Positiv: Schöne Ausflüge, Familienspaß, Fahrvergnügen, praktisch.

- Nahrung

Negativ: Schlechtes Essen, Verdauungsprobleme.

Positiv: Unterhaltsame Mahlzeiten mit Freunden und Verwandten

- Sex

Negativ: Verdruss wegen unbefriedigender Beziehung.

Probleme mit dem anderen Geschlecht.

Positiv: Das genaue Gegenteil der negativen Assoziation.

- Dunkelheit

Negativ: Einsamkeit.

Positiv: Ruhe, Entspannung.

- Buch

Negativ: Studium, Langeweile.
Positiv: Erkenntnisse, Weiterbildung, angenehmer Zeitvertreib.

- Ruhe

Negativ: Überarbeitung, keine Zeit für Ruhe.

Positiv: Erholung, Entspannung, Freizeit.

- Gesetz

Negativ: Strafzettel

Positiv: Ordnung, Schutz

- Wasser

Negativ: Ertrinken, Regen, Wolkenbruch

Positiv: Schwimmen, Bootsausflüge, Badespaß, Sauberkeit

- Brief

Negativ: Schlechte Nachrichten

Positiv: Gute Nachrichten

- Garten

Negativ: Arbeit, Ausgaben

Positiv: Schönheit

- Putzfrau

Negativ: Kann ich mir nicht leisten

Positiv: Erleichterung im Haushalt

- Chef

Negativ: Sklaventreiber

Positiv: Einnahmen, Beförderung

- Zuhause

Negativ: Stress, Streit, Nörgeln

Positiv: Harmonie, Gesellschaft

- Gäste

Negativ: Mehrarbeit, Mehrkosten, Einengung

Positiv: Unterhaltung, Unternehmungen

- Gesundheit

Negativ: Schmerzen, Behinderungen

Positiv: Erstrebenswerter Zustand

- Tier

Negativ: Kosten, Rücksicht, Unordnung

Positiv: Treue, Gesellschaft, Spielkamerad

o Vater

Negativ: Zuchtmeister, Forderungen

Positiv: Zuwendung

o Kleidung

Negativ: Kärgliche Garderobe, billige Klamotten

Positiv: Modische und praktische Kleidung

o Musik

Negativ: Lärm, Störquelle

Positiv: Friedlichkeit, Inspiration

o Kinder

Negativ: Quälgeister, Kostenfaktor

Positiv: Erfüllung

o Schreiben

Negativ: Rechtschreibprobleme, zeitaufwändig, keine Lust

Positiv: Gut, um neue Ideen zu erarbeiten

o Prüfungen

Negativ: Nervosität, Ängstlichkeit, ungenügende Vorbereitung, Zweifel an den eigenen Fähigkeiten

Positiv: Gelegenheit, sein Wissen unter Beweis zu stellen

Ihre persönliche Reaktion auf diese Begriffe fällt vielleicht völlig anders aus als die oben genannten Beispiele, dennoch werden Sie mithilfe dieser Angaben herauszufinden, ob Ihr erster Eindruck jeweils positiv oder negativ war.

Aus psychologischen Studien wissen wir, dass fünfundneunzig Prozent aller Menschen zum Negativen tendieren. Diese Zahl deckt sich mit einer anderen Studie, welche erbracht hat, dass nur fünf Prozent aller Menschen erfolgreich sind.

Falls Sie sich auf der Seite der fünfundneunzig Prozent befinden sollten, werden Ihre spontanen Reaktionen auf die obigen Begriffe mit Sicherheit überwiegend negativ ausgefallen sein. Doch wie bereits gesagt:

Seien Sie froh!

Sobald Ihnen ein Mangel bewusst geworden ist, haben Sie den halben Weg bereits hinter sich. Falls Ihr Denken überwiegend negativ ist, kann davon ausgegangen werden, dass Sie bei Weitem nicht so viele Erfolge verbuchen können, wie Sie gerne hätten. Wir dürfen ebenfalls getrost annehmen, dass Sie lange nicht so glücklich sind, wie Sie sein könnten.

Der Tag Ihrer inneren Befreiung ist näher denn je, sofern Ihnen die obige Übung einiges bewusst gemacht hat. Bald werden Sie nicht mehr in den Fesseln von Mangeldenken, Unsicherheit, Zweifel und Schwarzmalerei gefangen sein. Sie können Ihren Kopf buchstäblich himmelwärts strecken, Ihre Arme ausstrecken und begeistert ausrufen: *„Ich bin jetzt frei!“*

Machen Sie ein Spiel aus dem Positivdenken!

Schreiben Sie die obigen fünfundzwanzig Begriffe auf ein Blatt Papier.

Wenn Sie Gäste haben, können Sie daraus auch ein Gesellschaftsspiel machen und Ihre Hausgäste testen lassen, wie positiv oder negativ sie sind. Diskutieren Sie über das Bewusstsein und wie eine Änderung der Einstellung zum Scheitern oder zum Erfolg beiträgt.

Je bewusster Ihnen die Macht des Denkens wird, umso mehr werden Sie auf die Art der Gedanken achten, die Ihnen den lieben langen Tag durch den Kopf gehen!

Hier noch ein weiteres hilfreiches Spiel: Nehmen Sie jeden Buchstaben des Alphabets und überlegen Sie, wie viele positive Begriffe Ihnen pro Buchstabe einfallen.

Bei den positiven Assoziationen könnten Ihnen unter dem Buchstaben „*A*“ zum Beispiel folgende Worte in den Sinn kommen:

Abschlussball
Anerkennung
Angenehm
Antrieb
Aperitif
Apfelstrudel
Aroma
Aufschlussreich
Ausbildung
Auskommen
Auslandsreise
Auszeichnung, usw.

Unter „*B*“ vielleicht:

Badeurlaub
Ballett
Bankguthaben
Bauchtanz
Beherztheit
Beschützt

Besonnen
Beteiligung
Betriebsausflug
Bildhübsch
Blume
Buchbestellung, usw.

Gehen Sie das gesamte Alphabet durch und durchforsten Sie Ihren geistigen Wortschatz nach möglichst vielen positiv besetzten Begriffen.

Gut geeignet für dieses positive Alphabet sind auch Karteikärtchen. Besorgen Sie sich ein Set leeren Kärtchen und sehen Sie für jedes positive Wort, auf das Sie stoßen, ein eigenes Kärtchen vor, das Sie dann alphabetisch richtig einordnen. Es wird nicht lange dauern, bis Sie über hundert positive Begriffe parat haben.

Jedes Mal, wenn Sie über diesen Begriff etwas Neues dazulernen oder lesen, schreiben Sie es auf das betreffende Kärtchen.

Es ist zwar nicht wahrscheinlich, dass Sie diese Sammlung oft benutzen werden, aber bereits die Tatsache, dass Sie sie angelegt haben, wird Ihnen die Wichtigkeit positiven Denkens bewusster machen.

Ich kann! Ich werde! Ich bin!

Im Bonusteil zu diesem Buch (siehe Seite 312) ist eine Formel enthalten, die sich wohl bei Hunderttausenden erfolgssuchender Männer und Frauen bewährt hat.

Es handelt sich um eine äußerst simple – und dennoch wirkungsvolle! – Formel, um Ihr schöpferisches Bewusstsein so umzuerziehen, dass es Ihnen immer natürlicher vorkommt, positive und aufbauende Gedanken zu pflegen.

Sagen Sie sich eine ganze Woche lang so oft, wie Sie daran denken, Folgendes vor:

ICH KANN ERFOLGREICH SEIN!

Sagen Sie sich diesen Satz vor allem vor dem Einschlafen und gleich nach dem Aufwachen vor; dazu noch mehrmals tagsüber.

Auf diese Weise verankern Sie in Ihrem Bewusstsein die Botschaft, dass Sie erfolgreich sein können. Es wird Ihnen einleuchten, dass Sie dies zuerst für möglich halten müssen; andernfalls hätte es wenig Sinn, auch nur den Versuch zu unternehmen. Brennen Sie diese Möglichkeit – dass Sie es können! – deshalb in Ihr Bewusstsein ein, auch wenn Sie zunächst nicht so richtig daran glauben können. Nach einiger Zeit werden Sie es sehr wohl im Bereich des Möglichen finden, dass Sie Erfolg haben können.

Zu wissen, dass Sie Erfolg haben können, ist jedoch noch nicht ausreichend. Ein jeder von uns weiß vieles, was er oder sie tun kann, doch ohne die Tat ist auch dieses positive Wissen nur zu wenig nütze.

Dies bringt uns zur zweiten Phase der Formel:

Über den Zeitraum einer weiteren Woche (oder auch länger, wenn Sie wollen) sagen Sie sich vor:

ICH WERDE ERFOLGREICH SEIN!

Achten Sie auch bei dieser Aussage wieder darauf, dass Sie sie vor allem vor dem Einschlafen, nach dem Aufwachen und möglichst oft während des Tages gefühlvoll sagen.

Damit bewirken Sie in Ihrer mentalen Kraftzentrale eine grundlegende Veränderung. Es wird Sie danach drängen, Ihre neuen Kräfte beweisen zu wollen. Falls Sie beispielsweise den Wunsch nach beruflicher Selbstständigkeit verspürt hatten, werden Sie sich dabei ertappen, dass Sie sich intensiv darauf vorbereiten.

Fehlendes Startkapital wird Sie nicht davon abhalten. Ihr schöpferisches Bewusstsein wird Ihnen Mittel und Wege aufzeigen, wie Sie das benötigte Kleingeld erhalten.

Doch damit ist diese Übung noch nicht abgeschlossen. Sehen Sie mindestens nochmals eine Woche vor, in der sich sagen:

ICH BIN ERFOLGREICH!

Tun Sie dies vom frühen Morgen bis kurz vor dem Einschlafen möglichst oft!

Diese Aussage mag Ihnen etwas vorschnell vorkommen; sie greift jedoch in keiner Weise zu früh. Falls Sie Geld auf dem Konto, aber nicht in Ihrer Geldbörse, haben, wissen Sie, dass Sie problemlos einen Scheck ausstellen können.

Falls Sie ein Erfolgsbewusstsein besitzen und davon ausgehen, dass Sie erfolgreich sein können, sowie dass Sie erfolgreich sein werden, ist Ihr Wunsch so gut wie erfüllt.

Sämtliche Aussagen in diesem Kapitel sind Fakten, die den Praxistest bestanden haben. Immer und immer wieder!

Diese drei Sätzchen mögen Ihnen zu schlicht und zu gut vorkommen, um wahr zu sein, doch lassen Sie sich von diesem Einwand nicht abhalten! Sie haben viele Menschen bereits aus dem Joch der Mittelmäßigkeit befreit und werden dies auch bei Ihnen bewirken. Jedoch nur, wenn Sie ihnen die Gelegenheit dazu geben!

Kapitel 4

Bevor Sie das nächste Kapitel durcharbeiten, sollten Sie die vorhergehenden Ausführungen nochmals gründlich studieren und darüber nachdenken.

Falls diese Hinweise keine Vorfreude und Begeisterung bei Ihnen ausgelöst haben, haben Sie etwas Wesentliches überlesen oder noch nicht verstanden.

Tun Sie sich bitte selbst den Gefallen und nehmen sich dieses Kapitel nochmals vor.

Obwohl ich selbst diese Prinzipien bereits seit vielen Jahren erfolgreich anwende, gibt mir bereits der Umstand, dass ich sie Ihnen hier beschreibe, wieder neuen Auftrieb.

Ich wünsche Ihnen von Herzen, dass Sie sie konsequent anwenden und damit ebenso viel Gutes in Ihr Leben ziehen, wie dies bei mir der Fall war!

Wiederholung ist das erste Lerngesetz

Lesen Sie bitte das vorhergehende Kapitel ab Seite 61 nochmals durch.

Erst dann nehmen Sie sich das nächste vor.

Kapitel 5

Das wahre Selbst kennenlernen

Etwa 400 vor Christus, als Sokrates seinen Anhängern das berühmte „Erkenne dich selbst!“ zurief, hatte er sich mit Sicherheit nicht auf die körperliche Erscheinung bezogen. Seine Ermahnung richtete sich an den Intellekt, das heißt, an das Bewusstsein.

Ich habe einmal eine Geschichte gelesen, in der es hieß, dass in jedem Menschen zwei Wesenheiten wohnen würden: ein Plus- und eine Minus-Wesen. Das Plus-Wesen würde nur von Gutem reden – Gesundheit, Stärke, Erfolg, Glück, Wohlergehen, usw. -, während das Minus-Wesen das genaue Gegenteil beschwören würde: Trübsinn, Schwermut, gesundheitliche Beschwerden, Misserfolge und dergleichen.

Der Verfasser war der Meinung, dass wir jeweils nur von einem dieser Wesen beeinflusst würden. Sofern wir es zuließen, dass das Plus-Wesen die Oberhand gewönne, würden wir mit herausgestreckter Brust und hocherhobenem Kopf durch den Tag schreiten. Unsere Augen würden funkeln und auf unserem Gesicht würde sich ein entschlossener Ausdruck zeigen.

Sollte aber das Minus-Wesen das Sagen haben, würde das Gegenteil eintreten. Dann würden wir mit gesenktem Blick und hängenden Schultern herumschlurfen; unsere Augen wären ausdruckslos und die Mundwinkel würden herabhängen. Das Gesicht würde erbärmliche Verzweiflung widerspiegeln.

Ich kann nicht sagen, ob wirklich zwei solche Wesen in uns wohnen, aber eines weiß ich gewiss: Unser Bewusstsein ist entweder negativ oder positiv ausgerichtet.

Den Psychologen zufolge tendieren sage und schreibe fünfundneunzig Prozent der Menschen zum negativen Denken.

Somit steht die übergroße Mehrheit der Menschen unter der Kontrolle ihres negativen Ichs, was auch den Schluss nahelegt, dass ein übergroßer Teil der Bevölkerung unglücklich und erfolglos ist.

Dieses Kapitel steht unter der Überschrift „Das wahre Selbst kennenlernen". Falls Sie sich in der Gruppe der fünfundneunzig Prozent der Negativdenker befinden, haben Sie vielleicht kein großes Verlangen, Ihr wahres Selbst kennenzulernen.

Dennoch wird es sich für Sie lohnen, denn es besteht kein Grund zum Bedauern, sondern zur Freude. Immerhin werden Sie dann erfahren haben, warum Sie so sind, wie Sie sind, und was Sie tun können, um Ihre Situation zu verbessern.

Im vorhergehenden Kapitel konnten Sie mithilfe eines einfachen Tests herauszufinden, ob Sie eher zum Negativen oder zum Positiven neigen. Das ist der erste – und vielleicht sogar der wichtigste – Schritt, um Ihr wahres Selbst kennenzulernen.

* * *

Die folgenden Hinweise richten sich an Personen, die zur negativen Seite tendieren. Das dürften die meisten Leserinnen und Leser dieses Buches sein, denn ein hundertprozentig positiver Mensch würde dieses Buch ohnedies nicht benötigen.

Ich möchte Ihnen von einem Mann erzählen, der die ganze Nacht wach blieb – und froh darüber war. Wir wollen ihn Joseph Benson nennen.

Joseph befand sich in der Bredouille. Er war ohne Geld und hatte eine Menge unbezahlter Rechnungen. Es sah ziemlich schlimm aus für diesen unglückseligen Mann, der bereits die Auswirkungen seines Schlafmangels zu spüren bekam.

Kapitel 5

Eines Nachts ging Joseph zu Bett und er dachte an seine zahlreichen Gläubiger und die Androhungen, die sie ihm wegen seiner Außenstände gemacht hatten.
Dann durchzuckte ihn ein Gedanke ganz anderer Art.

In einem meiner früheren Bücher hatte er einen Gedanken gelesen, der auch im vorliegenden Buch wiederholt wird, nämlich, dass der Mensch ein Bewusstsein mit einem Körper ist, und nicht etwa ein Körper mit einem Bewusstsein.

Als Joseph diese Aussage damals gelesen hatte, konnte er nicht viel damit anfangen. Aber jetzt schien sie eine neue Bedeutung anzunehmen.

„*Ich bin Bewusstsein*", sagte sich Joseph. „*Ich kann alles sein, was ich mir vornehme. Ich muss mich nur dazu entscheiden und es sein!*"

Die ganze Nacht kreisten seine Gedanken um diese Aussage. Er dachte daran, in welcher Situation er sich jetzt befand. Er dachte an andere Menschen, denen er nacheifern wollte. Er dachte an die Veränderungen, die er bei sich vornehmen müsste, um das zu erreichen, was er erreichen wollte.

„*Was unterscheidet mich von denen, die ich bewundere – oder gar beneide?*", frage er sich.

„*Es gefällt mir nicht, mich als einen Mann ohne Rückgrat zu sehen*", dachte er „*aber es ist wohl besser, ich stelle mich dieser Wahrheit. Ich scheue mich davor, andere um etwas zu bitten, das meine Situation verbessern könnte, weil ich Angst vor Ablehnung habe. Der Tatmensch setzt sich durch. Er legt den anderen seine Vorschläge auf den Tisch und unterbreitet Angebote, die beiden Seiten Vorteile bringen. Andere hören ihm zu und in den meisten Fällen gehen sie auf seine Ideen ein.*"

„*Mein Verhalten wird von meinem Bewusstsein vorgegeben. Das Verhalten der anderen wird vom Bewusstsein der anderen bestimmt.*

Was hindert mich daran, mein Bewusstsein so zu ändern, dass es mit dem anderer Menschen im Einklang steht?"

Derart waren die Gedanken, welche Joseph die ganze Nacht über durch den Kopf gingen. Als die frühmorgendlichen Sonnenstrahlen auf die Vorhänge fielen und einen neuen Tag ankündigten, erhob sich Joseph, und trotz der schlaflosen Nacht war er nicht ungepflegt, sondern fühlte sich lebendig und wach. Mrs. Benson, seine Frau, getraute sich erst gar nicht zu fragen, was geschehen sei. Sie brauchte auch gar nicht zu fragen, denn beim Frühstück erfuhr sie die begeistert vorgetragene Geschichte einer schlaflosen Nacht, welche die Zukunft dieses Ehepaars verändern sollte.

An diesem Tag blieb Joseph zu Hause – und hatte allen Grund dazu.

Mit Stift und Papier bewaffnet, umriss er sein Problem anhand der in im Bonusbuch beschriebenen „mentalen Messlatte".

Er legte sein Ziel fest. In seinem Fall ging es darum, die Mittel aufzutreiben, um seine Schulden abzuzahlen und ein Einkommen zu erzielen, das ihm einen hohen Lebensstandard ermöglichen würde.

Als Nächstes schrieb der die einzelnen Hürden und Hindernisse auf, die zwischen ihm und seinem Ziel standen.

Daraufhin entwickelte er einen Maßnahmenplan, um die Hürden zu überwinden und sein Ziel zu erreichen.

Bevor er sich an jenem Tag zur Ruhe setzte, dachte er ausgiebig über seinen neuen Plan nach und nahm sich vor, anderntags früh aufzustehen, um sofort mit der Umsetzung zu beginnen.

Ohne sich der im vorliegenden Buch beschriebenen Prinzipien bewusst zu sein, war Joseph dabei, die Dinge im Schlaf zum Guten zu wenden.

Kapitel 5

Er schlief mit seinem vom Tagesbewusstsein ausgearbeiteten Plan ein, und während sein Tagesbewusstsein schlief, arbeitete sein schöpferisches Bewusstsein getreulich an seinem Maßnahmenplan weiter.

Es würde viele Seiten füllen, die ganze Geschichte von Joseph Bensons weiterer Entwicklung vorzustellen, aber das Endergebnis war, dass er und seine Frau nun ein großes Haus bewohnen und sich eines ansehnlichen Einkommens erfreuen.

Wieso war dies möglich?

Die Veränderung trat ein, als Joseph klar wurde, dass er ein Bewusstsein mit einem Körper ist, und dass er lediglich über eine geistige Veränderung alles werden könne, was er werden wollte.

Es erfordert wesentlich mehr Kraftaufwand, erfolglos statt erfolgreich zu werden!

Gestatten Sie mir eine Frage.

Musste Joseph Benson schwer arbeiten, um seine geistige Einstellung zu verändern?

Im Gegenteil!

Er stellte sich dem Problem mit Bestimmtheit und Entschlossenheit. Seine Gesprächspartner, welchen er von seiner Zwickmühle berichtete, waren von seiner geistigen Klarheit beeindruckt und wollten ihm aus der Patsche helfen, weil es sich zu lohnen schien. Davor war er jemand gewesen, der sich um das direkte Gespräch drückte, ein Leisetreter mit einem schwachen Händedruck und einer wehleidigen Stimme. Es war nicht verwunderlich, dass man ihm kein Gehör schenkte, denn er machte den Eindruck, dass er seine Versprechungen ohnedies nicht halten könne.

War es schwer, das Blatt zu seinen Gunsten zu wenden?

Wieder einmal: Im Gegenteil!

Zuvor war Joseph entmutigt nach Hause gekommen, weil er wusste, dass ihm wieder einmal lange Telefonate mit Gläubigern bevorstünden.

Nachdem sein neues Wesen die Regie übernommen hatte, kam er gut gelaunt nach Hause und sah das Leben mit neuen Augen. Statt sich auf einen wachsenden Schuldenberg zu konzentrieren, blickte er auf Ersparnisse und wachsende Investitionen.

Tat Joseph irgendetwas, was Sie nicht auch tun können?

Keineswegs!

So wie er sich geistig umpolte und sich vor seinem geistigen Auge in der angestrebten Idealsituation sah, können auch Sie sich in Ihr Sollszenario hineinfühlen. Die Veränderung wird auch in Ihrem Fall ebenso spektakulär ausfallen, wie im Leben von Joseph Benson.

Es wäre unredlich, wenn ich jetzt den Eindruck vermitteln wollte, dass eine Bewusstseinsveränderung, so wie sie bei Joseph Benson stattgefunden hatte, so einfach wäre, wie die Entscheidung zwischen einem Kinobesuch und einem Abend zu Hause. Es bedarf noch einer weiteren mentalen Komponente.

Ich möchte dies wie folgt veranschaulichen: Haben Sie schon einmal gesehen, dass jemand einen Zaubertrick vorführt und Sie konnten sich beim besten Willen nicht vorstellen, wie der Zauberkünstler das anstellt? Dann wurden Sie eingeweiht und erfuhren haargenau, wie dieser Trick funktioniert.

Anfangs dachten Sie noch: *„So etwas schaffe ich nie!“* Aber als Ihnen dann die Einzelheiten offengelegt wurden, war es auf einmal ganz einfach. Mit etwas Übung würden Sie diesen Trick auch hinbekommen.

Kapitel 5

Viel zu viele Menschen gehen durchs Leben und bilden sich ein, dass sie ständig Opfer bringen müssten und dass sich ihre Träume wohl nie erfüllen würden, und es erscheint ihnen wie ein Wunder, dass ihre Rettung so nahe sein soll und dass es im Grunde ziemlich einfach ist, das zu erreichen, was sie erreichen wollen.

Wenn diese Menschen ein Buch wie das vorliegende lesen, hoffen sie vielleicht auf ein besseres Leben und würden es auch gerne haben, aber sie lassen den Gedanken, dass sich das Erstrebte innerhalb der Reichweite befindet, in ihrem Bewusstsein keine Wurzeln fassen.

* * *

Noch eine weitere Illustration, welche Ihnen aufzeigt, wie eine Veränderung der geistigen Einstellung einen Mann aus der Flaute heraus und auf den Weg von Gesundheit, Wohlstand und Lebensglück brachte.

Fred White war ein durchschnittlicher Zeitgenosse. Zwar verdiente er genug, um über die Runden zu kommen; als außerordentlich erfolgreich hätte ihn aber sicherlich niemand bezeichnet.

Der Chef des Unternehmens, in dem Fred arbeitete, gab eine Rasenparty, zu der alle Mitarbeiterinnen und Mitarbeiter eingeladen waren. Fred ebenfalls. Bevor die Party zu Ende ging, wurden die Angestellten zu einem Besuch des eindrucksvollen Wohngebäudes eingeladen.

Fred hatte nicht einmal ein Verlangen nach einer solchen Villa. So etwas schien mehrere Nummern zu groß für ihn zu sein.

Aber in jener Nacht war er geistig sehr beschäftigt. Er erinnerte sich daran, dass das große Wohnzimmer so geschnitten war, dass das Aussichtsfenster auf einen riesigen Swimming Pool zeigte, was den Eindruck erweckte, als würde das Anwesen an einem See liegen.

Er dachte auch an die wertvollen Gemälde an den langen Wänden – meist Landschaftsbilder und Porträts der Vorfahren des Firmenchefs.

Fred war ganz und gar nicht glücklich bei dem Gedanken daran, dass manche offenbar alles zu haben schienen, während sich andere gerade mal mit dem Nötigsten zu begnügen hatten.

Dann ging ihm ein Licht auf.

„*Warum bin ich eigentlich so unglücklich?*", überlegte er. „*Ich kann doch dasselbe genießen, wie mein Chef auch. In nicht mal einer Stunde bin ich am See, wo ich mich minuten-, stunden- oder tagelang aufhalten kann. Ich kann eine Aussicht genießen, die den Fensterblick aus der Villa sogar noch in den Schatten stellt.*"

„*Ich kann raus aufs Land fahren oder auch in die Berge und dort mehr Schönheit sehen als auf den Gemälden in der Villa.*"

„*Meine Wohnung ist zwar nicht so exquisit, aber ich kann bekömmliche und nährstoffreiche Mahlzeiten genießen und in einem bequemen Bett schlafen.*"

Je mehr Fred seine Situation mit der des Mannes, den er beneidet hatte, verglich, umso mehr wurde ihm klar, dass er bei Weitem nicht so schlecht dastand, wie er vorher gedacht hatte. Ein innerer Friede bemächtigte sich seiner.

Doch Fred wollte sich nicht der Selbstgefälligkeit hingeben. Er entwickelte eine konstruktive Unzufriedenheit. Das heißt, er war durchaus zufrieden mit den Wohltaten, die er hatte, aber er war unzufrieden mit dem Zustand der Zufriedenheit, da er spürte, dass er seine Situation wesentlich verbessern könne.

Neid ist eine eingrenzende Kraft. Jemanden zu beneiden, heißt, sich nicht zuzutrauen, das Beneidete selbst ebenfalls erreichen zu können. Die Folge ist, dass die Eigeninitiative, welche das Erreichen des Beneideten möglich machen würde, abgetötet wird.

Fred erkannte, dass er auch ohne Reichtum dieselben schönen Dinge genießen konnte wie die Wohlhabenden, und dies verschaffte ihm ein Gefühl des inneren Friedens. Er beneidete seinen Arbeitgeber nicht mehr, merkte aber, dass er selbst geistig wuchs und fing an, sich mit Persönlichkeitsentwicklung zu beschäftigen.

Als Fred sich immer mehr als Geschäftsmann fühlte und so verhielt, wurde sein Arbeitgeber auf ihn aufmerksam und Fred stieg in der betrieblichen Hierarchie höher auf.

Muss diese Geschichte noch ausführlicher dargelegt werden? Die weitere Entwicklung war beinahe zwangsläufig. Heute ist Fred White der Vize-Präsident dieses Unternehmens und wohnt nun selbst in einer Villa.

Das wahre Selbst

Wie bereits erwähnt, tendieren fünfundneunzig Prozent der Menschen zum Negativen. Diese Zahl beinhaltet wahrscheinlich auch Sie.

Dennoch glaube ich, dass sogar negative Menschen mehr angeborene Positivität als Negativität besitzen.

Der Mensch lässt leider zu, dass er von negativen Gedanken verwirrt wird. Er ist wie ein Holzhaus, dem man einen Anstrich verpasste. Die Masse an Holz ist um das Tausendfache größer als die Masse des Anstrichs, aber die Anstrichfarbe überdeckt das Holz.

Wenn Sie ein weißes Blatt Papier mit dem Maßen 30 cm x 30 cm nehmen und auf einen schwarzen Punkt legen, der nur ein Sechzehntel so groß ist, würde der schwarze Punkt hindurchscheinen, auch wenn dieser einen Durchmesser von nicht einmal 2 cm hat.

Ihr Auge würde den kleinen Punkt stärker wahrnehmen als die größere Fläche.

Das wahre Selbst erkennen

Unabhängig davon, für wie negativ Sie sich halten, bin ich überzeugt davon, dass die positive Seite auch bei Ihnen überwiegt. Doch wenn Sie nicht in den Genuss all dessen kommen, was Sie sich vom Leben versprechen, liegt die Schuld nicht bei Ihrem Schicksal. Der Grund ist vielmehr, dass Sie der negativen Seite gestatten, die positive zuzudecken.

Sie gestatten es einem negativen Anstrich, mit dem Sie sich im Laufe der Jahre umgeben haben, Ihr Denken, Ihr Verhalten und Ihre Ergebnisse zu übertünchen.

Schulen Sie sich darin, immer positiver zu werden! Jedes Mal, wenn Sie sich dabei ertappen, dass Ihnen ein negativer Gedanke durch den Kopf geht, treiben Sie ihn durch einen positiven aus.

Die Ergebnisse können durchaus auf sich warten lassen, aber dass sie kommen, ist nur eine Frage der Zeit. Wenn Sie einen Samen einpflanzen, dauert es auch mindestens einige Tage, bevor an der Oberfläche etwas zu sehen ist. Der Samen muss natürlich fruchtbar sein; Sie müssen ihn pflegen und gießen. Mit der Zeit wird dann eine Pflanze sprießen.

Für geistige Pflänzchen gilt dasselbe. Sie benötigen Ausdauer und Beharrlichkeit, und über kurz oder lang werden Sie feststellen, dass Ihr positives „Wesen" die Regie übernommen hat und dass sich Ihr Leben durch eine neue Qualität auszeichnet.

„Wie kann ich denn positiv sein, wenn um mich herum alles negativ ist?", wenden Sie nun vielleicht ein. Hierzu möchte ich Ihnen eine Frage stellen: Wenn Sie sich auf einem Bahnhof befänden und die Wahl zwischen zwei Fahrkarten hätten – eine in ein unfruchtbares Ödland, die andere in eine blühende Landschaft mit Obstbäumen, Blumen und Vergnügungsmöglichkeiten – welche würden Sie dann erstehen?

Die Antwort liegt auf der Hand.

Kapitel 5

Sie haben die Wahl zwischen Negativität und Positivität.

Die Negativität bringt Ihnen Trübsal, gesundheitliche Probleme, Frustration und Misserfolge.

Die Positivität bringt Ihnen Gesundheit, Wohlstand und Lebensglück.

Wofür entscheiden Sie sich?

Da das Übergewicht der negativen Menschen gegenüber den positiv denkenden so gewaltig ist, meinen wir nur allzu leicht, dass wir von mehr negativen Menschen umgeben seien.

Falls die Menschen, mit denen Sie zu tun haben, negativ sind, besteht kein Grund, es ihnen nachzumachen; schützen Sie Ihr Glück lieber, indem Sie sich weigern, in dic Fußstapfen dieser Menschen zu treten.

Wenn Sie wollen, können Sie sich vornehmen, einige der Negativdenker in positive Menschen zu verwandeln. Hier nun ein Beispiel, wie eine positiv eingestellte Ehefrau über eine gut durchdachte Strategie dafür sorgte, dass ihr Mann ebenfalls ein begeisterter positiv lebender Lebensgefährte wurde.

„Wenn du noch länger davon schwafelst, dass der Geist über die Materie triumphiert, landest du irgendwann in der Klapsmühle", warf er seiner Frau mehr als einmal vor. Jedes Mal, wenn etwas Unliebsames passierte und die Frau eine ähnliche Bemerkung machte, zum Beispiel *„Wer weiß, wozu es gut ist"* oder *„Alles Schlechte hat auch seine gute Seite"*, konterte er bissig, dass sie „übergeschnappt" sei.

Die gute Frau hätte resigniert aufgeben können, um sich mit einem mittelmäßigen Leben zu bescheiden. Doch das wollte sie nicht. Sie kannte die Gesetze des positiven Denkens und sie wusste auch, dass ihr Mann aufgrund seiner negativen Denkweise weit unterhalb des Möglichen blieb.

Dann hatte sie eine Idee.

Eines Abends, als ihr Mann nur herumsaß und nichts besonders tat, vertiefte sie sich in ein Buch über Persönlichkeitsentwicklung.

„*Ich werde daraus einfach nicht schlau. Könntest du mir den Gefallen tun, dieses Kapitel zu lesen? Vielleicht kannst du mir ja erklären, was damit gemeint ist.*" Sie reichte ihm das geöffnete Buch.

Von ihrer scheinbaren Begriffsstutzigkeit geschmeichelt, nahm er die Herausforderung an. Er las das Kapitel, natürlich nicht in der Absicht, dem Verfasser beizupflichten, sondern um Schwachstellen zu finden, damit er seiner Frau den Beweis erbringen könne, dass diese Theorie mit der Vorherrschaft des Mentalen reiner Unfug sei.

Doch je mehr er las, umso mehr Sinn ergab das Ganze für ihn. Er fand es ziemlich schlüssig. Nach und nach akzeptierte er die Vorstellung, dass negative Gedanken zu negativen Reaktionen führen und dass positive Gedanken positive Reaktionen bringen.

Der Mann fing an, über seine Arbeit nachzudenken. Er erkannte, dass er noch nie mehr getan hatte, als das absolut Nötigste, was von ihm verlangt wurde, und dass er seit vielen Jahren auf der Stelle getreten hatte.

Am nächsten Tag ging er mit einer veränderten Einstellung an seinen Arbeitsplatz. Er hatte sich vorgenommen, es bisschen besser als am Vortag zu arbeiten. Statt möglichst viel mit seinen Kollegen zu tratschen, wollte er an diesem Tag eine vorbildliche Arbeit leisten. Dabei machte er sogar eine Entdeckung: er stieß auf eine Abkürzung, die ihm eine produktivere Arbeit ermöglichte.

Diese Entdeckung konnte sogar von anderen Personen im Betrieb genutzt werden, wodurch auch deren Arbeit effizienter wurde.

Wie ging es weiter? Sie werden es bereits erraten haben. Sie wissen, dass dieser Mann in seinem Betrieb anerkannt wurde und dass auch die finanzielle Belohnung nicht ausblieb.

Die „Kraft positiven Denkens" (in Anlehnung an einen Buchtitel von Norman Vincent Peale) ist so unerschütterlich bewiesen, dass sie von keinem denkenden Menschen verleugnet werden kann. Das ist schon lange keine Theorie mehr, sondern eine fest erhärtete Tatsache. Sie ist obendrein auch sehr leicht zu beweisen. Natürlich gibt es nach wie vor Personen, die sich mit dem Spruch herausreden: *„Ich hab's versucht. Bei mir funktioniert das nicht."* Doch fühlt man diesen Zweiflern ein bisschen auf den Zahn, ist das Ergebnis immer dasselbe: sie haben es eben nicht versucht. Diese Personen wünschen sich durchaus Glück und Erfolg, aber weil sie diese Ziele nicht erreicht haben, folgern sie, dass der Geist keinen Einfluss auf die Materie haben könne.

Ich darf dieses Kapitel mit der überraschenden Aussage abschließen, dass jedermann jeden Tag das Prinzip der geistigen Überlegenheit anwendet, unabhängig davon, ob es diesem Menschen zum Vor- oder zum Nachteil gereicht.

Derjenige, der durch Misserfolge, gesundheitliche Schwierigkeiten und Trübsal weiterhin für sein Elend sorgt, wird definitiv von der Überlegenheit des Geistes beeinflusst. Er will diese Zustände zwar nicht, aber er sieht sich selbst als ihr Opfer. Er sieht keinen Ausweg.

Wenn derselbe Mensch ebenso stark Gesundheit, Wohlstand und Glück vor seinem inneren Auge aufbauen und sich gläubig in diese Idealzustände hineinfühlen könnte, würde er mit Sicherheit diese positiven Umstände anziehen.

Lässt dieses Kapitel nicht Vorfreude auf eine positive Zukunft aufkommen?

Das wahre Selbst erkennen

Fängt Ihre Vision nicht an, die Nebelwand von Ungewissheit und Zweifel zu durchdringen?

Zumindest spähen Sie bereits durch das Schlüsselloch auf eine wunderbare Welt des Möglichen.

Wiederholung ist das erste Lerngesetz

Lesen Sie bitte das vorhergehende Kapitel ab Seite 81 nochmals durch.

Erst dann nehmen Sie sich das nächste vor.

Sie sind das, was Sie von sich halten!

Sie sind das, was Sie von sich halten. Gleich dreimal hintereinander haben Sie diese Aussage jetzt gelesen. Auf allen meinen Vorträgen und in meinen schriftlichen Publikationen habe ich sie zigmal gebraucht und doch frage ich mich, wie viele Zuhörer und Lesen sie wirklich verstanden haben.

Nach einem meiner Vorträge kam einmal eine Dame auf mich zu und griff mich scharf an: *„Wollen Sie etwa behaupten, dass ich arm sei, weil ich das so will? Werfen Sie mir vor, dass ich unglücklich sei, weil ich das will?“*

Natürlich will niemand willentlich arm oder unglücklich sein. Die Tatsache bleibt aber bestehen, dass wir das sind, was wir von uns halten. Da es außerordentlich wichtig ist, dass Sie die Bedeutung dieser Aussage ohne den Schatten eines Zweifels verstehen, ist dieses gesamte Kapitel dieser Tatsache gewidmet. Wenn Sie beim Lesen mitdenken, werden Sie beim nächsten Mal, wenn Sie in den Spiegel sehen, einen anderen Menschen entdecken.

„Ich bin überhaupt nicht musikalisch“, erzählt Ihnen jemand, der sich niemals für Musik interessiert hat. *„Ich habe zwei linke Hände“*, jammert ein anderer, der sich handwerklich nichts zutraut.

„Künstlerisch bin ich nicht begabt“. „Das Schreiben liegt mir nicht.“ Wir alle haben solche Aussagen schon gehört.

Dann gibt es wieder andere, die ihre Gefühle zu beschreiben versuchen. *„Ich bin ein lässiger Typ“* sagt der eine, während der andere erklärt *„Mir macht keiner so leicht ein X für ein U vor“*.

Sie sind das, was Sie von sich halten!

Unser Körper bringt weder Talent noch Talentmangel zum Ausdruck.

Sie sind das, was Sie denken

Wenn jemand nicht musikalisch ist, dann nicht deshalb, weil es eine physische Eigenschaft gäbe, die jemanden unmusikalisch macht.

Wenn jemand mit Werkzeugen nicht umgehen kann, trifft den Körper keine Schuld.

Was wir sind, ist ein Spiegelbild des geistigen Vorstellungsbildes, das wir von uns aufrecht halten.

Bevor Sie jetzt nach einer Ausnahme suchen, gestatten Sie mir den Hinweis, dass ich beim Verweis auf Talente und Charakterzüge den gesunden und normalen Menschen meine.

Natürlich kann ein Einbeiniger keinen Langstreckenlauf gewinnen, auch wenn seine inneren Vorstellungsbilder dies noch so plastisch ausmalen. Ein Mensch mit verkrüppelten Händen wird einem Klavier keine zauberhaften Melodien entlocken können. Ein Blinder wird keine Gemälde malen.

Welche inneren Vorstellungsbilder hält eine erfolgreiche Geschäftsfrau in sich wach? Sieht sie sich als arm? Sicher nicht. Sie hat sich deshalb in ihrer Sparte einen Namen gemacht, weil sie sich für erfolgreich hielt.

Als ich ein Haus entwerfen ließ, erklärte ich dem Architekten die Art von Gebäude, das ich mir vorstellte. Er überlegte kurz und sagte dann: „*Ich denke, dass ich weiß, was Sie wollen.*" Glaubte dieser Architekt an seine Fähigkeiten? Oder sah er sich als schlechten Architekten und Bauzeichner? Natürlich sind solche Fragen unsinnig, da die Antwort auf der Hand liegt.

Hier nun äußerst frohe Botschaften:

Sie sind das, was Sie von sich halten!

Falls es etwas gibt, das Sie immer schon tun wollten, aber sich nicht zutrauten, brauchen Sie sich nur bewusst zu machen, dass Sie dazu imstande sind. Sie werden keine Schwierigkeiten haben, Ihre Ideen umzusetzen.

Glauben Sie daran!

* * *

Meine allerliebste Frau war immer schon der Meinung, dass sie nicht im Geringsten eine künstlerische Ader habe. Sie hatte nie versucht, etwas zu zeichnen oder zu malen, schlichtweg deshalb, weil sie jedes entsprechende Talent von vorneherein ausschloss.

Das konnte ich nicht einfach so hinnehmen. Ich fing an, eine wohldosierte Kampagne zu starten, um ihrem Bewusstsein die Idee einzupflanzen, dass sie sehr wohl ein künstlerisches Talent besäße.

Wenn Sie sich für ein bestimmtes Kleid entschied, machte ich ihr Komplimente über die treffende Wahl der Farben und wie gut alles zusammenpasste. Ich deutete an, dass sie eine gute Künstlerin abgeben würde.

Wenn Sie Fotos machte, lobte ich sie ebenfalls und sagte ihr, dass Sie die Objekte sehr vorteilhaft platziert habe, wodurch ein ausgewogener Gesamteindruck entstünde. Natürlich verdichtete sich all das mit der Zeit zu dem Gedanken, dass sie durchaus ein künstlerisches Auge habe.

Mein Weihnachtsgeschenk war ein kompletter Mal- und Zeichensatz. Dieser enthielt Ölfarben, Zeichenkreide, ein Set mit Bleistiften unterschiedlicher Härte usw. Auch Leinwand, Zeichenblöcke und eine Staffelei waren enthalten. Meine Frau hatte die freie Auswahl und konnte sich aussuchen, mit welchem Material Sie experimentieren wollte.

Ihr erster Versuch war ein etwa 35 cm x 50 cm großes Ölbild von einer bekannten windgegerbten Zypresse in Monterey, Kalifornien. Ohne irgendwelche Vorbildung brachte sie ein erstaunlich gelungenes Werk zuwege. Bei uns zu Hause hängen jetzt viele Beweisstücke für das künstlerische Geschick meiner Allerliebsten.

* * *

Der Leiter einer großen Werbeagentur erzählte mir, wie er zur Werbung gekommen war. Als knapp Zwanzigjähriger hatte er sich zum Ingenieur berufen gefühlt. Bereits in der Schule hatte er sich auf diese Laufbahn vorbereitet.

Dieser Mann besaß einen Phonographen und eine Schallplattensammlung; beides wollte er verkaufen. Er überlegte sich, welche seiner Freunde daran Interesse haben könnten und schrieb sie an, um ihnen sein musikalisches Angebot schmackhaft zu machen.

Einer der Angeschriebenen erstand den Apparat und die Platten und bedanke sich beim Verkäufer für den gut formulierten Brief. Er meinte, dass mein Bekannter in die Werbebranche gehen solle, da er einen so überzeugenden Verkaufsbrief geschrieben habe.

So wie ein in einen Teich geworfener Kieselstein bis zum äußersten Rand seine Kräuselspuren zieht, wuchs dieser Gedanke an eine Laufbahn in der Werbebranche bei meinem damals noch jungen Freund immer mehr, bis er sich vor seinem inneren Auge als Werbefachmann sah. Er fing an, sich als Werbefachmann zu sehen und dies war letztendlich auch das Resultat auf der physischen Ebene.

* * *

Bei einem Klubtreffen wurde ein Mitglied unerwarteterweise gebeten, eine Ansprache zu halten. Er sollte über eine Reise berichten, die er unternommen hatte.

Dieser Mann hatte nie zuvor vor einem Publikum gesprochen und fühlte sich entsprechend unwohl.

Nach dem Treffen gratulierten ihm andere Klubmitglieder und meinten, er solle doch als Vortragsredner arbeiten, weil sein Bericht so spannend und gut strukturiert gewesen sei.

Reden zu halten, war nun wirklich das Allerletzte, was dieser Mann bislang im Sinn gehabt hatte, aber jetzt war ein geistiges Pflänzchen gesetzt worden. Er fing an, sich als hervorragenden Redner zu sehen und heute tut er genau das – er hält regelmäßig Vorträge.

Wieso sind Sie so, wie Sie sind?

Nur die wenigsten Menschen werden sich Gedanken darüber machen, warum sie eigentlich so sind, wie sie jetzt sind.

In den meisten Fällen sind dafür unsere Kindheitserlebnisse ausschlaggebend. Die allermeisten Ängste, Phobien, Hemmungen und Komplexe wurden uns eingeimpft, als wir uns noch im Kindesalter befanden.

Nehmen wir zum Beispiel die Schüchternheit.

Im Erwachsenenalter werden nur sehr wenige schüchtern. Diese Suggestionen erhielten wir, als wir noch sehr jung waren, und schleppen sie dann mit durchs ganze Leben.

Eine Mutter will ihr kleines Töchterchen vielleicht ein bisschen vor den Gästen präsentieren. Sie bittet die kleine Maria, ein Gedicht aufzusagen oder etwas vorzusingen. Doch aus irgendeinem Grund stockt Maria. Die Mutter entschuldigt ihre Tochter: *„Sie ist halt ein bisschen schüchtern"* oder *„sie ist etwas verklemmt"*. Und schon ist der Schaden angerichtet, auch wenn die Mutter es gar nicht merkte.

„Sonst trällert sie den ganzen Tag vor sich hin, aber wenn Leute da sind, kriegt sie keinen Ton heraus", erklärt die Mutter.

Solche in Gegenwart des Kindes gemachte Kommentare erzeugen bei ihm ein Schüchternheitsbewusstsein. Klein-Maria wächst heran und redet über ihre Schüchternheit; sie wünscht sich, dass sie auch so locker sein könnte wie die anderen, aber leider ist sie nun mal schüchtern. Wer Einblick in die Funktionsweise des Bewusstseins hat, weiß natürlich, dass jedes Mal, wenn Maria wieder über ihre angebliche Schüchternheit klagt – oder auch nur darüber nachdenkt – alles nur noch schlimmer wird. Und so geht diese Dame dann durchs Leben und muss auf vieles verzichten, da sie sich für schüchtern hält.

Das Gefühl der Unsicherheit oder Unbeholfenheit, das so viele Menschen mit sich tragen, entstand nicht erst im Erwachsenenalter. Auch hier müssen wir die Schuld wieder bei den Erziehungsberechtigten suchen, welche leider wenig oder gar nichts über die kindliche Psychologie wussten.

* * *

Klein-Willy spielt im Hinterhof. Aus dem Fenster hört er: *„Pass auf deine Hosen auf! Wir haben schließlich keinen Geldesel zu Hause. Bild dir ja nicht ein, dass du schon wieder neue kriegst!"*

Wenn Willy einen Krümel Brot auf dem Teller lässt, muss er sich anhören, wie viele Hungernde auf der Welt froh um eine Brotkruste wären. Er wird vielleicht noch irgendwann froh um eine Scheibe Brot sein, wird ihm als Nächstes gesagt.

Willy geht durchs Leben und fühlt sich ständig irgendwie unsicher. Er hat Angst davor, irgendetwas anzufangen, was Initiative verlangt, weil er befürchtet, dieser Sache nicht gewachsen zu sein.

* * *

Sie sind das, was Sie von sich halten!

Damit will ich nicht andeuten, dass wir die Kinder zur Verschwendung und Gedankenlosigkeit erziehen sollen. Mitnichten! Aber sie können durchaus heranwachsen, ohne dass ihnen das Gefühl eingebläut wird, dass die Armut gleichsam um die Ecke lauert.

Es wurde festgestellt, dass den meisten Menschen, die im Leben scheitern, der Misserfolgsinstinkt bereits in der Kindheit eingeimpft wurde.

Viele Menschen werden durch ein in der Kindheit anerzogenes Gefühl der Unzulänglichkeit zurückgehalten. *„Geh da weg! Du machst es bloß kaputt!"*, *„Finger weg. Davon verstehst du nichts!"* Dem Kind wird ständig irgendetwas erzählt, was es nicht kann, wovon es nicht versteht, wozu es nichts taugt; nur selten hört es, dass es eine Sache gut machen kann.

Kein Wunder, dass dieser junge Mensch später der Meinung ist, er könne mit Werkzeugen nicht umgehen, schließlich hat man ihm ja in jungen Jahren – als sein Bewusstsein am aufnahmefähigsten war – wiederholt von „überzeugt", dass er sich mit Werkzeugen ungeschickt anstellt. Und er hatte es geglaubt.

Man könnte ein Beispiel nach dem anderen anführen, wieso wir so sind, wie wir jetzt sind.

In den meisten Fällen wird ein Muster in das Bewusstsein gepflanzt und wir glauben dann, dass wir eben „so" oder „so" sind. Davon gehen wir innerlich aus.

Sie sind das, was Sie von sich halten. Falls Ihre Eltern klug genug waren, Ihnen einzuflößen, dass Sie das Zeug für einen erfolgreichen Lebensweg haben, werden Sie in Ihren späteren Jahren auch mit dem Vorstellungsbild an die Dinge herangehen, dass Sie sie problemlos meistern werden.

Ist Ihnen die Kapitelüberschrift nun klarer?

Verstehen Sie nun, dass Sie sich unabhängig von der bisherigen Entwicklung dazu entscheiden können, das zu sein, was Sie sein wollen?

Ihre wichtige Verwandlung

Wie lange dauert es, bis Sie zum Ist- zum Soll-Zustand gelangen?

Die Antwort ist gleichermaßen interessant und inspirierend. Im Eilverfahren wird Ihre Verwandlung zwar nicht vonstatten gehen, aber nachdem Ihnen bewusst geworden ist, dass Sie das Angestrebte schaffen können, werden Sie eine Technik entwickeln, die keineswegs lange dauert.

Falls Sie beispielsweise Schriftsteller werden wollen, aber der Meinung sind, dass Sie dafür „nicht geschaffen" seien, könnten Sie es mit dem Schreiben versuchen, allerdings wird das Ergebnis Ihrer Bemühungen nicht allzu gut ausfallen. Jedem Satz, den Sie zu Papier bringen, wird man Ihr mangelndes Selbstvertrauen anmerken.

Falls Sie andererseits daran glauben und das Bewusstsein aufbauen, dass Sie ein guter Schriftsteller sind, wird sich die Verbesserung auf jeder geschriebenen Seite bemerkbar machen. Die Ideen werden Ihnen zufließen; Ihre Ausdrucksfertigkeit und Stilsicherheit werden zunehmen und Sie werden die richtigen Formulierungen finden, um den Gedanken auf interessante Weise darzustellen. Wörterbücher, Enzyklopädien, Synonym- und Antonymerklärungen und andere Hilfsmittel werden Ihre Freunde sein. In gar nicht allzu langer Zeit werden Sie Schecks von Verlagen in Ihrem Briefkasten finden.

Nehmen wir an, dass Sie immer schon gerne selbstständig arbeiten wollten.

Sie haben jedoch niemals ernsthafte Anstrengungen unternommen, um als Freiberufler oder Selbstständiger zu arbeiten, weil Sie schlichtweg Angst hatten.

Sie sind das, was Sie von sich halten!

Sie hatten Angst, dass Sie kein Geschäft führen könnten oder dass Sie scheitern würden. Vielleicht würde dann außer einem Haufen Schulden nichts übrig bleiben.

Nehmen wir aber weiterhin an, dass Sie Ihr schöpferisches Bewusstsein so umprogrammiert hätten, dass Sie sich jetzt als der Mann oder die Frau sehen können, welche ein erfolgreiches Geschäft aufgebaut hat. Was würde in diesem Fall geschehen?

Nachdem Sie sich für eine Sparte entschieden haben, würden Sie erste Schritte unternehmen, um Ihr Geschäft zu gründen. Ihr Erfolg würde voll und ganz von der Klarheit Ihrer geistigen Vorstellungsbilder abhängen. Je stärker der geistige Eindruck, umso größer der Erfolg.

Lassen Sie mich nun eine Aussage machen, deren Bedeutung gar nicht überschätzt werden kann. Achten Sie darauf, dass Sie eine Veränderung nicht nur wünschen. Wünschen an sich ist negativ. Wenn Sie etwas wünschen, ist dies ein Hinweis darauf, dass Sie nicht davon ausgehen, es zu erreichen – andernfalls würden Sie es sich nicht zu wünschen brauchen.

Der im vorliegenden Kapitel behandelte Geisteszustand ist das inneres Wissen, dass Sie bereits eine gute Geschäftsfrau bzw. ein guter Geschäftsmann, eine gute Schriftstellerin bzw. ein guter Schriftsteller, eine hervorragende Musikerin bzw. ein exzellenter Musiker sind, je nachdem, wie Ihr Idealzustand aussieht.

Es ist eine Erfolgsüberzeugung.

Auf detaillierte Anweisungen, wie Sie im Schlaf vom Ist- zum Soll-Zustand gelangen, werden wir in späteren Kapiteln eingehen. Sie werden erfahren, wie Sie sich Ihres schöpferischen Bewusstseins und seiner Fähigkeiten bedienen, damit es ein neues und großartigeres Ich erschafft, während sich Ihr Tagesbewusstsein im Schlaf aus dem Schaffensprozess heraushält.

Kapitel 6

Ein Warnhinweis an Erziehungsberechtigte

Falls Sie junge Kinder zu betreuen haben, darf ich Sie bitten, sehr bewusst und sorgfältig darauf zu achten, wie Sie zu ihnen reden. Unabhängig davon, ob Sie dies wissen, formen Sie das Leben dieser jungen Erdenbewohner, und ihre Zukunft wird widerspiegeln, was Sie ihnen im Kindesalter einprogrammiert haben.

„Du bekommst noch lebenslänglich oder gleich in die Gaskammer“, hörte man eine Mutter sagen, als ihr Sohn etwas angestellt hatte. Wäre es verwunderlich, wenn ein solcher Bub straffällig würde? Er hat eine Vorlage erhalten, nach der sich zu richten hat und leider ist die Wahrscheinlichkeit groß, dass er dieses Muster übernimmt.

Wenn Kinder noch sehr klein sind, nehmen sie jedes Wort ihrer Eltern für bare Münze. Für sie sind das Tatsachen.

Wenn eine Mutter oder ein Vater einem Kind sagt: *„Bei dir ist Hopfen und Malz verloren!“*, glaubt das Kind das. Und natürlich wird es diese Aussage beweisen wollen. Sprechen Sie das Kind immer nur so an, wie es sein soll! Es schlecht, dumm, faul oder schüchtern zu nennen, bedeutet, den entsprechenden Samen in sein schöpferisches Bewusstsein zu pflanzen. Der Same wird dort heranreifen.

„Wie soll ich mein Kind denn brav nennen, wenn es böse war?“, beklagte sich eine Mutter. Das ist auch nicht nötig, aber es gibt Möglichkeiten, das Kind zu ermahnen, ohne es schlecht oder unartig zu nennen.

„Gute Kinder tun so etwas nicht“, sagen manche Eltern. Das vergleicht das Kind mit den Guten statt mit den Bösen.

„Mit so einem hellen Köpfchen, wie du es hast, wirst du ohne Weiteres eine Führungskraft werden“, sagte eine kluge Mutter zu ihrem Sohn, der sich um seine Hausaufgaben drücken wollte.

Sie sind das, was Sie von sich halten!

Wenn eine Frau den ganzen Tag gearbeitet hat, ist es nervenaufreibend, ungezogene Kinder um sich zu haben und es erfordert sicherlich Selbstdisziplin, nicht „an die Decke zu gehen". Bedenken Sie jedoch, dass diese Mühe geringer ist, als der Kummer, den Sie als Mutter haben werden, falls Ihre Kinder auf die schiefe Bahn geraten sollten.

Kinder zu haben, bringt eine große Verantwortung mit sich. Ein Kind ist wie ein Stück Lehm, der beliebig geformt werden kann. Was aus einem Kind in zwanzig Jahren wird, hängt davon ab, wie wir es behandeln, solange es noch ein Kind ist.

Einige Eltern werden die Schuld auf ihre Wohngegend und den Umgang ihrer Kinder schieben. Doch oft liegt die Ursache woanders.

Eine mir bekannte Familie zog in eine zwielichtige Gegend. Diese Familie hatte einen zwölfjährigen Sohn; dem Buben war der Unterschied zwischen gut und schlecht beigebracht worden und er war ein guter Junge, weil er gut sein wollte. Welche Wirkung hatte dieses neue Umfeld auf ihn?

Nun, die bessere Frage wäre: Welche Wirkung hatte dieser Junge auf das Umfeld? Er organisierte einen Nachbarschaftsklub und brachte seine neuen Freunde dazu, sich für konstruktive Projekte zu interessieren.

Es ist leichter, ein gutes, statt ein schlechtes Beispiel abzugeben! Alles spricht dafür, sich anständig zu verhalten, aber nichts spricht dafür, zum Randalierer und Raufbold zu werden.

Zu wissen, wie man richtig mit seinen Kindern redet, ist jedoch nur ein Teil der elterlichen Pflichten. Die Eltern müssen auch darauf achten, wie sie selbst in Gegenwart der Kinder reden.

Kapitel 6

Ein Vater beklagte sich darüber, dass ihn seine Kinder nicht respektieren würden. Es stellte sich heraus, dass er seine Frau immer als „unnütz", „faules Weibsstück" oder dergleichen beschimpfte, wenn er wütend war.

Ist es da verwunderlich, dass seine Kinder die Achtung vor ihm verloren haben? Wenn ein Mann seiner Frau den Respekt schuldet, kann er ihn auch von seinen Kindern nicht erwarten.

Eine zottige Sprache, Betrunkenheit, Streitereien und Sticheleien sind von Kindern fernzuhalten, wenn man nicht riskieren will, dass sich diese Verhaltensweisen auch in ihrem Charakter niederschlagen.

Eine gelungene und respektvolle Partnerschaft zwischen Mann und Frau ist das beste Vorbild, das Sie Ihren Kindern geben können. Diese Hinweise auf Kindeserziehung mögen Ihnen als Abweichung von unserem Hauptthema vorkommen, doch da Sie das sind, was Sie von sich halten, sind wir nach wie vor bei unserem Thema.

Wie bereits erwähnt, stammen die meisten Ängste, Phobien, Komplexe und Hemmungen aus der Kindheit. Wenn sich die Eltern darum bemühen, negative Einflüsse von ihren Kindern fernzuhalten, werden aus diesen Kindern gesunde, erfolgreiche und umsichtige Erwachsene werden, schlichtweg deshalb, wie sie sich selbst als solche sehen.

Darf ich Ihnen einen Vorschlag machen? Dieses Kapitel ist für alle Eltern und auch für künftige Eltern so wichtig, dass Sie wirklich etwas Wertvolles zur Menschheit betragen würden, wenn Sie ein Exemplar dieses Buches an Personen verschenken, die daraus einen Nutzen ziehen können.

Viele Menschen werden aufgrund Ihres Mitdenkens und Ihrer Großzügigkeit ein glücklicheres und erfolgreicheres Leben führen.

Sie sind das, was Sie von sich halten!

Sie sind das, was Sie von sich halten. Nun, da Sie diese Aussage besser verstehen, sollten Sie überlegen:

„Was halte ich von mir?“

Sehen Sie sich als Führungskraft?

Oder als erfolgreiche Geschäftsfrau oder Geschäftsmann?

Oder als fähigen und kompetenten Mitarbeiter?

Oder als aufmerksamen und verständnisvollen Lebenspartner?

Oder als einen bewusst erziehenden Elternteil?

Sehen Sie sich vielleicht als Autor, Maler oder vertrauenswürdigen Geschäftspartner?

Unabhängig davon, was Sie von sich hielten, bevor Sie mit der Lektüre dieses Kapitels begannen, können Sie Ihre gesamte Lebensauffassung verändern. Dazu brauchen Sie nur Ihr Bewusstsein zu ändern.

Gehen Sie jeden Abend mit dem Gedanken zu Bett, was Sie sich von der Zukunft versprechen!

Das ist kein bloßes Wünschen, dass sich etwas verändern möge, sondern Sie selbst haben sich geändert.

Gestatten Sie mir auch diesmal wieder die Anregung, dieses Kapitel zuerst nochmals bewusst durchzulesen, bevor Sie sich dem nächsten Kapitel widmen.

Machen Sie sich voll und ganz bewusst, dass Sie der Mensch sind, für den Sie sich halten, und dass Sie von nun an eine positive Meinung von sich selbst haben werden!

Wiederholung ist das erste Lerngesetz

Lesen Sie bitte das vorhergehende Kapitel ab Seite 96 nochmals durch.

Erst dann nehmen Sie sich das nächste vor.

Sie sind doppelt so gut wie Sie glauben

Bei vielen Menschen ist die obige Aussage noch eine große Untertreibung. Auf einer Verkäuferschulung wurde den Anwesenden gesagt, dass sie mindestens zweimal so gut seien, wie sie bisher angenommen hatten.

Einer der Verkäufer nahm den Schulungsleiter beim Wort. Er nahm sich vor, diese Aussage entweder zu belegen oder eindeutig zu widerlegen. Er studierte seine Arbeit, die täglichen Anrufe und Besuche und alles, was dazugehörte. Er errechnete, wie das prozentuale Verhältnis zwischen Besuchen und Abschlüssen aussah. Er ermittelte die durchschnittliche Auftragshöhe.

Seine Untersuchungen ergaben eine interessante Tatsache: Er hatte deshalb keine Großaufträge erhalten, weil er sich für zu schüchtern hielt, um Personen anzusprechen, welche Großaufträge erteilen. Dieser Verkäufer traf nun eine mehrstufige Entscheidung. 1. Er würde Leute ansprechen, die Großaufträge erteilen. 2. Er würde mehr Besuche pro Tage abstatten. 3. Er würde seine Fachlichkeit verbessern, um prozentuell mehr Aufträge zu erhalten.

War dieser Mann nun doppelt so gut wie seine vormalige Einschätzung? Am Monatsende hatte er beinahe zehn Mal so viele Bestellungen erhalten wie davor!

Man kann sich vorstellen, wie sich dies auf seine Einnahmenssituation auswirkte. Statt sich bessere Wohnverhältnisse zu wünschen, konnte er sich nun ein besseres Haus kaufen. Statt weiterhin mit einem alten Fahrzeug herumzufahren, fuhr er nun in einem nagelneuen Wagen vor. Er und seine Frau trugen nun auch bessere Kleidung.

* * *

Ein Mann, der es bei der angestrebten Höhe ein bisschen übertrieben hatte, hatte ständig zu kämpfen, um mit seinen Einnahmen seinen neuerlichen Lebensstandard zu halten. Man sagte ihm, dass er doppelt so gut sei wie er glaubte. Diese provokante Idee brachte ihn dazu, seine Lage aus einem neuen Blickwinkel zu betrachten.

„Andere leben in besseren Häusern als ich und schaffen es auch. Wie stellen die das an?“, fragte er sich. Das Einkommen dieses Mannes war hoch genug, um seine normalen Ausgaben zu bestreiten, aber es dürften weder Krankheiten noch andere Ausfälle dazwischenkommen.

Eine sorgfältige Prüfung seiner Umstände ergab zwei Möglichkeiten der Einkommenssteigerung.

Zum einen könnte er in seiner Firma bessere Arbeit leisten. Zum anderen könnte er eine Teilzeitarbeit hinzunehmen. Er untersuchte beide Wege.

Mit seiner neu gewonnenen Einstellung und der Absicht, von uns an besser zu arbeiten als je zuvor, fiel er der Geschäftsleitung bald positiv auf und wurde auch entsprechend belohnt. Zusätzlich übernahm er die Repräsentanz für ein gutes Produkt und konnte mit dieser Nebentätigkeit seine wöchentlichen Einnahmen um 100 Dollar aufbessern.

Dieser Mann kann jetzt nicht nur seine Kosten problemlos decken, sondern sogar noch etwas sparen.

* * *

Ein Händler in einer Kleinstadt konnte sich mit seinem Gemüseladen mit Müh und Not das Überleben sichern. Wenn er nicht zu Großhandelspreisen einkaufen hätte können, hätte er nicht einmal einigermaßen anständig essen können. Tag für Tag saß er neben dem Heizkörper in seinem Laden und hörte Radio, während er auf Kundschaft wartete.

Sie sind doppelt so gut, wie Sie glauben!

Diesem Gemüsehändler erzählte ebenfalls jemand, dass er doppelt so gut sei, wie er bisher geglaubt hatte. Das gab ihm eine Reihe von Ideen. Er sah sich in seinem Laden um und entdecke mehrere Möglichkeiten, die Richtigkeit dieser Aussage zu bestätigen.

Seine Fensterauslagen waren seit Monaten unverändert geblieben. Auf Papier, das mit toten Mücken übersät war, standen staubige Dosen herum. Die Fenster waren so lange nicht mehr geputzt worden, dass man kaum hindurchsehen konnte.

Als Erstes beseitigte dieser Mann den Lehnstuhl, in dem er jeden Tag viel zu viele Stunden verbracht hatte. Als Nächstes brachte er seinen Lagerbestand in Ordnung. Alle Dosen und Kartons wurden gereinigt und die Regale wurden abgestaubt und saubergemacht.

Die Fenster wurden sauber geputzt und er stellte neue Ware hinein.

Dann besorgte er sich eine Liste der Anwohner in seiner unmittelbaren Nachbarschaft und versandte eine wöchentliche Information mit interessanten Sonderangeboten.

War dieser Mann zweimal besser, als er bisher angenommen hatte? Er war sechs Mal besser! Er musste sogar eine Hilfskraft einstellen. Da er jetzt nicht mehr alleine im Laden war, konnte er zum Essen sogar nach Hause gehen.

Wie wär's mit einer Einkommensverdoppelung?

Falls Sie nicht bereits ohnedies in den obersten Gehaltsstufen schweben, dürfte diese Frage Ihr Interesse erweckt haben.

Natürlich wären die meisten Leute heilfroh, wenn Sie davon ausgehen könnten, dass sie doppelt so gut sind wie angenommen und dass sie ihr Einkommen verdoppeln können.

„*Leichter gesagt als getan*", wird er eine oder andere jetzt einwenden. Und natürlich ist ein solcher Einwand auch ein Eingeständnis des Selbstzweifels und Selbstvertrauens. Doch wie bereits gesagt, müssen Sie sich als Erstes mindestens doppelt so gut sehen können wie bisher.

Der bloße Wunsch nach einer Einkommensverdoppelung reicht nicht aus. Er wird Sie nirgendwo hinbringen. Wir haben es hier mit Ursache und Wirkung zu tun. Ein großes Einkommen ist keine Ursache, es ist eine Wirkung.

Was ist dann die Ursache?

Ein großes Einkommen ist das Ergebnis umgesetzter Ideen.

Sprechen wir also über **Ideen**.

Ideen sind die Zündkerzen des Erfolgs. Industrien, Vermögen, ganze Königreiche wurden auf Ideen erbaut. Alles, was Sie sich kaufen, ist die Projektion einer Idee. Über den Wert konstruktiver Ideen wird sich wohl keiner von uns lustig machen, aber seltsamerweise haben nur wenige Menschen Zutrauen zu ihren eigenen Ideen.

„*Wenn die Idee etwas taugen würde, hätte sie doch schon längst jemand gehabt*". So etwas kann man allenthalben hören, aber in vielen Fällen dient die verschmähte Idee sehr wohl als Basis für den Erfolg – den dann ein anderer für sich verbucht.

Gestatten Sie mir einige Beispiele für wertvolle Ideen. Als Nächstes erfahren Sie, wie Sie Ihr Bewusstsein zu einem Quell übersprudelnder Ideen machen.

Sie sind doppelt so gut, wie Sie glauben!

In einer Stadt im Osten der USA suchte ein Hersteller von Ölöfen über Inserate einen Verkäufer. Ein gewisser junger Mann war an dieser Stelle interessiert und entschied sich, es nicht wie alle anderen zu machen, die nur eine Bewerbung sandten. Die ausgeschriebene Stelle war interessant und dieser Mann wusste, dass sich viele Personen darum bewerben würden.

Bevor er sich an das Unternehmen wandte, machte er seine Hausgaben, das heißt, er stellte Nachforschungen an und informierte sich über diese Branche.

Dieser ideenreiche Mann suchte mehrere Personen auf, die den Typ von Ölofen benutzen, den er zu verkaufen hoffte. Er erkundigte sich nach den Vorzügen.

Dann sprach er bei anderen Benutzern vor, welche eine Konkurrenzmarke verwendeten und fragte auch diese Leute, wieso sie sich gerade für diesen Ofen entschieden hatten.

Nach dieser kurzen Marktforschung fasste der junge Mann seine Ergebnisse in einer Präsentation zusammen. Er suchte das Unternehmen auf und lies dem Verkaufsleiter ausrichten, dass er seiner Meinung nach brauchbare Informationen habe, die eine Steigerung der Umsatzzahlen wahrscheinlich machen würden. Natürlich war eine solche Auskunft Musik in den Ohren des Verkaufsleiters und der Interessent wurde vorgeladen. Der Verkaufsleiter war so erfreut über die Präsentation, dass er diese der Geschäftsleitung vorlegte und einen Feldversuch anregte. Die Beherztheit des jungen Mannes sicherte ihm sogar noch eine bessere Position in diesem Unternehmen als die ausgeschriebene. Dieser Mann hatte eine Idee und er machte davon Gebrauch.

* * *

In einer Stadt im Mittleren Osten der Vereinigten Staaten wollte ein junger Mann eine Position bei einer der besseren Werbeagenturen.

Eine bloße Bewerbung hätte wenig Aussicht auf Erfolg geboten, da solche Agenturen so viele Bewerbungen erhalten, dass sie ihnen gar keine Aufmerksamkeit mehr schenken.

Der junge Mann fand eine Möglichkeit, mit einem der Geschäftsführer zusammenzutreffen. Er sprach den Herrn auf ungewöhnliche Weise an: *„Mr. Osgood, ich denke, dass ich für Ihre Agentur von Wert sein könnte. Wenn Sie mir eine Woche lang einen Schreibtisch geben, würde ich das gerne unter Beweis stellen. Danach entscheiden Sie, ob Sie mich behalten wollen.“*

Man gewährte ihm diese Probezeit und er bewährte sich. Nach und nach stieg er ein Treppchen höher und heute ist er Mitglied der Geschäftsleitung. Auch er hatte eine Idee und machte davon Gebrauch.

* * *

In einer kleinen ländlichen Stadt eröffnete ein Mann einen Markt. Der Ort war so klein, dass der Mann selbst dann, wenn jede Familie bei ihm einkaufte, nur ein bescheidenes Einkommen erzielen könnte. Das war das Problem dieses Händlers. Zwar gefiel ihm die Atmosphäre dieser kleinen Gemeinschaft, aber das Einzugsgebiet war einfach zu klein.

Er wandte sich an sein schöpferisches Bewusstsein, um eine Idee zu erhalten. Und er erhielt sie!

Mit dem Auto fuhr er alle übrigen Kleinstädte und Dörfer im Umkreis von fünfzig Meilen ab. Er besorgte sich die Namen und Anschriften sämtlicher besuchter Personen.

Vor seinem Geschäft schuf er Parkmöglichkeiten und ließ einen kleinen Kinderspielplatz mit Schaukel, Planschbecken und anderen Vergnügungseinrichtungen errichten. Hier engagierte er auch eine Betreuerin.

Einmal pro Woche erhielten sämtliche Personen auf seiner Verteilerliste eine Postkarte mit einem wöchentlichen Sonderangebot. Die Folge: Mit der Zeit entstand ein Geschäft mit einem Jahresumsatz über 300.000 Dollar.

Dieser Mann hatte eine Idee und machte davon Gebrauch!

* * *

Jedes angemeldete Patent ist das Ergebnis einer Idee. Von wem kamen diese Ideen? Ein großer Teil davon von ganz normalen Leuten!

Man kann des Öfteren hören, dass es bereits so viele Erfindungen gäbe, dass nichts Neues mehr patentiert werden kann. Das ist natürlich Unfug! Jedes neue Patent eröffnet wieder unzählig viele neue Möglichkeiten!

Seit wir das Radio haben, wurde ein völlig neuer Bereich der Erfindungen und Entdeckungen geschaffen. Das Fernsehen bahnte den Weg für Hunderte neuer Patente. Die Möglichkeiten für Erfindungen lassen also keineswegs nach, sondern werden rasch immer mehr.

Jedes Mal, wenn etwas schief geht, stehen Sie vor einer Chance für eine neue Erfindung. Die ersten Dosenöffner waren Apparate, welche oben in die Konservendose gesteckt und dann mit wiederholter Hebelbewegung auf- und abgepumpt wurden, wodurch der Deckel scharfkantig herausgesägt wurde. Das führte in vielen Fällen dazu, dass sich die Leute an den Aussägungen in den Finger schnitten. Dennoch taten diese Leute – außer Fluchen – nichts.

Doch ein Mann stellte sich die Frage, ob nicht ein Dosenöffner entwickelt werden könnte, der einen sauberen Dosenrand hinterließ. So schwierig konnte das doch nicht sein! Und so erfand er einen Öffner zum Lösen des Deckelfalzes – niemand schnitt sich mehr in die Finger und er wurde reich damit.

Ideen könnte man als kristallisierte oder Form gewordene Gedanken bezeichnen: ein Fundament, auf dem sich etwas erbauen lässt.

Wohin Sie auch blicken, sehen Sie überall Realität gewordene Ideen. Jedes Geschäft ist auf einer Idee aufgebaut. Ihre Kleidung, Ihre Wohnung, Ihre Fahrzeuge – all das geht auf eine Idee zurück.

Sie können sich Ihr ganzes Leben lang abmühen, ohne vom Fleck zu kommen, doch eine einzige Idee kann Sie aus der Dunkelheit in das Rampenlicht des Erfolgs hieven. Es gibt keine Altersgrenzen. Ihre Nationalität oder Geschlechtszugehörigkeit ist unerheblich. Es gibt viele Leute über sechzig oder gar über siebzig, die eine Idee weiterentwickelt haben und dann in relativ kurzer Zeit mehr Erfolg erreichten als all die Jahre zuvor.

In meinem eigenen Fall erzielte ich die größten Fortschritte, als ich die fünfzig bereits überschritten hatte. Oft ist das Alter ein Vorteil. Das Wissen, das man im Laufe der Jahrzehnte erworben hat, lässt das Bewusstsein reifen und man kann seine Ideen besser beurteilen.

Sie, liebe Leserin und lieber Leser, besitzen in Ihrer geistigen Struktur bereits alles, was Sie brauchen, um Ideen zu entwickeln, welche anderen Menschen einen Nutzen bieten und Ihnen gleichzeitig zu einer finanziellen Entlohnung verhelfen.

Sie erfahren nun drei Schritte, die es Ihnen ermöglichen werden, Ihr schöpferisches Bewusstsein so zu programmieren, dass es beinahe auf Abruf neue Ideen produziert.

Diese Ideen werden Sie in jede Richtung bringen, in der Sie vorankommen wollen; sie werden Ihnen beweisen, dass Sie mindestens doppelt so gut sind, wie Sie bisher dachten.

Sie sind doppelt so gut, wie Sie glauben!

Schritt 1:

Wie Sie bereits wissen, machen Sie sich eine Wahrheit bewusst, indem Sie Ihr mentales Selbst anweisen. Dies gilt auch für die Entwicklung von Ideen. Um ein fruchtbares Bewusstsein zu haben, welches neue und brauchbare Ideen produziert, müssen Sie sich mit dieser Art von Bewusstsein sehen. Machen Sie deshalb positive Aussagen über Ihr ideenerzeugendes Bewusstsein, zum Beispiel:

„Mein Bewusstsein ist wachsam und aktiv. Es macht mir ständig weitere konstruktive Ideen zum Nutzen der Menschen bewusst."

Jedes Mal, wenn Sie etwas Schöpferisches vorhaben, sollten Sie sich vor der eigentlichen Handlung eine Suggestion in der vorgenannten Art vorsagen. Sie werden merken, wie Ihnen die Ideen zufließen.

Falls Sie zum Beispiel einen Brief, einen Zeitungsartikel oder ein Buch schreiben, werden Sie immer flüssige Formulierungen parat haben, sofern Sie die obige Empfehlung beachten. Ein guter Gesprächspartner ist jemand, der seine Ideen interessant darstellen kann. Bei Unterhaltungen mit anderen wird Ihnen das Reden leichter fallen, wenn Sie sich selbst eine Affirmation vorsagen, zum Beispiel: *„Es fällt mir leicht, meine Gedanken klar und nachvollziehbar zu vermitteln."*

Schritt 2:

In diesem Schritt geht es darum, ein Ideenbewusstsein zu entwickeln. Entwickeln Sie ein neugieriges Bewusstsein. Werden Sie konstruktiv – nicht krankhaft! -unzufrieden mit dem Status Quo. Dieser Geisteszustand ist beinhaltet eine Dankbarkeit für alles, was zum Wohle steht – so wie es jetzt ist – aber auch eine Bereitschaft und Wachsamkeit für Verbesserungsideen. Mit einem derart neugierigen Bewusstsein werden Sie sich immer fragen: *„Was kann ich noch tun, damit dies oder jenes besser wird?"*

Falls Sie im Angestelltenverhältnis tätig sind, studieren Sie Ihre Arbeit. Wie könnten Sie sie noch besser verrichten? Was könnten Sie schneller erledigen?

Dadurch wird Ihre Arbeit auch interessanter und macht mehr Spaß. Die Zeit vergeht schneller und Ihr konstruktives Denken bringt Ihnen Ideen, die sich mit Sicherheit auszahlen werden.

Schritt 3:

Eine Idee wird etwas Greifbares, sobald Sie damit etwas anstellen. Zum Zeitpunkt ihres Entstehens ist die Idee am intensivsten. Bewahren Sie sie, bevor sie wieder schwächer wird. Legen Sie eine Ideenkartei an. Jedes Mal, wenn Ihnen eine neue Idee einfällt, schreiben Sie sie auf, es sei denn, dass Sie ohnedies sogleich mit ihrer Umsetzung beginnen können.

Schreiben Sie alles auf, was Ihnen im Zusammenhang mit Ihrer Idee sonst noch einfällt. Bereits der Umstand, dass Sie eine Idee schriftlich umreißen, verhindert, dass sie nachlässt und verblasst.

Falls sich die Idee bildhaft ausdrücken lässt - und Sie ein gewisses zeichnerisches Talent besitzen – sollten Sie eine Skizze anfertigen. Je mehr Ankerpunkte Sie mit dieser Idee verknüpfen, umso mehr wird sie wachsen.

Gehen Sie Ihre Ideensammlung oft durch, damit die Ideen frisch in Ihrem Kopf bleiben. Sollten Ihnen bei der Durchsicht neue Ideen kommen, so schreiben Sie sie ebenfalls dazu und aktualisieren sie.

Sie werden rasch merken, dass Sie mindestens doppelt so gut sind, wie Sie bisher dachten. Wahrscheinlich sind Sie sogar um ein Vielfaches besser als Sie meinten.

* * *

Sie sind doppelt so gut, wie Sie glauben!

Ein Metallstanzer in einer Fabrik langweilte sich, weil er jeden Tag acht Stunden lang dasselbe machen musste. Dass Ideen bei seiner Arbeit eine Rolle spielen könnten, war ihm nicht in den Sinn gekommen.

Nachdem ihn jemand darauf aufmerksam gemacht hatte, dass sein Bewusstsein neue Ideen erschaffen könne, wurde er wachsamer und fing an, seine Arbeit unter die Lupe zu nehmen. Beim Ausstanzen kleiner Formen aus großen Blech-Werkstücken fallen immer viele Abfälle an. Normalerweise werden diese Abfälle zu einem geringen Tonnenpreis an Stahlwerke verkauft und wieder zu neuen Blechen eingeschmolzen.

Der Mann, der sich in der Vergangenheit bei seiner Arbeit gelangweilt hatte, entwickelte eine neuartige Verwendungsmöglichkeit für diese Abfälle. Er legte diese Idee seinem Vorgesetzten vor, welcher sie lukrativ umsetzte. In kurzer Zeit wurde dieser Mann zum Vorarbeiter befördert und verdiente doppelt so viel wie vorher.

Seien Sie glücklich!

Das ist keine leere Floskel! Trübsalgedanken erzeugen eine geistige Struktur, welche den Fluss konstruktiver Gedanken unterbindet!

Sie brauchen nur an Zeiten zu denken, als Sie trübsinnig und traurig waren.

Waren Sie dann begierig darauf, sich an die Arbeit zu machen?

Fielen Ihnen Ideen ein, die zu Ihrem Wohlergehen beigetragen hätten?

Konnten Sie es nicht erwarten, neue Dinge auszuprobieren?

Die Antwort ist in jedem dieser Fälle ein Nein.

Kapitel 7

Denken Sie an Zeiten, in denen Sie ausgelassen waren. Zeiten, in denen Sie guter Dinge waren.

Verspürten Sie dann nicht den Drang, etwas zu bewegen?

Erreichten Sie dann in derselben Zeit nicht mehr, als an anderen Tagen, in denen Sie weniger energiegeladen waren?

Seien Sie deshalb glücklich! Wenn Sie Probleme haben (und wer hat die nicht!), seien Sie trotzdem glücklich, denn mit dem Wissen, das Sie sich angeeignet haben, können Sie Ihre Probleme meistern, statt von ihnen beherrscht zu werden.

„Wie soll ich denn glücklich sein? Bei all den Sorgen und Problemen, die ich habe?" Eine oft zu hörende Klage. Da Trübsal zu nichts gut ist und nur den Weg zur Freiheit versperrt, tun wir gut daran, Mittel und Wege zu finden, um glücklich zu werden.

Ein Blick in die Zeitungen genügt und Sie werden rasch feststellen, dass es unzählige Menschen gibt, die froh wären, wenn es Ihnen so „schlecht" wie Ihnen ginge. Ihnen geht es besser als Sie glauben. Denken Sie daran, was Sie tun können, um Ihre Probleme zu lösen, statt sich von ihnen zurückhalten zu lassen!

Im nächsten Kapitel werden Sie etwas Neues über Geld erfahren. Doch auch diesmal sollten Sie zunächst das vorliegende Kapitel gut durcharbeiten und am besten nochmals studieren, bevor Sie sich dem nächsten widmen.

Es wird zu Ihrem Besten sein!

Wiederholung ist das erste Lerngesetz

Lesen Sie bitte das vorhergehende Kapitel ab Seite 110 nochmals durch.

Erst dann nehmen Sie sich das nächste vor.

Geld – eine Mär

Eine Mär ist eine Geschichte oder Vorstellung, welche sich als falsch herausgestellt hat.

Geld wird oft als Tauschmittel bezeichnet. Wenn jemand seine Arbeitskraft gegen Geld tauscht und Geld gegen Nahrungsmittel tauscht, tauscht er in Wirklichkeit seine Arbeitskraft gegen Nahrungsmittel. Dem Geld kommt dann eine Zwischenfunktion zu und es wird nur in Empfang genommen, um wieder weggegeben zu werden, in unserem Beispiel für Nahrungsmittel.

Der Zweck des vorliegenden Kapitels ist es, Ihnen eine wahre Vorstellung von der Irrealität des Geldes zu vermitteln. Man müht sich hart ab, um Geld zu erhalten, und doch sucht man letztendlich das, was für Geld zu bekommen ist: Sicherheit, Nahrung, Unterkunft, Kleidung, usw.

Wir betrachten das Geld als etwas Reales. Wir nehmen einen Geldschein in die Hand und meinen, dass wir etwas Substanzielles in der Hand halten würden. In Wirklichkeit ist ein Geldschein oder eine Münze hinsichtlich seines Wertes so dehnbar wie ein Gummiband.

Nehmen wir zur Veranschaulichung an, dass Kartoffeln zu 1 Dollar pro Scheffel verkauft werden. Ihr Dollar wäre dann 1 Dollar wert, soweit es Kartoffeln betrifft. So weit, so gut.

Nehmen wir weiterhin an, dass der Preis von Kartoffeln auf 2 Dollar pro Scheffel steigt. Dann wäre Ihr Dollar nur noch 50 Cent wert, soweit es um Kartoffeln geht.

Dies lässt sich auf alles übertragen. Der Wert Ihres Dollars hängt ausschließlich vom Wert ab, welcher der erstandenen Ware zugemessen wird.

Geld - eine Mär

Da Geld eine Mär – ein Mythos – ist, wollen wir uns folgendes Beispiel ansehen: Nehmen wir an, dass sich in einem Raum zehn Personen befinden. Mit Ausnahme einer Person, hat niemand Geld und diese eine Person besitzt nur 1 Dollar. Wir wollen diese Person „Mann Nr. 1“ nennen.

Mann Nr. 2 besitzt ein Taschenmesser, welches er Mann Nr. 1 für 1 Dollar verkaufen will, und dieser Mann kauft es und gibt Mann Nr. 2 seinen Dollar.

Mann Nr. 3 besitzt ein Buch. Mann Nr. 2 will dieses Buch haben und kauft es, wofür er Mann Nr. 2 seinen Dollar gibt.

Das geht so weiter, bis letztendlich Mann Nr. 10 den Dollar besitzt und auch er behält ihn nicht. Er kauft für 1 Dollar etwas von Mann Nr. 1.

In diesem Raum wurden Transaktionen im Werte von 10 Dollar durchgeführt, doch nur ein einziger Dollar wechselte den Besitzer.
Dasselbe Prinzip gilt für den Handel. In den Vereinigten Staaten von Amerika wechseln jedes Jahr Milliarden von Dollar den Besitzer, wobei nur ein Bruchteil in wirklicher Währung abgewickelt wird. Das US-amerikanische Geld ist durch Gold gedeckt (seit 1971 nicht mehr. Bei Interesse: „Wer Gold hat, hat echtes Geld“: http://goo.gl/Ft8x2 - Hinweis durch I-Bux.Com). Für das gesamte gedruckte oder geprägte Geld ist der entsprechende Gegenwert in den staatlichen Tresoren in Gold hinterlegt.

Der Goldpreis wird von Menschen bestimmt. Er ist keine von der Natur verordnete Größe. Zur Vereinfachung wollen wir annehmen, dass der Goldpreis 35 Dollar pro Unze beträgt. In diesem Fall kann pro gelagerter Feinunze Gold Geld in Werte von 35 Dollar in Umlauf gebracht werden.

Falls es die Gesetzgeber in Washington nun für richtig finden sollten, den Wert einer Feinunze Gold auf 40 Dollar zu setzen, könnte pro Unze Gold für 5 Dollar mehr Geld in Umlauf gebracht werden.

Falls aber die US-amerikanischen Goldreserven auf irgendeine geheimnisvolle Weise verschwinden sollen, würde es kein Mensch merken. Wir würden weiterhin Dinge kaufen und unser Geld würde weiterhin denselben Wert besitzen.

Sollte der Diebstahl jedoch bekannt werden, würde der Wert unseres Geldes auf Null abfallen.

Es ist nicht die Absicht dieses Buches, volkswirtschaftliche Zusammenhänge zu diskutieren. Mit diesen Hinweisen wollte ich lediglich die Irrealität des Geldes beleuchten. Falls Sie diese Gedankengänge verfolgen, werden Sie mit mir einig sein, dass Geld in keiner Weise etwas Materielles ist, sondern nur ein Tauschmittel auf der Basis einer allseits akzeptierten Vorstellung.

Wir kaufen nichts anderes als Arbeitskraft

Das Einzige, was wir jemals für Geld kaufen, ist Arbeitskraft. (Ich kann Ihren Aufschrei förmlich hören!)

Nehmen wir als Beispiel ein Auto. Sie denken vielleicht an Metall, Gummi, Stoff und Glas und andere Bestandteile, die bei der Herstellung verwendet werden, und all das kostet ja Geld, werden Sie sagen.

Die Tatsache ist jedoch, dass uns all diese Rohmaterialien von Mutter Natur geschenkt wurden. Das für die Karosserie und den Motor verwendete Blech und viele andere Teile befanden sich erst in der Erde. Die Natur verlangte für das erzhaltige Metall keinen Preis. Kosten kamen erst ins Spiel, als die Bergarbeiter das Erz ausgruben und die Abbaugesellschaft einen Gewinn machen wollte.

Dasselbe gilt für alle anderen Elemente, welche bei einem Auto verwendet werden: Glas, Sitzbezüge, Gummi usw.

Wenn wir an das Essen denken, das wir kaufen, ist jedermann klar, dass wir bei dem Kaufpreis für Getreide und Kartoffeln nicht für die eigentlichen Erzeugnisse zahlen, sondern für die für den Anbau und die Pflege aufgebrachte Arbeitskraft.

Der Preis, den Sie für Ihr Wohnhaus bezahlten, bezieht sich ausschließlich auf die Arbeitskraft: Arbeitskraft für das Fällen und Zuschneiden von Bäumen; Arbeitskraft für das Herstellen von Beton aus Materialien, die sich in der Erde befinden; Arbeitskraft für das Errichten des Hauses.

Somit ergibt sich die Schlussfolgerung, dass wir mit Geld nichts anderes als Arbeitskraft kaufen und dass der Wert von Geld nicht stabil ist.

In vielen Ländern besteht Geld (genauer gesagt, eigentlich Währung) aus Silber-, Nickel- und Kupfermünzen sowie Papierscheinen. Die Notwendigkeit eines Tauschmittels ist bereits seit Jahrtausenden bekannt und Geld gab es in den kuriosesten Formen. Im alten Syrakus und Britannien wurde Zinn verwendet. Sparta hatte sich für Eisen entschieden. Im alten Rom wurde neben Bronzebarren vor allem Vieh als Tauschmittel verwendet. Karthago hielt es mit Leder. Nicht nur der ägyptischen und babylonischen Antike, sondern auch der phönikischen und vorhellenistischen indischen Kultur fehlte die Geldmünze völlig, und im persischen Reich ebenso wie in Karthago war sie ausschließlich Mittel zur Leistung von Edelmetallzahlungen, nicht aber ein Mittel für den Tauschverkehr. In Russland wurde Platinum verwendet, in Schottland fanden Nägel Verwendung. Das koloniale Virginia entschied sich für Tabak und der Staat Massachusetts unter anderem für Gewehrkugeln. Im alten Mexiko wurden Seife und Muscheln von der afrikanischen Küste getauscht.

Kapitel 8

In dem Maße, in dem die Zivilisation in allen Ländern auf dem Vormarsch war, wurden Gold- und Silbermünzen sowie Papiergeld zum gängigen Tauschmittel. Seit der Weltwirtschaftskrise im Jahre 1929 sind metallische Basen für Geld auf dem Rückzug.
Gibt es Eigentum?

Auch in diesem Bereich herrschen viele Missverständnisse und Fehlauffassungen. Es ist ganz normal, dass wir sagen „*Mir gehört dies und das*" oder „*Ich besitze*". Doch in Wirklichkeit besitzen wir gar nichts.

Sie können ein Haus haben und dann erklären: „*Das Haus gehört mir!*" Das ist so lange der Fall, wie Sie Ihre Grundsteuer zahlen. Danach geht es je nach Land schneller oder langsamer, bis Sie Ihr Haus wieder verlieren.

Ihr Auto mag ja voll abbezahlt sein, aber ist es wirklich Ihr Eigentum? Nur so lange, wie Sie die Kfz-Steuer und Versicherung zahlen und es durch den TÜV bringen. Ansonsten riskieren Sie, dass man es Ihnen entzieht.

Keiner der Gegenstände, welchen Sie als Ihr Eigentum betrachten, gehört Ihnen auf Dauer.

Das Grundstück um mein Haus ist landschaftlich geschmackvoll gestaltet und sieht wie ein gut gepflegter kleiner Park aus. Ist es mein Grundstück? Man kann das so sehen, aber sobald ich aufhöre, für einen Gärtner und für Bewässerung Geld auszugeben, wird dieses Gelände bald wieder veröden.

Ihre Kleidung kann sehr adrett sein, aber Kleider verschleißen nun mal, werden altmodisch oder sitzen nicht mehr gut.

Das Holz in Ihrem Haus wird durch Witterung geschädigt oder von Termiten zerfressen. Ohne ständige Reparatur- und Erneuerungsarbeiten würde Ihr Haus über kurz oder lang zu einer wertlosen Masse verkommen.

Geld - eine Mär

In diesem Leben besitzen wir nichts. Wir haben das Nutzungsrecht, solange wir unsere Steuern und Abgaben leisten und die Dinge in Schuss halten; mehr nicht.

Was bringt Ihnen nun all das, was Sie bisher in diesem Buch erfahren haben?

Eine Menge!

Wir haben gelernt, dass wir mit Geld nichts anderes als Arbeitskraft kaufen können und wir haben gelernt, dass wir nur das Nutzungsrecht an den Dingen erwerben. Nicht einmal unser Körper gehört uns. Er wird uns geliehen und seine Lebenszeit hängt nicht zuletzt von der Pflege ab, die wir ihm angedeihen lassen.

* * *

Vor einigen Jahren hielt ich über das Thema dieses Kapitels – Geld, eine Mär - einen Vortrag. Einige Monate darauf erhielt ich von einem Besucher dieses Vortrags einen inspirierenden Brief. Darin stand:

„Ihr Vortrag über Geld hat sich als Wendepunkt in meinem Leben erwiesen.

Mein Geschäft befand sich in einer prekären Lage. Die Eingangsrechnungen überschritten die Ausgangsrechnungen bei Weitem. Es sah so aus, als würde ich meine Zelte bald zusammenklappen müssen.

Geld, Geld, Geld – ich hatte nichts anderes mehr im Kopf. Ich grübelte so sehr über Geld – bzw. an sein Fehlen – nach, dass ich geistig wie gelähmt war. Ich konnte nicht mehr klar denken.

Nachdem ich Ihren Vortrag besucht hatte, sah ich mein Geschäft mit neuen Augen. ‚Geld ist es ja gar nicht, was ich will', dämmerte es mir. ‚Ich brauche Aufträge, damit ich meine Gläubiger zufriedenstellen kann.'

Bis dahin hatte ich meine Gläubiger wie Dämonen mit einem hämischen Grinsen auf den Lippen gesehen und stellte mir vor, dass sie ihre Arme weit ausgestreckt hätten, um mich zu erdrücken.

Ich fing an, sie als Freunde zu betrachten. Immerhin hatten Sie mir einen Vertrauensvorschuss gegeben. Und als Freunde würden sie sich auch freundschaftlich verhalten.

Ich rief jeden Gläubiger einzeln an und dankte ihnen sehr höflich für ihre außerordentliche Geduld. Ich sagte ihnen, dass ich endlich die Ursache meines Schlamassels erkannt hätte und dass ich bald wieder im grünen Bereich sein und meine Verpflichtungen dann voll begleichen würde.

Kein einziger ließ mich im Stich! Das löste meine inneren Blockaden wieder auf und nach einiger Zeit hatte ich alle meine Schulden wieder zurückbezahlt und mit meinem Geschäft ging es wieder aufwärts.

Ich danke Ihnen vielmals dafür, dass Sie mich wachgerüttelt haben!"

Sobald man erkannt hat, dass Geld lediglich ein Mittel zum Zweck und nicht das Endziel ist, dass es nur ein praktisches Mittel für Tauschgeschäfte ist, wird es leichter, eine breitere Perspektive zu entwickeln.

Ein Arbeiter arbeitet in Wirklichkeit nicht für staatlicherseits bedruckte Zertifikate (Geld), die er am Zahltag erhält. Er arbeitet für Kleidung, Nahrung und Unterkunft. Das Geld bietet ihm eine praktische Möglichkeit für die Bewertung der Waren und Dienstleistungen, welche er nutzen will.

Was wollen Sie erreichen?

Ist Ihnen daran gelegen, Geld zu scheffeln? Oder gehen Ihre Pläne in die Richtung eines schöneren Hauses, einer besseren Ausbildung für Ihre Kinder, interessanter Reisen oder mehr Sicherheit?

Geld - eine Mär

Wenn Ihnen klar ist, wo Sie hinwollen, weisen Sie Ihr schöpferisches Bewusstsein an, Sie in Tat und Gedanken der Erreichung Ihres Zieles näherzubringen.

Mit der Zielerreichung ist ein seltsames Phänomen verbunden: Sobald Ihr Ziel ausschließlich Gelderwerb ist, gibt es so viele Möglichkeiten, dass Sie rasch verwirrt sein werden und nicht mehr wissen, welcher Weg der Beste ist.

Falls Sie aber von einem neuen Haus begeistert sind und Sie das entsprechende Vorstellungsbild froh stimmt, wird Ihnen Ihr schöpferisches Bewusstsein mit seinem Scharfsinn den Weg aufzeigen, wie Sie zu einem solchen Haus kommen können.

Etwas zu erreichen, gehört zu größten Befriedigungen im Leben. Wenn wir an herausragende Männer und Frauen denken, dann nicht wegen des Geldes, das sie verdient haben, sondern ihrer Leistungen wegen.

Henry J. Kaiser war durchaus ein sehr vermögender Mann, aber bei seinem Namen kommt einem der moderne Schiffbau in den Sinn, nicht sein Vermögen.

Henry Ford hatte es ebenfalls zu Reichtum gebracht. Aber für uns ist er der Mann, der der Welt erschwingliche Fahrzeuge brachte.

Charles Lindbergh ist ein sehr vermögender Mann. Doch denken Sie bei seinem Namen an sein Bankkonto? Nein, Sie denken an die erste Alleinüberquerung des Atlantiks.

F. W. Woolworth hat Millionen verdient. Allein der Bau seiner Firmenzentrale kostete im Jahre 1913 stolze 13,5 Millionen Dollar und Mr. Woolworth legte dieses Geld bar auf den Tisch. Doch daran denkt kein Mensch. Jeder denkt bei dem Namen „Woolworth“ an eine landesweite Einzelhandelskette.

Luther Burbank wurde für seine Pflanzenkreuzungen weltweit anerkannt. Wir verdanken ihm neue Pflaumen-, Beeren- und Liliensorten. An das Geld, das er damit verdient hat, denkt niemand.

Bert Ross fasste bereits als Kind den Entschluss, dass er reich werden würde. Seine Sparsamkeit in jungen Jahren erlaubte es ihm, mit einem Guthaben von 3000 Dollar zu heiraten. Nach der Heirat sparte er weiter, aufgrund seiner größer werdenden Familie und einiger unkluger Investitionen jedoch nicht mehr so viel wie vorher. Es gab sogar Zeiten, in denen seine Kontoauszüge einen geringen Kontostand aufwiesen als in seiner Junggesellenzeit.

* * *

Eines Tages hörte Bert einen Vortrag über die Irrealität des Geldes. Dabei ging es um dieselben Dinge, die Sie auch in diesem Kapitel gelesen haben.

Als Erstes wollte er ein komfortables Haus in einem Vorort haben. Es sollte auch ein großes Grundstück dazugehören, damit seine Kinder nicht mehr in eine Stadtwohnung eingepfercht wären. In einem solchen Haus wohnt die Familie nun. Ab dem Tag, an dem er in sich das Vorstellungsbild eines neuen Hauses aufbaute, wurde er bei jedem Schritt geführt.

Über denselben gedanklichen Prozess erreichte Bert Ross alles, was er darüberhinaus haben wollte: schicke Kleidung für seine Familie und sich; ein neues modernes Auto. In einem Sommer machte die ganze Familie Urlaub auf Hawaii und jetzt denkt er an eine Reise nach Europa.

Ist das eine Ausnahme? Einer unter einer Million?

Nein! Wollte man alle Erfolgsgeschichten zusammentragen, würde dies ein mehrbändiges Buch werden.

Geld - eine Mär

Eine weitere Geschichte betrifft Willy Erwin, der in einer Großstadt im amerikanischen Mittleren Westen wohnt.

Willy fuhr nach Chicago, um sich beim Leiter eines Konzerns vorzustellen. Dieser Konzern vergibt Gebietsfranchiseverträge.

Willy war an einem solchen Franchisevertrag sehr interessiert.
Er begeisterte sich dermaßen, dass er sich nichts anderes mehr vorstellen konnte, als das Franchiseprodukt zu vermarkten.

„*Nun, Mr. Erwin, für diesen Franchisevertrag ist eine Einstiegssumme von 2.000 Dollar nötig. Können Sie dieses Geld aufbringen?*“

Willy leerte seine Taschen aus und brachte etwa 2 Dollar zum Vorschein.

„*Das ist der Betrag, der zwischen mir und dem Armenhaus steht*“, rief Willy aus, jedoch ohne Anzeichen von Selbstmitleid. „*Ich muss gestehen, dass ich mir sogar das Fahrgeld geliehen habe*“, fügte er hinzu.

„*Heben Sie mir das Gebiet aber bitte auf. In zwei Wochen habe in den Betrag zusammen!*“

Willy Erwin hielt Wort. Einen Tag vor Ablauf der zwei Wochen sandte er per Luftpost einen Bankscheck nach Chicago.

In der ganzen Zeit nach dem Vorstellungsgespräch dachte Willy nicht an das Geld. Er dachte an den Franchisevertrag. Sein Bewusstsein fing an, ihm konstruktive Ideen zu liefern, wie er zu diesem Gebietsvertrag kommen könne.

Es gibt noch einen weiteren Punkt bei dieser Geschichte, welcher ebenfalls in Betracht gezogen werden sollte.

Weiter vorne haben Sie gelesen, dass sich Willy für diese Idee **begeistert** hatte. Ich stelle mir Begeisterung gerne als einen glühenden Gedanken vor.

Wenn man begeistert ist, braucht man sich zu nichts zu zwingen. Egal, ob die Hürden groß oder klein sind, man nimmt sie – schlichtweg deshalb, weil man sie nehmen will. Ein innerer Auftrieb sorgt dafür, dass die Ideen Realität werden.

Mit diesen Hinweisen soll Ihnen Gelderwerb nicht ausgeredet werden, doch suchen Sie das Geld im Zusammenhang mit Ihren eigentlichen Zielen. Sie werden rascher vorankommen und mehr Spaß dabei haben.

Lesen Sie bitte das vorhergehende Kapitel ab Seite 123 nochmals durch.

Erst dann nehmen Sie sich das nächste vor.

Reichtum: Eine Sache des Bewusstseins

Ab wann ist man eigentlich reich? Vielleicht haben Sie darüber noch nie nachgedacht. Sehr viele Menschen wollen „reich" sein, aber wenn Sie diesen Leuten auf den Zahn fühlen und sie fragen, was für sie „reich" ist, werden die Antworten sehr unterschiedlich ausfallen.

Ich weiß noch, wie ich mich mit tausend Dollar reich fühlte. Wenn ich sie nur besessen hätte!

Eines Tages saß ich in New York mit einem bekannten Investor aus der Wall Street beim Essen. Sein Reichtum schwankte immer „ein wenig": Mal war es eine Million, dann zwei oder mehrere Millionen.

Während wir uns unterhielten, sagte er auf einmal mit einem ernsten Gesichtsausdruck: *„Ich muss einen Zahn zulegen. Mein Buchhalter sagte mir, dass wir auf die letzte Million abgefallen sind."*

Reichtum ist also relativ. Was der eine für „reich" hält, ist für den anderen ein Hungerlohn.

Ich bezweifle, dass sich jemand, der tausend – oder auch fünftausend – Dollar für „reich" hält, als Millionär vorstellen kann. Vielleicht beneidet er ja einen Millionär und malt sich aus, wie schön es doch wäre, eine Million zu haben, aber er selbst kann sich niemals mit so viel Geld sehen.

Auf der anderen Seite sind tausend Dollar für jemand mit einer Millionärsdenke nur Taschengeld.

Falls Reichtum eine Sache des Bewusstseins ist, stellt sich die Frage, wie man ein solches Bewusstsein erreicht. Das ist die große Frage, und die Antwort ist nicht allzu leicht zu verstehen.

Reichtum ist eine Sache des Bewusstseins

Jene Leserinnen und Leser, die nur wenig oder gar kein Geld haben, darf ich nun fragen: *Würde es Ihnen schwerfallen, sich mit 100 Dollar, Euro oder Franken zu sehen?*

Nein!

Ihnen werden sofort mehrere Möglichkeiten einfallen, wie Sie einen solchen Betrag verdienen könnten.

Nun wendet sich meine Frage an jene, die an eine Million Dollar, Euro oder Franken gewöhnt sind: Würde es Ihnen schwerfallen, sich eine Million mehr vorzustellen, als Sie bereits haben?

Keineswegs!

Ihr schöpferisches Bewusstsein würde sofort Mittel und Wege finden, um Ihr gegenwärtiges Vermögen um eine weitere Million aufzubessern.

Diese Fragen – und die entsprechenden Antworten – führen uns zu der Überlegung:

Wie gehen wir vor, um ein Reichtumsbewusstsein aufzubauen?

Es geht darum, einen Punkt zu erreichen, an dem Sie sich in Besitz einer Million (oder mehr) sehen können. Es geht nicht nur darum, sich eine Million zu wünschen, sondern sich selbst tatsächlich als Millionär zu sehen!

Falls Sie dünn und gebrechlich wären, könnten Sie sich unmöglich vorstellen, sich bei einem Ringkampf mit einem kräftigen Mann zu messen. Sie müssten erst gründlich trainieren und sich vorbereiten.

Dasselbe gilt für das Reichtumsbewusstsein. Falls Sie sich in einer finanziell angespannten Lage sehen, müssen Sie zunächst an sich arbeiten, bis Sie einen Punkt erreichen, an dem Sie – ohne den Schatten eines Zweifels! – wissen, dass Sie reich sein können.

Das ist einfach oder schwierig, je nachdem, für wie einfach oder schwierig Sie es halten.

Ich darf Ihnen an dieser Stelle nochmals eine Passage aus diesem Buch wiederholen: Jemand kann sich jahrelang abrackern, ohne sichtbar weiterzukommen – bis dann eines Tages unverhofft ein mächtiger Gedanke in sein Bewusstsein tritt und eine Führungspersönlichkeit geboren wird!

In meinem Bekanntenkreis gibt es einen Mann, der ein Vermögen erwirtschaftet hat, obwohl er im Rollstuhl sitzt. Hat er dies erreicht, weil er sich arm und mittellos sah? Mit absoluter Sicherheit nicht!

In seinem Bewusstsein – nicht in seinem Körper! – befand sich ein mächtiger Gedanke und Geldverdienen war für ihn eine überragende Priorität. Er fasste den Entschluss, ein reicher Mann zu werden und das erreichte er dann auch.

Ich denke, dass es keine größere Motivationskraft gibt, als das Verlangen nach etwas, das man nicht hat. Wenn Sie in einem Schaufenster, in einer Zeitschrift oder woanders etwas sehen, das Sie wirklich haben wollen, kommen Sie an einen Punkt, wo Sie sich bereits mit dieser Sache sehen. Bald findet Ihre Vorstellungskraft dann Mittel und Wege, um sie zu erhalten.

Ihr unsichtbares Preisschild

Wie hoch ist Ihr Wert? 50 Dollar pro Woche?

150 pro Woche? 250 pro Woche?

Egal, ob Sie es wissen oder nicht, Sie laufen mit einem unsichtbaren Preisschild umher. Jemand, der 50 Dollar die Woche verdient, strahlt dies aus.

Es mag durchaus sein, dass er oder sie sich mehr wünscht, aber die gesamte Ausstrahlung ist die eines 50-Dollar-Menschen. Dasselbe gilt sinngemäß für die andere Person, welche 250 Dollar pro Woche verdient. Diese Person sieht sich selbst so, dass sie 250 Dollar pro Woche wert ist.

Gestatten Sie mir, Ihnen von einer interessanten Erfahrung und Lektion zu berichten, die ich als Jugendlicher hatte.

Ich hatte die Grundlagen für erfolgreiche Werbung über einen Fernkurs gelernt und in diesem Bereich in New York eine Stelle gefunden. Der Wochenlohn betrug 25 Dollar.

Damals hatte ich einen Nachbarn, der Abteilungsleiter in einem Versandhaus war. Dieser Mann verdiente den – in meinen Augen stolzen – Wochenlohn von 42 Dollar. (Anmerkung von i-bux.com: Sämtliche Dollar-Beträge kann man ungefähr mal sechs nehmen, um auf einen aktuellen Stand zu kommen).

Eines Tages las ich in einer Werbezeitschrift ein Stellenangebot für einen Werbefachmann. Ich antwortete darauf. Es dauerte nicht lange, und ich wurde zu einem Vorstellungsgespräch gebeten. Ich war sehr aufgeregt, da ich mir ausmalte, dass ich nun auch bald ein Gehalt wie mein Nachbar haben würde.

Ich wurde dem obersten Boss vorgestellt, welcher dieses Angebot inseriert hatte. Dieser Herr quetschte mich über eine Stunde nach meinen beruflichen Fähigkeiten aus.

„Soweit macht das alles einen ganz guten Eindruck“, sagte er schließlich. *„Wie sehen denn Ihre Gehaltsvorstellungen aus?“*

„Ich dachte an 40 Dollar die Woche“, erwiderte ich mit offensichtlicher Schüchternheit.

Ich habe seither niemanden mehr so herzhaft lachen hören, wie diesen Manager.

„*Sie hätten Leute unter sich, die 25.000 Dollar pro Jahr verdienen*“, bemerkte er schließlich, als er sich wieder beruhigt hatte. Dann folgte eine Erklärung, die mich ernüchterte.

„*Ich denke, dass Sie schon wissen, was Sie wert sind*“, sagte er, als er sich erhob und mir damit das Ende des Gesprächs bedeutete.

Ohne dass es mir bewusst war, trug ich ein unsichtbares Preisschild. Ich hatte meinen Wert mit 25 bis 40 Dollar pro Woche angesetzt. Erst als ich diese Zahl veränderte, kletterte ich weiter nach oben.

Verstehen Sie mich bitte richtig. Ich will damit nicht andeuten, dass jemand, der 50 Dollar die Woche wert ist, 100 oder mehr Dollar verdienen sollte. Das wäre absurd.

Falls jemand mit seinem momentanen Lohn oder Gehalt nicht zufrieden ist, und er sich vorstellen kann, dass er das Zwei- oder Dreifache verdient, wird er den Drang entwickeln, an sich zu arbeiten, um zwei- oder dreimal so viel wert zu sein.

* * *

Bob Reed verdiente 75 Dollar die Woche, was gerade ausreichte, um ihn und seine Familie über Wasser zu halten.

Eines Sonntags wurde das Ehepaar Reed eingeladen, einen Tag auf einem Motorboot zu verbringen, das einem Freund gehörte. Der Tag war herrlich. Bei der Rückfahrt nach Hause sagte Bob zu seiner Frau:

„*Liebling, so ein Boot wäre schon eine tolle Sache!*“. Die Frau sah es auch so.

Reichtum ist eine Sache des Bewusstseins

Bob redete nicht mehr viel über das Boot, aber als sie zu Hause ankamen, schnappte er sich Bleistift und Papier und fing zu rechnen an.

„*Wie viel müsste ich verdienen, um mir so ein Boot leisten zu können?*“, überlegte er. Überschlägig kam er auf etwa 25 Dollar mehr pro Woche.

Sein Drang nach einem solchen Wassergefährt für sonntägliche Ausflüge war so stark, dass er seine konstruktiven geistigen Kräfte einsetzte, damit sie ihm Mittel und Wege für eine Einkommensverbesserung zeigen sollten. Bob hörte nicht bei den 100 Dollar pro Woche auf, die er für nötig hielt, sondern erhöhte dieses unsichtbare Preisschild immer mehr.

Jetzt hat er nicht nur ein flottes Motorboot, sondern ist auch in ein größeres Haus umgezogen.

* * *

Ich habe des Öfteren das Vergnügen, vor Verkäufergruppen zu sprechen und ihnen Gedanken zu präsentieren, welche diesem Herrschaften zu einer größeren Produktivität verhelfen.

Einer dieser Vorträge behandelte das unsichtbare Preisschild, das ein jeder von uns mit sich herumträgt. Am Schluss meines Vortrags nahm ich jedem Teilnehmer das Versprechen ab, dass auf seinem unsichtbaren Preisschild von nun mindestens der doppelte Preis stehen sollte. Ich erklärte ihnen, dass sie diese Zahl nicht nur im Kopf behalten sollten, sondern auch überlegen sollten, auf welche Weise ihr Lebensstandard diese höhere Zahl widerspiegelt, zum Beispiel ein Boot, ein neues Auto, ein neues Haus oder dergleichen.

Später berichtete mir der Verkaufsleiter, dass seit diesem Vortrag fast alle seine Verkäufer beträchtlich höhere Umsätze schreiben.

Einer der Teilnehmer hatte sich gleich nach Ende meines Vortrags lustig gemacht: *„Für solche Veräppelungen habe ich nichts übrig."* Er gehörte zu den wenigen, die keine Zunahme der Verkaufszahlen vorzuweisen hatten. Letztendlich hat er sich selbst veräppelt.

Abraham Lincoln sagte einmal: *„Gott muss arme Leute mögen, sonst hätte er nicht so viele davon gemacht."*

Da wir dabei sind zu lernen, dass Reichtum eine Sache des Bewusstseins ist, ergibt sich die Schlussfolgerung, dass die große Mehrheit aller Menschen aufgrund ihres negativen Bewusstseins arm sind, und wir werden uns nicht damit herausreden, dass sie von Gott kommen, denn bei der Geburt ist ein Bewusstsein weder negativ noch positiv. Wie bereits erwähnt, werden uns unsere Hemmungen, Störungen und Komplexe als Kinder eingebläut.

Jemand, der ein Preisschild mit einer niedrigen Zahl herumträgt, musste sich Aussagen der folgenden Art anhören und hat diese verinnerlicht: *„Das Geld fällt einem nicht in den Schoß"*, *„Papa ist auch nicht reich; er muss ordentlich schuften"*, usw. Ein solcher Mensch wächst mit einem Selbstbild auf, das ihn als schwer arbeitenden Menschen sieht. Unbewusst erwartet er, dass er niemals mehr als das Nötigste haben wird.

Solche Vorstellungsbilder bleiben ein Leben lang bestehen – es sei denn, man unternimmt Schritte, um sie zu verändern!

„Wenn es angeblich so leicht ist, reich zu werden, warum ist dann nicht jeder reich?", werde ich öfter gefragt. Die Frage hört sich vernünftig an.

Die Antwort lautet, dass nur sehr wenige Leute glauben können, dass es leicht sei, reich zu werden. Die meisten sind bewusst oder unbewusst der Meinung, dass man sich jahre- oder jahrzehntelang abplagen müsse.

Solchen Leuten zu erzählen, dass man lediglich seine Gedanken verändern müsse, was eine Veränderung der Umstände mit sich bringen müsse, stößt unweigerlich auf Skepsis.

* * *

Es gibt eine Fabel, die den Unterschied zwischen einem Positiv- und einem Negativdenker veranschaulicht. Sie wird Ihnen gefallen:

Henry John war ein starker und gesunder Mann, aber er war in seinem Leben noch nie richtig erfolgreich gewesen. Betuchtere Männer hatte er immer beneidet, aber sich selbst konnte er nicht in besseren Verhältnissen sehen.

John Henry war ein wohlhabender Mann, aber er war immer schon etwas kränklich gewesen. Ständig war er wegen irgendeinem Wehwehchen in ärztlicher Behandlung. Kraftstrotzende Männer wie Henry John hatte er immer beneidet und oft gesagt, dass er seinen Wohlstand gegen die Gesundheit eines anderes Mannes tauschen würde.

Eines Tages kam ein weltbekannter Chirurg in die Stadt. Dieser Herr behauptete, er könne die beiden Männer nehmen und ihre Gehirne chirurgisch austauschen. Er würde also das Gehirn des einen nehmen und dem anderen einpflanzen und umgekehrt.

John Henry und Henry John ließen sich also ihre Gehirne austauschen. Somit gab Henry John seinen gesunden Körper für den Wohlstand und den anfälligen Körper von John Henry her.

Die Operation fand statt und eine Zeit lang schien alles gut zu sein. Doch einige Zeit darauf geschah Folgendes:

Der jetzt arme John Henry war sein Lebtag gewohnt gewesen, an Wohlstand zu denken.

Es war deshalb nur eine Frage der Zeit, bis er wieder zu Wohlstand gelangte. Gleichzeitig fing er an, auch wieder an all die Wehwehchen und Schmerzen zu denken, so wie er das in der Vergangenheit gewohnt gewesen war. Und bald war er trotz seines neuen Körpers wieder von allerlei Gebrechen befallen.

Der jetzt reiche Henry John hatte sich immer schon als armer Mann gesehen. Infolge unkluger Geldanlagen und unbedachter Ausgaben hatte er das Vermögen, das ihm durch den Austausch der Gehirne zugefallen war, bald wieder verprasst. Andererseits hatte er sich seinen Körper niemals als kränklich vorgestellt. Und da er sich über Krankheiten keine Gedanken machte, wurde sein Körper bald so stark und kräftig wie der, dem er dem reichen Mann vermacht hatte.

Mit der Zeit kehrten beide wieder in ihre Ausgangssituationen zurück. Der vormals Reiche wurde wieder reich. Der vormals Arme wurde wieder arm.

* * *

Wenn Sie verstehen wollen, dass ein **Reichtumsbewusstsein die Voraussetzung ist, wenn man reich werden will**, dürfen Sie dies nicht mit irgendwelchen Zaubertricks verwechseln.

Sich selbst als reich und wohlhabend zu sehen, bedeutet nicht, dass einem dieser Zustand gleichsam auf magische Weise zufällt. Wie Sie bereits erfahren haben, wird Sie das schöpferische Bewusstsein führen und leiten. Das betrifft Gedanken und Verhaltensweisen. Ihnen werden Gedanken kommen und Sie werden Dinge tun, die Sie dem Erfolg näherbringen.

Sich Reichtum bewusst machen

„Wie erhalte ich denn ein Bewusstsein von Reichtum und Wohlstand?“, werden sich viele fragen.

Reichtum ist eine Sache des Bewusstseins

Es gibt ein altes Sprichwort, das ich an dieser Stelle zitieren möchte: *„Suche dir deine Freunde unter den Fleißigen, denn die Faulen werden dir eine Energie absaugen!"*

Haben Sie schon einmal bemerkt, dass Sie nach einer oder zwei Stunden in Gesellschaft eines erfolgreichen Menschen selbst wieder neuen Schwung bekommen haben?

Wenn Sie andererseits ein oder zwei Stunden mit einem Nichtstuer und Jammerer verbracht haben, werden Sie das Gefühl haben, dass es ja sowieso sinnlos sei, etwas anzupacken.

Sollten Sie noch keine Leute kennen, mit denen sich der Umgang lohnt, tun Sie besser daran, Ihre Freizeit mit der Lektüre aufbauender Bücher zu verbringen, statt sich mit Zeittotschlägern und Müßiggängern abzugeben.

Tun Sie Dinge, die Ihrem Erfolg zugutekommen!

Es gab einen Mann, der ein altes und reparaturbedürftiges Haus erstand. Er erhielt es für einen „Appel und ein Ei" und in seiner Freizeit arbeitete er viel an diesem Haus.

Nachdem er es hergerichtet und vermietet hatte – was seine Einkünfte verbesserte – sah er sich nach einem weiteren alten Haus um. Er fand eines und ging wieder nach demselben Muster vor.

In relativ kurzer Zeit hatte er so viele passive Einnahmen, dass er expandieren konnte. Auf die Häuser nahm er eine Grundschuld auf, um ein großes Motel zu bauen. Später kam ein zweites Motel hinzu. Seine Grundstücke und Gebäude werden jetzt auf 1.000.000 Dollar geschätzt. Doch als er noch ganz am Anfang der Entwicklung seines Reichtumsbewusstseins stand, war er Metzger, der für einen bescheidenen Lohn arbeitete.

Kapitel 9

Es gibt zwei Worte, welche im Zusammenhang mit einem Reichtumsbewusstsein – und dem Gegenteil, dem Bewusstsein von Misserfolgen und Elend – eine Rolle spielen.

Das eine Wort heißt **Glaube**.

Viele Leute sagen, dass Lebenserfolg eine Sache des Glaubens ist. Oft denken wir, dass der Versager wenig Glauben besitze. Doch das stimmt nicht. Der Versager besitzt genauso viel Glauben, vielleicht sogar mehr, wie der Erfolgreiche.

Das zweite Wort heißt **Vorstellungskraft**.

„Man muss sich in seiner Vorstellung selbst erfolgreich sehen", heißt es sinngemäß in vielen Büchern. *„Aber wenn ich doch keine Vorstellungskraft habe!"*, klagen die Erfolglosen.

Die Vorstellungskraft ist die Fähigkeit, sich innerlich etwas, das noch nicht existiert, auszumalen. Ein mit einer konstruktiven Vorstellungskraft gesegneter Mensch sieht die Dinge so, wie sie sein sollten. Ein mit einer negativen Vorstellungskraft gestrafter Mensch sieht die Dinge so, wie er sie befürchtet.

Jeder Mensch ist in der Lage, sich etwas vorzustellen – der eine konstruktiv, der andere negativ.

Meiner Meinung nach ist einer der Gründe, warum so viele Menschen Probleme haben, sich etwas Besseres als das Momentane vorzustellen, der Kontrast zwischen dem, was sie haben und was sie gerne hätten. Ein Beispiel: Falls jemand nur noch 50 Dollar hat, übersteigt der Unterschied zwischen den 50 Dollar und 500.000 Dollar seine Vorstellungskraft.

Machen wir doch gleich mal eine kleine Vorstellungsübung: Nehmen wir an, dass Sie 1 Cent hätten. Wäre es schwierig, diesen Cent zu verdoppeln und auf 2 Cent zu kommen?

Sicherlich nicht.

Und der Sprung von 2 auf 4 Cent wäre auch kein Problem.

Sie kennen vielleicht die Geschichte des jungen Mannes, dem ein Anfangsgehalt von 1 Cent im ersten Monat angeboten wurde, wobei dieser Betrag über den Zeitraum von drei Jahren monatlich verdoppelt werden würde. Der Mann lehnte ab, was man ihm nicht verübeln kann, denn das hätten wohl die Meisten so gemacht.

Er wäre aber gut beraten gewesen, erst ein bisschen nachzurechnen.

Fangen Sie mit der Zahl 1 und verdoppeln Sie sie. Dann wiederholen Sie diese Verdoppelung sechsunddreißig Mal. Zum Beispiel: 1-2-4-8-16-32 usw.

Sie werden feststellen, dass der junge Mann drei Jahre gebraucht hätte und im letzten Monat hätte er dann 1.372.796.089,60 Dollar erhalten.

War Ihnen das bewusst?

Vielleicht haben Sie von einem Kapitel zu einem anderen eine gewisse Ähnlichkeit entdeckt und dies wird auch so weitergehen.

* * *

Die Kernaussagen dieses Buches könnten durchaus auf ein oder zwei Seiten komprimiert werden, auf denen Ihnen die Grundlagen für die Entwicklung von Gesundheit, Wohlstand und Glück aufgezeigt werden, doch dann würde nur ein sehr geringer Prozentsatz der Leser den Nutzen daraus ziehen, der sich aus dem Studium dieses Buches in der jetzigen Form ergibt.

In diesem Buch geht es immer wieder um Prinzipien und deren Anwendung.

Ein auf eine gewisse Weise erklärtes Prinzip spricht vielleicht den einen an, wird aber von einem anderen überlesen oder nicht in seiner Tragweite erfasst. Wenn ein Prinzip von mehreren Seiten erklärt wird, steigt die Wahrscheinlichkeit, dass mehr Leserinnen und Leser ihre Aha-Momente haben.

Gefallen Ihnen Wettbewerbe und Gewinnspiele?

Sehen Sie sich gerne Wettbewerbe an oder hoffen auf den Hauptpreis mit 10.000 Dollar in bar oder einer Inklusivreise nach Hawaii?

Wenn Sie dieses Buch durcharbeiten, brauchen Sie sich derartigen Hoffnungen nicht mehr hinzugeben. Sie können alles erreichen, was Sie sich ausdenken können. Sie können Ihre 10.000 Dollar und noch mehr haben! Auch Ihre Reise nach Hawaii, Europa oder an ein anderes Ziel können Sie unternehmen. Wir sprechen nicht von einer Chance in einer Million wie bei einem Gewinnspiel!

Verwandeln Sie das, was in der Vergangenheit bloße Wünsche waren, in Ihre Realität.

Sie können sich in einem besseren und größeren Haus sehen. Sie können die erlesene Einrichtung und den Swimming Pool sehen. Sie können das tollste Auto fahren. Sie können Ihre Kinder auf die besten Schulen schicken. Sie können jeden Tag Ihres Leben zu einem freudigen Erlebnis machen!

Sie haben jetzt grünes Licht.

Fertig! Los!

Wiederholung ist das erste Lerngesetz

Lesen Sie bitte das vorhergehende Kapitel ab Seite 135 nochmals durch.

Erst dann nehmen Sie sich das nächste vor.

Kapitel 10

Kontrast und Ausgleich

„Mann, was bin ich froh, dass da vorne die Straße wieder geteert ist“, rief ein Fahrer aus, der von einem holprigen Umleitungsweg herankam. Nachdem er wieder auf der schlaglochfreien Teerstraße war, konnte er sie wirklich schätzen. Wenn wir nur gute Straßen hätten, würden wir sie für selbstverständlich halten.

Das Leben besteht aus Kontrasten und wir sollten sie als Segen betrachten. Wir werden uns jetzt verschiedene Kontraste ansehen. Dies wird Ihnen klarer machen, dass das Leben eine ziemlich eintönige Sache wäre, wenn es ihm die Kontraste fehlen würden.

Mögen Sie heiteres warmes Wetter? Würde es Ihnen gefallen, jahraus, jahrein immer dieses Wetter zu haben? Sie würden es nicht mehr genießen können! Doch nach einer Phase der Stürme und kalten Winde freuen Sie sich wieder auf das Frühlingswetter.

Würden Sie das Licht schätzen, wenn es keine Dunkelheit gäbe? Ganz abgesehen davon, dass es Ihren Organismus erschöpfen würde, könnten Sie das Licht nicht mehr schätzen.

Und wie sieht es mit missratenen Kindern aus? Falls Ihre Kinder artig und brav sind, werden Sie das umso mehr erkennen. Hier haben wir einen weiteren Kontrast: gut und schlecht.

Fühlen Sie sich nicht wunderbar, nachdem Ihre qualvollen Schmerzen verschwunden sind? Jetzt wissen Sie wieder, welcher Segen es ist, schmerzfrei zu sein.

Und all die lästigen Geräusche. Endlich wieder Ruhe. Einfach herrlich!

Es gibt unzählige Kontraste:

Hunger gegen Sattheit; angenehmes Umfeld gegen unangenehmes Umfeld; Glück gegen Unglück; reich gegen arm, usw.

Ich saß einmal beim Mittagessen mit einem Mann, der aus einer sehr reichen Familie stammte. Wir kamen auf die Härten zu sprechen, die ich in meiner Jugend durchmachen musste. Ich erzählte ihm, dass ich mich manchmal tagelang nicht satt essen konnte, weil schlichtweg kein Geld für Essen vorhanden war. Ich berichtete ihm, dass ich manchmal morgens aufwachte, ohne zu wissen, wo ich an diesem Abend schlafen würde.

„*Ich beneide Sie*“, erwiderte mir dieser Mann. „*Ich habe nie etwas anderes gekannt, als von einem Gefolge von Dienern hofiert zu werden. In meiner Familie gab es immer vier bis sechs Autos. Mein Kleiderschrank quillt über. Ich habe beinahe die ganze Welt gesehen. Ich beneide Sie deshalb um Ihre entbehrungsreichen Jahre, weil Sie jetzt schätzen können, was Sie haben.*“

Der Mann war aufrichtig. Es war ihm Ernst. Übersetzt bedeuten seine Worte, dass er sein Geld nicht genießen kann, weil er nie etwas anderes kannte.

Man nehme die Kontraste aus dem Leben weg und das Dasein wird fad und öde.

Achten Sie darauf, die Kontraste zu behalten!

Bei diesen Hinweisen geht es darum, ein Lebensszenario zu entwickeln, bei dem Sie eine Sackgassensituation vermeiden, was Sie um Ihr verdientes Glück bringen würde.

Nehmen wir an, dass Sie bisher in ziemlich bescheidenen Verhältnissen gelebt haben. Sie haben sich nach den in diesem Buch beschriebenen Prinzipien gerichtet und damit ein Vermögen aufgebaut, das es Ihnen ermöglicht, den Rest Ihres Lebens luxuriös zu verbringen.

Falls Sie sich jetzt auf Ihren Lorbeeren ausruhen, würde das Leben bald sinnlos für Sie werden.

Es gäbe keine Kontraste mehr.

Falls Sie andererseits ein langfristiges abgestuftes Programm konzipieren, könnten Sie davon ausgehen, dass Sie auch in den kommenden Jahren ein befriedigendes Leben führen werden.

Ihr erster Schritt könnte darin bestehen, Ihre finanziellen Verhältnisse in Ordnung zu bringen, zum Beispiel, indem Sie Ihre Ausgaben in ein vernünftiges Verhältnis zu Ihren Einnahmen bringen, um auf diese Weise Ihre künftige finanzielle Freiheit zu sichern.

Als Nächstes könnten Sie sich Ihrer Wohnverhältnisse annehmen und ein geschmackvoll eingerichtetes Haus erstehen oder bauen, in dem Sie sich mit Ihrer Familie wohlfühlen, und Sie könnten sich die Fahrzeuge anschaffen, welche Ihren Fortbewegungsbedürfnissen gerecht werden.

Nachdem Sie diese Ziele erreicht haben, sehen Sie sich nach neuen Ufern um. Doch hören Sie nicht auf, sobald Sie den Punkt erreicht haben, an dem Sie sich als wohlhabend betrachten können! Es wäre ein Fehler, sich in die Untätigkeit zurückzuziehen! Ich habe dies einmal getan und mich für den Zeitraum von neun Monaten zurückgezogen und es waren die neun langweiligsten Monate meines ganzen Lebens. Ich stand morgens auf und hatte das Verlangen, etwas Produktives zu tun. Als ich endlich merkte, dass ich mich selbst an der Nase herumführte, legte ich mich wieder ins Zeug und war bald wieder aktiver – und auch glücklicher - als vor meinem vorübergehenden Ausstieg aus dem Arbeitsleben.

Nachdem Ihr finanzielles Polster dick genug ist, um Ihnen und Ihren Lieben alles zu ermöglichen, was für Geld zu haben ist – sowie zusätzlich ein Gefühl der Sicherheit – sind Sie bereit für einen der Höhepunkte Ihres Lebens: anderen Menschen zu helfen!

Kontrast und Ausgleich

Das soeben beschriebene Programm bietet Ihnen kontinuierliche Kontraste. Sie befinden sich dann immer in der beneidenswerten Lage, Ihre künftigen Wohltaten mit den aktuellen vergleichen zu können.
Selbstmitleid

Ich weiß nicht, wie hoch der prozentuale Anteil der Bevölkerung ist, welcher in Selbstmitleid zerfließt, aber ich bin sicher, dass es eine hohe Zahl ist. Ob es viele Menschen gibt, die völlig von Selbstmitleid frei sind, darf ebenfalls bezweifelt werden.

„Wieso bemitleidet sich jemand?“, habe ich mich schon oft gefragt. Es ist erstaunlich, wie häufig Selbstmitleid auf einen Mangel an Kontrasten zurückgeführt werden kann. Jemand lebt in irgendwelchen unliebsamen Verhältnissen, aber er unternimmt nichts, um dies zum Besseren zu wenden. Stattdessen bemitleidet er sich. Wenn dieser Mensch erkennen könnte, dass es in seiner Macht steht, seine Umstände zu verändern, wäre er für seine momentane Lage sogar dankbar, da ihm der Kontrast zwischen ihr und der angestrebten Situation, welche durch konstruktive Vorstellungsbilder herbeiführen kann, einen Mangel bewusst gemacht hat.

* * *

Mary Picket war einer dieser typischen Mir-geht-es-ja-so-schlecht-Menschen. *„Bei meinem Glück musste mir das ja passieren!“ „Das war ja zu erwarten!“, „Immer ich!“, „Ich bin nun mal ein Pechvogel!“* Solche negativen Äußerungen waren bei ihr gang und gäbe.

Mary hatte immer einen verbissenen Gesichtsausdruck, so als hätte sie Angst vor einem Lächeln, weil es ihre inneren Gefühle Lügen strafen würde.

„Warum bis du immer so missmutig?“, fragte sie jemand.

„Soll ich vielleicht Freudentänze aufführen? Bei allem, was mir ständig zustößt!“

„Was stört dich denn?“

„Zum einen habe ich keinen einigen Freund auf dieser Welt. Zum anderen habe ich eine Figur wie ein Walfisch. Wer will denn mit so jemandem befreundet sein?“

Was Marys fehlende Freundschaften anbelangt, stellte sich rasch heraus, dass sie ihrerseits niemals versucht hatte, jemandem eine Freundin zu sein. Sie wurde in die Geheimnisse eingeweiht, wie man Freunde gewinnt, und versprach, bei sich anzufangen und selbst eine gute Freundin zu sein.

Was ihre „Walfischfigur“ anging, hatte sie bei all der Selbstbemitleidung vergessen, sich um ihr körperliches Aussehen zu bemühen. Mary Pickett versprach, auf nährstoffreichere und besser dosierte Nahrung zu achten und mäßig, aber regelmäßig für körperliche Bewegung zu sorgen.

Was war die Folge?

Nun ist Mary ein glückliches Mädchen. Sie hat viele Freundinnen und Freunde. Ihre Figur ist sicherlich nicht das, was auf den Titelbildern der Hochglanzmagazine zu sehen ist, aber doch wesentlich besser als vorher.

Ist Mary immer noch vom Selbstbemitleidungsbazillus befallen? Der Kontrast zwischen ihrem jetzigen und dem früheren Selbst ist so groß, dass es ihr schwerfällt, sich als dieselbe Person wie vorher zu sehen. Ihre Trübsinnigkeit ist weggeblasen und wurde durch ein ansteckendes Lächeln ersetzt.

* * *

Seien Sie froh, dass Sie so sind, wie Sie sind! Statt sich zu bemitleiden, sollten Sie Ihre momentanen Umstände akzeptieren und als Ausgangsbasis zu verwenden, auf der Sie Ihre künftigen Umstände aufbauen.

Kontrast und Ausgleich

Als Nächstes nehmen Sie sich sämtliche negativen Elemente, welche Sie bisher gestört haben, vor und verwandeln eines nach dem anderen ins Positive. Was geschieht dabei? Sie entwickeln eine Reihe von Kontrasten, welche Ihnen neue Glücksmöglichkeiten erschließen.

* * *

In einer Rezessionsphase sprach Bill King, ein Vertreter aus der Druckereibranche, bei einem potenziellen Kunden vor, um einen Auftrag zu erhalten.

„*Wie läuft das Geschäft?*“, fragte der Besuchte.

„*Lausig*“, kam es in weinerlichem Ton zurück.

„*Hören Sie zu, mein Freund. Ich werde Klartext mit Ihnen reden, weil ich denke, dass Sie es vertragen*“, erklärte der Geschäftsleiter. „*Wie um alles in der Welt kommen Sie auf den Gedanken, dass Sie jemanden dazu bringen können, Ihnen Geld anzuvertrauen, wenn Sie mit einem Leichenbeschauergesicht herumlaufen und im Weltuntergangston reden?*“

„*Ich weiß ja, dass Sie Recht haben, aber wie soll ich denn erzählen, dass das Geschäft gut läuft, wenn wir beide wissen, dass eine Flaute herrscht?*“, meinte der Vertreter.

„*Sie legen sich sehr ins Zeug, um Aufträge zu kriegen, stimmt's?*“

„*Ja, klar!*“

„*Dann darf ich Ihnen einen Rat geben: Wenn jemand fragt, wie das Geschäft läuft, sagen Sie, dass Sie alle Hände zu tun haben. So gut lief es noch nie! Und es wird die reine Wahrheit sein!*“

Widerwillig versuchte der Vertreter diesen Ansatz und war überrascht: Vor dem Mittagessen besuchte er einen weiteren Betrieb. Als er nach dem Geschäft gefragt wurde, sagte er, dass er noch nie so viel zu tun gehabt habe.

„Darf ich Sie zum Mittagessen einladen?“, lautete die unerwartete Antwort. *„Es tut gut, eine Stunde mit jemandem zu verbringen, der nicht nur über sein Pech jammert.“*

Die Beiden verbrachte eine angenehme Stunde zusammen, und als sie wieder ins Büro zurückkehrten, erhielt der Vertreter eine ansehnliche Bestellung.

Die Lehre daraus: Der Grund für die Bestellung war der Kontrast zwischen der Vorgehensweise des Vertreters und der Jammerlitanei, welche von den übrigen Vertretern vorgetragen wurde. Die freundliche optimistische Haltung des Vertreters brachte den Druckereibesitzer in eine Kaufstimmung, statt in ihm das Gefühl auszulösen, dass er besser jeden Cent zurückhalten sollte.

„Alles hat zwei Seiten“, kann man oft hören und normalerweise stimmt das auch. Für fast jeden Zustand gibt es einen gegenteiligen Zustand. Falls Ihnen etwas nicht gefällt, sollten Sie Ausschau nach dem Kontrast halten. Suchen Sie nach dem Zustand, der für Sie ideal wäre, und wenden Sie die gelernten Prinzipien an. Dadurch erreichen Sie die gewünschte Verbesserung.

Dieses Kapitel enthält viele Denkanstöße. Denken Sie bitte über jeden Satz gründlich nach, vor allem dann, wenn Sie etwas lesen, womit Sie auf Anhieb nicht völlig einverstanden sind.

Lesen Sie bitte das vorhergehende Kapitel ab Seite 149 nochmals durch.

Erst dann nehmen Sie sich das nächste vor.

Kapitel 11

Rundum reicher werden – im Schlaf!

Zwar ist jedes Kapitel dieses Buches wichtig, aber dem vorliegenden kommt insofern eine zentrale Rolle zu, als es alle übrigen Kapitel gleichsam untermauert.

Ich darf Ihnen ans Herz legen, dieses Kapitel langsam und bewusst zu studieren. Sollten Sie jetzt nicht in der Lage sein, sich völlig zu entspannen und sich auf den Text konzentrieren zu können, sind Sie besser beraten, das Buch erst mal auf die Seite zu legen und es sich ein andermal vorzunehmen, wenn die Voraussetzungen günstiger sind und Sie den Inhalt voll und ganz aufnehmen können.

Ich möchte Ihnen auch empfehlen, zunächst nochmals ein paar Seiten aus Kapitel 1 durchzulesen, vor allem die Interpretation des Reichseins (Seite 10). Sie werden dann den Titel besser verstehen. Solange Sie nicht in allen Bereichen erfolgreicher werden, führen Sie kein ausgewogenes Leben.

In Kapitel 3 fanden Sie eine einfache und leicht verständliche Beschreibung des schöpferischen Bewusstseins. Das vorliegende Kapitel wird Ihnen nun zeigen, wie Sie sich der Fähigkeiten Ihres schöpferischen Bewusstseins bedienen, vor allem während Ihr Tagesbewusstsein schläft.

Ihr schöpferisches Bewusstsein schläft nie. Es ist ab dem Zeitpunkt Ihrer Geburt bis zum letzten Atemzug wach. Ohne Führung durch das Tagesbewusstsein sorgt es für die unwillentlichen Abläufe in Ihrem Körper. Aus der Nahrung, die Sie zu sich nehmen, zieht es die notwendigen Elemente für das Blut, die Knochen, das Gewebe und die Energie. Es sorgt für den Blutkreislauf. Über die Atmung liefert es frischen Sauerstoff an die Lungen.

Aber dies sind noch lange nicht alle Aufgaben des schöpferischen Bewusstseins. Ihr schöpferisches Bewusstsein übernimmt vom Tagesbewusstsein sämtliche Gedanken; es fasst sie als Anweisungen auf und wird daraufhin aktiv. Wie bereits erwähnt, kann das schöpferische Bewusstsein unabhängig vom Tagesbewusstsein überlegen. Somit ist das schöpferische Bewusstsein nicht nur für die unwillentlichen Abläufe im Körper zuständig, sondern leistet Gewaltiges, indem es die vom Tagesbewusstsein kommenden Anweisungen und Befehle ausführt. Um diese Anweisungen ausführen zu können, muss es notgedrungen überlegen, schlussfolgern und denken können.

Das Tagesbewusstsein ist nicht die Schatzkammer der Erinnerung. Die im Tagesbewusstsein abgelegten Informationen sind nur die aktuellen verwendeten. Aus dem schöpferischen Bewusstsein kommen fortwährend Informationen herein, so wie sie vom Tagesbewusstsein benötigt werden.

Ein einfaches Beispiel: Nehmen wir an, Sie beauftragen einen Schreiner mit Reparaturarbeiten an Ihrem Haus.

Der Fachmann würde sich vor Ort und Stelle ansehen, was zu tun ist, dann würde er die entsprechenden Hilfsmittel und Werkzeuge heranschaffen, welche er für die Erledigung dieser Arbeit braucht. Er würde nicht von vorneherein mit einem riesigen LKW vorbeifahren und alle erdenklichen Geräte abliefern, welche er in seiner Schreinerei hat.

Mit den beiden Bewusstseinsbereichen verhält es sich ebenso. Das Tagesbewusstsein bringt nur die Informationen herb ei, welches es für die aktuell anstehende Arbeit benötigt.

Manchmal gibt es eine „Straßensperre“ und die gewünschten Fakten gelangen nicht ins Tagesbewusstsein. Wir nennen diesen Zustand „Vergessen.“

Diese Fakten gelangen erst wieder in das Tagesbewusstsein, nachdem das schöpferische Bewusstsein vom Tagesbewusstsein den Auftrag erhalten hat, die betreffenden Fakten wieder zu lokalisieren, zum Beispiel durch eine Bemerkung wie: *„Ich hab's gleich!"* oder *„Es liegt mir auf der Zunge"*.

Verwenden Sie in einem solchen Fall niemals negative Beschreibungen wie *„Es ist mir entfallen"* oder *„Ich kann mich nicht mehr erinnern"*! Damit würden Sie Ihr schöpferisches Bewusstsein nur anweisen, nicht tätig zu werden.

Das schöpferische Bewusstsein kann zwar unabhängig vom Tagesbewusstsein überlegen, doch dabei gibt es einen Unterschied: Wenn das Tagesbewusstsein eine Entscheidung trifft, kann es sich entweder auf bereits im Tagesbewusstsein abgelegte Fakten stützen oder nach Fakten richten, die es durch Nachforschungen erarbeitet, jedoch immer außerhalb des schöpferischen Bewusstseins. Die Entscheidung beruht deshalb entweder auf bestehenden Fakten, neu festgestellten Fakten oder auf einer Kombination dieser beiden Varianten.

Die Überlegungsfähigkeit des Tagesbewusstseins ist auf Fakten und Informationen begrenzt, welche sich bereits im Tagesbewusstsein befinden. Das ist eine wichtige Erkenntnis, welche Sie sich merken sollten!

Aufgrund von Überlegungen im Tagesbewusstsein getroffene Entscheidungen werden in dem Maße gut oder mangelhaft sein, in dem die zugrunde liegenden Informationen stimmen oder falsch sind.

Falls Ihr Bewusstsein stark zur negativen Seite tendiert, werden Ihre Entscheidungen überwiegend negativ ausfallen. Falls Ihr Bewusstsein zur positiven Seite tendiert, werden Sie positive Entscheidungen treffen.

Zum Beispiel: Ihnen wird die Gelegenheit geboten, ein Geschäft zu übernehmen.

Sie wenden sich nun an Ihr schöpferisches Bewusstsein, damit dieses entscheidet, ob Sie dieses Angebot annehmen sollen. Bevor Sie sich des Nachts zur Ruhe begeben, denken Sie zum Beispiel: „*Heute Nacht wird mein schöpferisches Bewusstsein an meinem Problem arbeiten, während ich schlafe, und mir morgen früh eine Entscheidung liefern.*"

Falls Ihr Bewusstsein zur negativen Seite neigt, erhalten Sie wahrscheinlich eine Entscheidung folgender Art: „*Nein, ich glaube nicht, das ich mir das zutraue. Das ist eine Nummer zu groß für mich. In geschäftlichen Dingen habe ich noch nie Glück gehabt und wahrscheinlich werde ich nur Geld in den Sand setzen. Schuster bleib bei deinen Leisten! Der Spatz in der Hand ist besser als die Taube auf dem Dach!*"

Falls Ihr Bewusstsein andererseits zur positiven und konstruktiven Seite neigt, dürfte Ihre Entscheidung folgendermaßen ausfallen: „*Das ist genau die Chance, auf die ich gewartet habe! Ich werde mich reinhängen müssen, aber ich arbeite gern. Ich denke, dass ich das Kind schon schaukeln werde. Die Entscheidung lautet: JA!*"

Dieses Beispiel wird Ihnen veranschaulichen, wieso in einem früheren Kapitel (Seite 51) empfohlen wurde, dass Sie sich den Gedanken **„Ich kann erfolgreich sein**" so lange vorsagen sollten, bis er in Ihrem schöpferisches Bewusstsein eine undurchdringliche Schicht der Erfolgsgewissheit gebildet hat.

Wie Ihr schöpferisches Bewusstsein für Sie tätig wird

Wie würden Sie vorgehen, falls Sie einem Boten einen Auftrag erteilen? Sie würden ihm einfach sagen, was er zu erledigen hat. Falls er Briefe vom Postfach abholen soll, würden Sie es ihm sagen, und Sie würden davon ausgehen, dass der Bote genau dies in Ihrem Auftrag erledigt. Sie würden sich nicht den Kopf darüber zerbrechen, ob er dazu auch in der Lage ist, ob er in einen Stau gerät, ob er sich auf dem Postamt anstellen muss, ob er Lust dazu hat usw.

Instinktiv wüssten Sie, dass diese Anweisung ausgeführt werden würde.

Mit derselben sorglosen Erfolgsüberzeugung können Sie Ihrem schöpferischen Bewusstsein Anweisungen erteilen.

Nehmen wir an, dass Sie für irgendein Projekt einen größeren Geldbetrag benötigen. Sie können nun folgenden Gedanken aufrechthalten: *„Ich werde in Gedanken und Tat zur Lösung meines Problems geführt. Ich erhalte diese Summe mit Leichtigkeit.“*

Hierbei geschieht zweierlei:

1. Sie zweifeln nicht mehr daran, ob Sie diesen Betrag aufbringen oder nicht. Es stellt sich ein Gefühl der Gewissheit ein, dass Sie innerhalb kurzer Zeit das benötigte Geld zur Verfügung haben werden.

2. In Ihr Tagesbewusstsein fließen Gedanken, welche Ihnen nicht nur vermitteln, was Sie tun müssen, um diesen Betrag zu erhalten, sondern Sie dazu inspirieren, in dieser Richtung tätig zu werden.

An dieser Stelle möchte ich nochmals folgende Wahrheit wiederholen: Am besten arbeitet Ihr schöpferisches Bewusstsein, solange sich Ihr Tagesbewusstsein heraushält. Dies ist dann der Fall, wenn Ihr Tagesbewusstsein schläft oder mit etwas Angenehmen beschäftigt ist.

Der Vorsitzende eines Gremiums in einem der größten Konzerne dieses Landes sagte einmal: *„Ich kann die Arbeit eines Jahres unmöglich in zwölf Monaten erledigen, aber in zehn Monaten ist es zu schaffen!“*

Dieser Mann wusste Bescheid über das schöpferische Bewusstsein. Er hatte erkannt, dass er am leistungsfähigsten war, während sein Tagesbewusstsein ausgeschaltet oder mit etwas Angenehmen beschäftigt war. Er unternahm häufige Ausflüge auf seiner Jacht.

Bevor er in See stach, wies er sein schöpferisches Bewusstsein an, damit es ihm unterwegs die gesuchten Lösungen ausarbeite. Er nahm sich ein Problem nach dem anderen vor und suggerierte sich, dass sein schöpferisches Bewusstsein die idealen Lösungen finden würde, während er sich auf seiner Jacht entspannte.

Es konnte nicht ausbleiben, dass er bei der Rückkehr an seinen Schreibtisch die Ideen, die in sein Tagesbewusstsein flossen, nur noch umzusetzen hatte.

* * *

Als die luxuriöse Jacht von J. P. Morgan gebaut war und ihren Jungfernausflug unternahm, wurde ich an Bord geladen. Ich hatte das Glück, dass mir Mr. Morgan das Boot persönlich zeigte. In seiner Privatkabine bemerkte ich einen besonders konstruierten Kartentisch. Die Tischplatte war so mit Gegengewichten versehen, dass sie unabhängig vom Seegang immer waagrecht blieb.

Wenn J. P Morgan vor einer Entscheidung stand und er sich über die richtige Vorgehensweise nicht im Klaren war, schob er das Problem völlig aus seinem Denken und setzte sich eine Stunde lang an diesen Tisch, um Solitär zu spielen. Nach dem Spiel, so erklärte er mir, sei die richtige Entscheidung immer glasklar für ihn gewesen. Ich kann nicht sagen, ob Mr. Morgan bewusst war, dass er sich der Fähigkeiten seines schöpferischen Bewusstseins bediente, aber das schöpferische Bewusstsein macht sich unabhängig davon an das Werk, ob uns seine Wirkungsweise bewusst ist oder nicht. Während dieser einflussreiche Unternehmer und Bankier Solitär spielte, nahm sich sein schöpferisches Bewusstsein des Problems an und arbeitete eine logische Lösung aus.

***

Robert Updegraff schreibt in einem seiner Bücher: „*Was die Menschen davon abhält, ihre Ziele rascher zu erreichen, ist nicht ein Mangel an Intelligenz, Fachlichkeit oder Geschäftssinn, sondern vieler der Umstand, dass sie sich nur des halben Bewusstseins bedienen. Das Ergebnis ist, dass sie ihr Tagesbewusstsein zu sehr strapazieren und zu viele Stunden am Tag sowie übers Jahr beanspruchen. Wir bilden uns sein, dass wir tugendhaft seien, weil wir doch so viel und fleißig arbeiten und abends erschöpft sind, wo wir uns doch schämen sollten, weil wir trotz dieser Schwerarbeit so wenig erreichen."*

Mit dem „halben Bewusstsein" meinte Mr. Upedgraff, dass wir unsere Arbeit ausschließlich mit dem Tagesbewusstsein verrichten wollen, ohne uns des riesigen Kraftzentrums im schöpferischen Bewusstsein zu bedienen.

* * *

Von jetzt an sollten Sie sich angewöhnen, das schöpferische Bewusstsein aktiv mit einzubeziehen. Dieser Diener ist rund um die Uhr im Einsatz. Je mehr Sie mit dieser großen Kraft, dieser Ihnen zur Verfügung stehenden unendlichen Quelle der Intelligenz, zusammenarbeiten, umso mehr werden Sie auf der bewussten Ebene merken, dass Sie mehr Freizeit und mehr Zeit für Ihre Erholung übrig haben. Sicherlich ist Ihnen schon einmal aufgefallen, dass die Leistungsfähigsten am wenigsten zu arbeiten scheinen!

Der Präsident der Vereinigten Staaten gönnt sich jedes Jahr mehrmals einen Urlaub und jeder weiß, welche Arbeitslast auf seinen Schultern ruht.

Leiter großer Organisationen nehmen in der Regel mindestens zwei Mal jährlich Urlaub und wir alle wissen, welche Verantwortung sie zu tragen haben.

Lassen Sie mich bitte den Kerngedanken dieses Kapitals herausstellen: Das schöpferische Bewusstsein arbeitet dann optimal, wenn das Tagesbewusstsein ruht oder mit etwas Erfreulichem beschäftigt ist.

Die glückliche Nachricht lautet, dass Sie einen größeren Teil Ihrer Zeit für Ablenkung und angenehme Dinge vorsehen sollten, falls Sie erfolgreicher werden wollen! Es geht nicht darum, schwerer und länger zu arbeiten!

Das ist möglich, indem Sie sich der Kräfte Ihres schöpferischen Bewusstseins bedienen, damit dieses Ihre konstruktive Denkarbeit und Ihre planerischen Aufgaben erledigt, woraufhin Ihr Tagesbewusstsein die Vorarbeit Ihres schöpferischen Bewusstseins in die Tat umsetzt.

„Aber bin ich dann nicht ständig geistig erschöpft, wenn ich mein schöpferisches Bewusstsein vierundzwanzig Stunden am Tag arbeiten lasse?“, wenden Sie nun vielleicht ein.

Keinesfalls!

Ihr schöpferisches Bewusstsein ist auch jetzt schon rund um die Uhr tätig. Wenn es nicht durch konstruktives Denken in positive und aufbauende Kanäle gelenkt wird, wird es eben gegen Sie arbeiten, weil es dann Ihren negativen Gedanken Folge leistet.

An dieser Stelle möchte ich auf zwei wichtige Punkte hinweisen:

1. Sofern Sie es Ihrem schöpferischen Bewusstsein gestatten, wird es Sie bei Ihrer Arbeit führen, wodurch Ihre Arbeit besser, leichter und angenehmer wird.

2. Sie können Ihr schöpferisches Bewusstsein vorsätzlich dazu anleiten, Ihnen bei der Lösungsfindung behilflich zu sein, die richtigen Entscheidungen zu finden oder Mittel und Wege für große Leistungen zu erschaffen.

Bevor Sie weiterlesen, sollten Sie das Buch jetzt ein paar Augenblicke beiseitelegen und über die bisherigen Aussagen nachdenken.

Kapitel 11

!!!

Sollten Sie im Laufe der Lektüre etwas angespannt worden sein, entspannen Sie sich zunächst. Auf den folgenden Seiten erfahren Sie im Einzelnen, wie Sie nach diesen Prinzipien leben, die Voraussetzung ist jedoch, dass Sie mit der richtigen Einstellung an diese Grundsätze herangehen.

* * *

Sie haben bereits gelesen, dass Sie bei der Arbeit – egal welcher Arbeit – erst dann wirklich leistungsfähig werden, nachdem das schöpferische Bewusstsein die Regie übernommen hat. Nun erfahren Sie, wie Sie Ihrem schöpferischen Bewusstsein dabei helfen können.

1. Machen Sie sich klar, dass Ihr schöpferisches Bewusstsein rund um die Uhr tätig ist. Es kann für oder gegen Sie arbeiten.

2. Machen Sie sich bewusst, dass Ihr schöpferisches Bewusstsein dann zu Ihrem Vorteil arbeitet, wenn Sie ausschließlich positive und aufbauende Gedanken zulassen.

3. Seien Sie bei Ihren Anweisungen an das schöpferische Bewusstsein spezifisch. Falls Sie eine bessere Gesundheit wollen, leitet Ihr schöpferisches Bewusstsein die Drüsen und Organe Ihres Körpers dazu an, Ihnen eine bessere Gesundheit zu verschaffen, und es werden Ihnen Gedanken kommen, die einer besseren Gesundheit zuträglich sind.

Falls Sie eine berufliche Verbesserung anstreben, wird Ihr schöpferisches Bewusstsein dafür sorgen, dass Sie die notwendigen Schritte unternehmen, um diese Verbesserung oder Beförderung zu erreichen.

Falls zwischen Ihnen und Ihrem Glück Probleme stehen, wird Ihr schöpferisches Bewusstsein eine praktische Lösung aufzeigen.

Ihr schöpferisches Bewusstsein steht in Bereitschaft; es ist willens und in der Lage, Ihnen in jeder Lebenslage zu helfen.

4. Machen Sie Ihr Bewusstsein sorgenfrei.

   Sie wissen bereits, dass Ihr schöpferisches Bewusstsein der Sitz der Intelligenz ist. Falls Sie bisher aufmerksam mitgelesen haben, wissen Sie, dass das maximale Intelligenzvolumen, das Sie – im Tagesbewusstsein – besitzen, nichts ist im Vergleich zum Volumen im schöpferischen Bewusstsein.

   Sorgen halten Sie davon ab, die Dinge zu erledigen, Sie Ihre Sorgen beseitigen würden! Sich Sorgen zu machen, bedeutet, an der Intelligenz und den Fähigkeiten Ihres schöpferischen Bewusstseins zu zweifeln.

   „Wie soll ich mich denn nicht sorgen, bei all den Problemen, die mich plagen?“, fragen Sie sich nun vielleicht. Die Antwort ist sehr leicht. Mit Sorgen werden Sie Ihre Probleme nicht in den Griff bekommen; sie werden eher schlimmer. Statt sich Sorgen zu machen, sollten Sie ebenso viel Zeit, wie Sie bisher sorgenvoll gegrübelt haben, dafür aufwenden, Mittel und Wege auszuarbeiten, um Ihre Sorgen abzustellen.

5. Seien Sie zuversichtlich!

   Achten Sie darauf, dass Sie es nicht bei bloßem Wünschen und Hoffen bewenden lassen.

Auf bloße Wünsche spricht das schöpferische Bewusstsein nicht an. Sobald Sie die bisherigen Ausführungen verinnerlicht haben, werden Sie ein Gefühl der Souveränität verspüren; es wird Ihnen klar sein, dass das Tagesbewusstsein der Meister und dass das schöpferische Bewusstsein der Diener ist.

***

Eine besorgte Dame suchte mich um Rat auf. Sie kam mit ihrem Ehemann nicht zurecht. Sie erhielt praktisch kein Geld für Kleidung und hatte auch keine Möglichkeit, selbst Geld zu verdienen, da noch kleine Kinder da waren. Ihrer Meinung nach waren meine Empfehlungen für andere Leute gedacht; sie selbst könne sie unmöglich umsetzen. Sie empfand ihren Fall als hoffnungslos. Für das Studium der Persönlichkeitsentfaltung hatte sie keine Zeit.

Ich erzählte ihr, dass die Antworten auf ihre Probleme in ihrem schöpferischen Bewusstsein zu suchen seien. Falls sie daran glauben könne, würde auch sie ihr Glück finden. Wir saßen etwa eine Stunde zusammen, aber meine Ausführungen schienen auf wenig fruchtbaren Boden gefallen zu sein. Ihre Meinung stand bereits fest.

Doch dann suchte sich mich ein halbes Jahr später nochmals auf. Sie hatte sich so verändert, dass ich sie nicht einmal wiedererkannte. Sie selbst konnte sich kaum mehr an die sorgenvolle Person erinnern, die sie bei ihrem ersten Besuch gewesen war.

Diese Frau akzeptierte den Gedanken, dass ihr schöpferisches Bewusstsein die Antworten auf ihre Probleme hatte. Sie bewies es, indem sie ihrem schöpferischen Bewusstsein die Gelegenheit gab, ihre Schwierigkeiten zu lösen. Sie ließ sich von ihrem schöpferischen Bewusstsein leiten, um Dinge zu tun, welche ihr wieder eine eheliche Harmonie bringen würden.

Sie stellte sich innerlich vor, wie sie elegante Kleider trüge und lebte in dem Bewusstsein, dass das der Fall sein würde. Sie wusste, dass die Probleme mit der Kindeserziehung bald der Vergangenheit angehören würden.

Diese Frau erzählte mir begeistert, dass ihr Eheleben jetzt ideal sei. Ihr Kleiderschrank war voll und ihre Kinder waren keine Last mehr, sondern eine Freude. Doch das war noch nicht alles. Sie fühlte sich jetzt auch jünger und sah besser aus.

Wenn ich diesen Fall an einer früheren Stelle in diesem Buch erzählt hatte, hätten Sie ihn vielleicht als Ammenmärchen abgetan. Doch mit Ihren neu gewonnenen Einsichten werden Sie ohne Weiteres nachvollziehen können, dass diese Entwicklung normal und zu erwarten war. Das ist es immer, wenn das schöpferische Bewusstsein einbezogen wird.

Ihre Zauberformel

Sie können Ihr nunmehr in diesem Kapitel erworbenes Wissen auf den Titel dieses Buches kondensieren: Wenden Sie die Dinge im Schlaf zum Guten!

Um Ihr schöpferisches Bewusstsein richtig anzusprechen, sollten Sie folgende Punkte beachten:

1. Bevor Sie sich schlafen legen, entspannen Sie sich gründlich geistig und körperlich.

2. Denken Sie an Ihr Problem. Denken Sie es durch, doch ohne Angst. Wenn Sie einer anderen Person eine Aufgabe zu erteilen hätten, müssten Sie ihr erklären, was es zu tun gibt. Das gilt auch für Ihr schöpferisches Bewusstsein. Sie erteilen ihm einen Sonderauftrag. Deshalb brauchen Sie eine klare Vorstellung davon, was Sie von Ihrem schöpferischen Bewusstsein erwarten. Sie übergeben Ihr Problem einer Intelligenz, die um ein Vielfaches größer ist als die Intelligenz Ihres Tagesbewusstseins.

3. Gehen Sie vom Gelingen aus! Falls Sie den Glauben an Ihr schöpferisches Bewusstsein entwickelt haben, wird Ihnen das leichtfallen. Sie werden wissen, dass diese Instanz fähig, willens und bereit ist, Ihnen zu helfen.

4. Nachdem Sie so weit gekommen sind, entfernen Sie sämtliche Gedanken an Ihr Problem aus Ihrem Tagesbewusstsein und gehen zuversichtlich davon aus, dass die Lösung zur richtigen Zeit kommen wird.

   Nehmen wir an, dass Sie morgen früh um zehn Uhr eine wichtige Verabredung haben. Es steht eine große Entscheidung an.

   Sie wenden sich vor dem Einschlafen an Ihr schöpferisches Bewusstsein, damit es Ihnen bei der richtigen Entscheidung helfe.

   Nachdem Sie zunächst die obigen Schritte absolviert haben, übergeben Sie die ganze Sache dem schöpferischen Bewusstsein – wissend, dass Sie morgen um zehn Uhr die Antwort haben werden.

   Sie werden erstaunt sein. Sie werden morgen aufwachen und es werden Ihnen Gedanken kommen, die Ihnen nahelegen, was Sie tun sollten.

Dann handeln Sie dementsprechend.

Vielleicht drängt sich Ihnen auch der Gedanke auf, dass Sie etwas Bestimmtes nicht tun sollten. Die einzelnen Ideen werden so schlüssig und stimmig sein, dass kein Zweifel an ihrer Richtigkeit bestehen kann.

Was Sie in diesem Kapitel gelernt haben, ist für Ihren Lebenserfolg von allergrößtem Wert. Verinnerlichen Sie dieses Wissen bitte, indem Sie dieses Kapitel nochmals lesen, bevor Sie sich dem nächsten widmen! Bitte!
Es ist zu Ihrem Besten!

Wiederholung ist das erste Lerngesetz

Lesen Sie bitte das vorhergehende Kapitel ab Seite 157 nochmals durch.

Erst dann nehmen Sie sich das nächste vor.

Kapitel 12

Die Vorherrschaft des Geistes über die Materie

„Dieses Gerede vom Geist über die Materie ist doch alles Unfug", erklärte ein Mann, nachdem er einen Vortrag über die Wirksamkeit der geistigen Macht gehört hatte. *„Wer so etwas glaubt, kann doch nicht ganz bei Trost sein"*, fügte er hinzu.

Dieser Mann ist kein Einzelfall, auch wenn sich die Wahrheit immer mehr Menschen erschließt. Doch noch Anfang des zwanzigsten Jahrhunderts hätten sich die meisten Menschen sicherlich gegen eine solche Auffassung verwehrt.

Tatsache ist, dass ohne eine einzige Ausnahme alles von Menschen Hergestellte oder Gestaltete vorher als Gedanke begann. Deshalb sind alle anderslautenden Auffassungen schlichtweg falsch.

Vielleicht sind manche Leute, die sich gegen die Prinzipien der Vorherrschaft des Geistes über die Materie wehren, auch gar nicht grundsätzlich gegen diese Prinzipien, sondern es fällt ihnen einfach nur schwer zu glauben, dass sich ihre eigene Denkweise – sei diese nun positiv oder negativ – auf ihr Erleben auswirken könne.

Um einen möglichst großen Nutzen aus diesem Buch zu ziehen, geht kein Weg daran vorbei, dass Sie die Vorherrschaft des Geistes über die Materie akzeptieren.

Das dürfte auch gar nicht allzu schwierig sein, denn immerhin fängt alles mit einem Gedanken an.

Bedenken Sie dabei bitte, dass es hier nicht um Sekten, Dogmen, „Ismen", schwarzer Magie oder Ähnliches geht. Ich beziehe mich lediglich auf die normale Funktionsweise des Bewusstseins.

Ich möchte auch nicht den Eindruck erwecken, als wüsste ich bereits alles über dieses Thema. Auch heute noch kann ich keine korrekte Definition vom Bewusstsein abgeben.

Dr. J. B. Rhine von der Duke University im US-Bundesstaat North Carolina – ein Mann, der wahrscheinlich mehr über die Funktionsweise des menschlichen Bewusstseins weiß als jeder andere derzeit Lebende – schreibt im Vorwort eines seiner Bücher: „*Die Wissenschaft kann nicht erklären, was das menschliche Bewusstsein wirklich ist und wie es mit dem Gehirn zusammenarbeitet. Niemand behauptet zu wissen, wie Bewusstsein geschaffen wird. Welche Art von Naturerscheinung ist ein Gedanke? Es gibt nicht einmal eine Theorie darüber!*“

Elektroingenieure wissen über die Anwendung des elektrischen Stroms Bescheid, doch keiner kann erklären, was Elektrizität eigentlich ist. Mehr als Vermutungen wird keiner von sich geben können.

In den vielen Jahren, die ich mich dem Studium des Bewusstseins gewidmet habe, habe ich viel über die Anwendung gelernt, dennoch muss ich Dr. Rhine beipflichten.

Oft wird der Ausdruck „Geist über Materie“ im Zusammenhang mit der geistigen Beeinflussung zum Zwecke des Bewegens oder Verrückens von Gegenständen verwendet, wofür der Fachausdruck „Psychokinese“ lautet. Experimente an der Duke University und andernorts haben in der Tat erbracht, dass die Geisteskraft verwendet werden kann, um Gegenstände zu bewegen.

In diesem Buch werden wir den Einfluss des Geistes über die Materie in dem Sinn betrachten, dass ein Mensch über seine geistige Anweisung auf die Materie einwirkt. Sie haben eine Vorstellung von etwas, das Sie herstellen wollen. Sie besorgen sich die nötigen Materialien und machen sich daran, die geistige Vorstellung auf der physischen Ebene zu produzieren.

Mit der Zeit erhalten Sie eine Nachbildung des vorgestellten Gegenstandes und Ihr Ergebnis ist der Ausdruck von Geist über Materie.

Bedenken Sie dabei: Die Größe Ihres Vorhabens verhält sich im direkten Verhältnis zum Ausmaß Ihres inneren Vorstellungsbildes. Ein Beispiel: Sie denken an einen Brief, den Sie schreiben wollen. Es besteht nicht der geringste Zweifel, dass Sie dieses Vorhaben erfolgreich durchführen können. Sie besorgen sich Papier, einen Kugelschreiber und eine Briefmarke und setzen Ihr geistiges Vorstellungsbild um.

Doch nehmen wir nun an, dass Sie einen Wolkenkratzer errichten wollen. Wie sehr würde Ihnen dies gelingen? Ein solches Unterfangen ist so groß, dass es Ihnen schwerfallen dürfte, Ihr Bewusstsein so weit zu kontrollieren, dass Sie sich vorstellen können, diese Arbeit erfolgreich zu Ende zu beginnen - oder auch nur zu beginnen!

Das mag den einen oder anderen zu dem Einwand bringen: *„Wer einen Wolkenkratzer bauen will, braucht viel Geld. So etwas können sich nur die Reichen erlauben.“* Doch das stimmt nicht immer. Ich darf Ihnen einen Fall schildern, der mir persönlich bekannt ist. Ein mittelloser Mann hatte die Idee, dass er ein großes Wohngebäude besitzen und betreiben wollte. Statt über seinen Geldmangel zu klagen, überlegte er sich Mittel und Wege, wie er ein solches Projekt ohne Geld bewerkstelligen könne.

Im Westchester County – einem Vorort im Südosten von New York City - fand er ein passendes Grundstück für sein Wohngebäude. Der Preis war sehr hoch.

Der unternehmenslustige junge Mann suchte den Besitzer des Grundstücks auf und legte ihm ein Angebot vor. Er erklärte ihm, dass er mit dem Grundstück bei Banken und Versicherungsgesellschaften Geld aufnehmen könne, um den Bau eines Wohngebäudes zu finanzieren.

Er erklärte weiterhin, dass er für seine Arbeit eine Beteiligung an dem Gebäude haben möchte und auch, dass er das Gebäude betreiben will.

Die Ernsthaftigkeit beeindruckte den Grundstücksbesitzer und er nahm den Vorschlag an. Ein Architekt entwarf ein sauberes zwölfstöckiges Gebäude. Die Finanzierung wurde arrangiert und eines schönen Tages besaß der Mann, der mit nichts außer einer Idee an diesem Projekt herangegangen war, eine Beteiligung an diesem Wohnhaus und führte es.

Gute Ideen sind besser als Geld, weil man mit guten Ideen Geld erhalten kann!

Man könnte nun meinen, dass besagter Mann den Höhepunkt seiner Ambition erreicht habe und sich damit zufriedengeben sollte. Aber er konnte nicht anders, als neue Ufer anzupeilen. Sein nächstes Vorhaben war ein weiteres Wohngebäude, doch diesmal besaß er das Geld, um es selbst zu finanzieren. Als ich zum letzten Mal etwas über ihn hörte, plante er ein Motel, das mehrere Millionen kosten würde.

Welches Ausmaß haben Ihre geistigen Vorstellungsbilder?

Sie haben gelernt, dass der Mensch geistige Vorstellung ist. Anders ausgedrückt: Das Selbst, welches anderen sympathisch oder unsympathisch ist, ist nicht das, was diese Menschen sehen, sondern das, was Sie geistig ausstrahlen.

Die Größe eines Menschen wird deshalb nicht, je nach Land, in Fuß und Zoll oder Metern und Zentimetern gemessen, sondern bemisst sich nach seiner Leistung. Ein körperlich kleiner Mensch kann ein großer Mensch sein, wenn man die geistige Messlatte anlegt. Um nochmals mit Napoleon Hill zu sprechen: *„Was sich das Bewusstsein vorstellen kann und woran es glauben kann, kann das Bewusstsein auch erreichen!“*

Es ist wohl nicht besonders klug, in einem Satz von einer Durchschnittsexistenz auf die Stufe eines Großverdieners hinaufhechten zu wollen. Allerdings ist es möglich; es wurde vorgemacht und es wird wieder gemacht werden.

Doch für die Meisten ist der Abstand von der Mittelmäßigkeit zu Berühmtheit oder Reichtum so groß, dass sie es sich nicht vorstellen und somit auch nicht glauben können.

Wenn ich einen Geschäftsbetrieb gründen wollte, würde ich nicht mit der Absicht an das Vorhaben herangehen, ihn in einem Zug national oder international auf die Beine zu stellen. Ich würde wahrscheinlich eine Region erschließen, und solide expandieren, bis ein Land abgedeckt wäre. So machte es auch mehr Spaß.

Falls das Ziel „in einem Aufwasch" erreicht werden kann, ist die Erfolgsfreude sicherlich groß, aber es besteht auch die Gefahr, dass es für selbstverständlich gehalten wird, wodurch es viel von seinem Reiz einbüßt. Erreicht man anderseits Schritt um Schritt ein weiteres kleines Ziel, so bleibt die Begeisterung am Leben und auch die Vorfreude auf den nächsten Zwischenschritt bleibt bestehen.

Falls Sie einen tollen Plattenspieler ihr Eigen nennen, bleibt Ihr Interesse an diesem Gerät so lange bestehen, wie Sie Ihre Plattensammlung nach und nach erweitern können. Sobald keine neuen Schallplatten mehr hinzukommen, fängt Ihr Interesse an, nachzulassen und mit der Zeit werden Sie das Gerät überhaupt nicht mehr in Betrieb nehmen.

Sobald Sie eine neue Idee haben, sollten Sie nicht ungeduldig werden und sie bis zur Verwirklichung „durchdrücken" wollen. Die einzige Ungeduld sollte sich auf das Anfangen beziehen. Sobald der Anfang gemacht ist, können Sie die Fortentwicklung genießen und jeden Zwischenschritt freudig überwachen.

Dadurch wird keine Aufgabe langweilig. Ihr Bewusstsein ist nicht auf die Schlussphase, sondern auf die Vervollkommnung jedes einzelnen Zwischenschritts ausgerichtet.

Haben Sie den Eindruck, dass ich inkonsequent sei? Immerhin habe ich Ihnen in diesem Buch mehrfach gesagt, wie leicht es sei, erfolgreich zu sein, und nun komme ich daher und erkläre Ihnen, dass Sie nicht zu hastig vorgehen sollten.

„*Vorfreude ist die schönste Freude*", lautet ein bekanntes und doch kaum verstandenes Sprichwort. Wer weiß, dass er oder sie sich auf dem richtigen Weg befindet, ist beschwingt. Nachdem das Ziel erreicht ist, ist die Freude groß, aber es wird bald für selbstverständlich gehalten werden und der Grund für die Freude bröckelt weg.

In meinem Fall kann ich sagen, dass ich bis zu meinem fünfzigsten Lebensjahr keine nennenswerten Fortschritte gemacht hatte. Meine größten Erfolge hatte ich, als ich bereits über sechzig Jahre alt war. Darüber bin ich froh. Wenn ich diese Erfolge bereits in früheren Jahren gehabt hätte, zum Beispiel als ich etwa vierzig Jahre alt war, hätte ich es für selbstverständlich gehalten, als das zu haben, was mir jetzt vergönnt ist. Doch wenn ich jetzt sehe, wie ein weiteres Ziel seiner Verwirklichung entgegenwächst, ist es spannend für mich.

Geist über Materie

Verwechseln Sie bitte nicht das Bewusstsein mit dem Gehirn. Ihr Gehirn ist nicht Ihr Bewusstsein! Meine Auffassung vom Gehirn ist, dass es als Empfangsstation für Gedanken und Ideen vom Bewusstsein fungiert. Ein Bewusstsein wird nicht krank. Ein Bewusstsein wird auch nicht mangelhaft. Außer wenn Ihr Gehirn in irgendeiner Weise geschädigt oder beeinträchtigt sein sollte, kann Ihr Bewusstsein ebenso gute Ideen ausdenken, wie das Bewusstsein eines Genies.

Sollte Ihnen Ihr Bewusstsein keine guten und aufbauenden Ideen liefern, dann deshalb, weil Sie schlechte mentale Angewohnheiten haben. Sie haben Ihr Bewusstsein behindert, indem Sie sich Gedanken an Unzulänglichkeit, Mangel, Krisen, Krankheiten und Schwierigkeiten hingegeben haben.

Sie werden so lange eine Durchschnittsexistenz führen, bis Sie sowohl Ihr Tages- als auch Ihr schöpferisches Bewusstsein umerziehen und bis Ihr schöpferisches Bewusstsein mit positiven und konstruktiven Gedanken angefüllt ist.

Der Prozess der geistigen Umerziehung ist einfach, erfordert jedoch Gewissenhaftigkeit. Nehmen Sie sich vor, alle negativen Gedanken, die sich Zugang zu Ihrem Bewusstsein verschaffen wollen, systematisch auszurotten. Falls Sie eine Aufgabe vor sich haben und der Meinung sind, dass diese Aufgabe zu groß für Sie sei oder Sie dazu nicht in der Lage seien, denken Sie sofort in die positive Richtung um. Diese Aufgabe ist Ihnen auf den Leib geschnitten; Sie erledigen sie vorzüglich! Sie werden feststellen, dass Ihr schöpferisches Bewusstsein Ihr Tagesbewusstsein anleitet, und dass Sie die Aufgabe mit einer Erfolgshaltung angehen und Sie ihr durchaus gewachsen sind!

Bedenken Sie jedoch, dass ein einzelner Sieg ähnlich der soeben angesprochenen Begebenheit noch kein Beleg dafür ist, dass Sie Ihr negatives Denken überwunden hätten. Sie haben lediglich über eine bewusste Anstrengung eine Aufgabe erledigt, die Ihnen anfänglich zu schwierig erschien. Sie müssen weiterhin an sich arbeiten. Jedes Mal, wenn Sie sich an etwas Neues heranwagen und sich überfordert fühlen, gehen Sie so wie oben beschrieben vor. Pflanzen Sie sich den Gedanken ein, dass Sie es können, dass es leicht ist und dass Sie Spaß und Freude damit haben werden!

Mit jedem Mal, wenn Sie einen negativen Gedanken eliminieren, wird es leichter.

Über kurz oder lang bildet sich eine neue Gewohnheit heraus und es wird für Sie ganz normal und natürlich werden, sich immer mehr zuzutrauen.

Manchmal hilft auch ein Quäntchen Rationalisierung. Ein Mann erzählte mir, wie er vorging, um die negativen Hürden zu überwinden. Er stand vor einer Situation, in der er eine Entscheidung zu treffen hatte: entweder seinen Lebensstandard zurückzufahren und in eine billigere Wohnung zu ziehen oder seine Einnahmen zu verbessern, damit er seinen jetzigen Standard halten könne.

Seine Zwangslage beschäftigte ihn so sehr, dass er bereits Einschlafschwierigkeiten hatte. Oft stand er deshalb nachts auf und spielte Solitär, bis er schläfrig war.

Dabei gingen ihm bei einer Gelegenheit Gedanken an seine Frau durch den Kopf: „*Sie vertraut mir voll und ganz*", dachte er. „*Sie zweifelt nicht im Geringsten an meiner Fähigkeit, das Schiff wieder ins Trockene zu bringen.*"

Als er so an sie und an ihr unerschütterliches Vertrauen dachte, fasste er den Entschluss, sie nicht zu enttäuschen. Andere hatten noch viel größere Probleme gemeistert. Seiner Frau zuliebe wollte er nun alles geben.

Sobald sein Bewusstsein wieder auf das Machbare und Mögliche gelenkt war, strömten ihm auch neue Ideen zu. Der Weg wurde wieder frei und er konnte nicht nur seine Einkommenssituation so weit verbessern, dass er seinen Lebensstandard halten konnte, sondern er erreichte einen besseren Zustand als je zuvor. Dieser Mann ist der Beweis für die Vorherrschaft des Geistes über die Materie.

Worauf ich hinauswill, ist Folgendes: Falls wir von einem Problem bedrängt haben, besitzen wir in unserem Bewusstsein die Möglichkeiten zu seiner Lösung. Falls wir unseren Zustand verbessern wollen, besitzen wir alles, um die Dinge zum Besseren zu wenden.

Kapitel 12

Wir sollten für unsere Probleme dankbar sein, weil sie uns zum Wachsen zwingen. Falls Sie ein Problem erfolgreich gelöst haben, haben Sie auch gelernt, wie Sie beim nächsten Mal vorzugehen haben, sollte sich dieses oder ein ähnliches Problem erneut stellen. Allerdings ist es eher unwahrscheinlich, dass es nochmals auftritt, sofern Sie es bereits gelöst haben.

Wie stellen Sie sich ein Leben ohne Probleme vor? „*Fantastisch!*" Denken Sie bitte nochmals darüber nach. Das Leben wäre so langweilig, dass Sie sein Ende herbeisehnen würden.

Nicht die Probleme stören uns, sondern unser mangelnder Glaube an ihre Lösbarkeit!

Weiter vorne haben Sie bereits einige Affirmationen erfahren, um sich von negativen Gedanken zu befreien. Wenn Sie diese gefühlvoll und zuversichtlich anwenden, werden Sie die Resultate begeistern!

Da Sie nun ein besseres Verständnis von der Vorherrschaft des Geistes über die Materie besitzen, darf ich Ihnen eine weitere Affirmation geben, welche Ihnen helfen wird, Ihre geistige Kraft zu verbessern:

„Ich bin mit mir und der Welt im Reinen.

Da ich mit meiner wahren Quelle der Intelligenz und meiner wirklichen Kraftzentrale in Verbindung stehe, offenbaren sich mir ideale Lösungen.

Ich werde angeleitet, zur richtigen Zeit das Richtige zu tun!"

Es wäre eine gute Idee, diese drei Sätze auf ein Kärtchen zu schreiben und bei sich zu tragen. Werfen Sie ab und zu einen Blick darauf, wenn Sie gerade „Leerlauf" haben und lesen Sie es vor allem abends vor dem Einschlafen. Sie werden sich jedem Problem gewachsen fühlen.

Wiederholung ist das erste Lerngesetz

Lesen Sie bitte das vorhergehende Kapitel ab Seite 171 nochmals durch.

Erst dann nehmen Sie sich das nächste vor.

Kapitel 13

Geistesübungen im Vergleich zu Körperübungen

Nicht benutzten Muskeln verkümmern. Ein längere Zeit in der Schlinge getragener gebrochener Arm wird dünner und verliert einen Gutteil seiner Kraft. Nach der Abnahme der Schlinge dauert es mehrere Tage, bis er seine frühere Spannkraft wiedererlangt hat.

Ein nicht auf Trab gehaltenes Bewusstsein büßt an Wachsamkeit ein und verliert an Scharfsinn. Somit ist es nur naheliegend, dass Sie Ihr Bewusstsein ebenso wie Ihren Körper trainieren müssen.

Was die relative Wichtigkeit angeht, würde ich sagen, dass die Geistesübungen den Vorrang haben sollten. Körperübungen sollten darüber hinaus mit dem Bewusstsein koordiniert werden.

Aus Übungen, die Ihnen Spaß machen, ziehen Sie einen größeren Nutzen als aus solchen, zu denen Sie sich zwingen müssen. Kegeln, Rudern, Tennis oder etwas anderes, das Sie gerne tun, wird Ihnen mehr helfen als irgendwelche Bewegungsabläufe, die Sie mit einem gelangweilten Bewusstsein durchführen.

Wenn Sie sich glücklich fühlen, entspannen Sie sich leichter und die Muskeln reagieren schneller, als wenn Sie angespannt sind.

Es gibt Geisteszustände, die mit Angespanntheit bzw. Entspannung einhergehen. Falls Ihr Bewusstsein angespannt ist, weil sich belastende Gedanken den Zutritt verschaffen wollen, verlangsamt sich das konstruktive Denken. Es wird Ihnen schwerfallen, bei einem konstruktiven Gedanken zu bleiben, der Sie von Ihren Problemen freimachen könnte.

Das vorliegende Kapitel wird Ihnen helfen, Ihre geistigen Fähigkeiten durch eine disziplinierte Konzentration anzuregen und weiterzuentwickeln. Sie werden reichlich belohnt werden und Ihre Begeisterung wird zunehmen, je mehr Sie sich im Griff haben.

* * *

Frustration ist keine unheilbare Geistesstörung. Sie ist das Ergebnis eines ungesteuerten Bewusstseins. Falls jemand zulässt, dass störende oder belastende Gedanken den Ton angeben und das rationale Denken blockieren, gerät dieser Mensch in Panik, da er sich von so vielen Problemen umzingelt sieht. Ein Mann, auf den das zutraf, kam ratsuchend zu mir und aus seinen Schilderungen zu schließen, hatte er die Bürde des gesamten Universums zu schultern.

„Ich weiß nicht mehr ein noch aus. Ich hab so viele Probleme, dass ich sie nicht mehr zählen kann", klagte er.

Ich nahm ein Blatt Papier und bat ihn, mir einige seiner Probleme zu nennen, damit sie aufschreiben könne. Dann würden wir sehen, was sich tun ließe.

Er hatte keine Schwierigkeit, sein Hauptproblem zu benennen. Er starrte eine Sekunde durch das Fenster hinaus und wartete dann mit Problem Nummer 2 auf. Bis ihm Problem Nummer 3 einfiel, dauerte es ein paar Sekunden länger. Danach fiel ihm nichts mehr ein.

Dieser Bursche war erstaunt darüber, wie wenige Probleme er wirklich hatte. Als er sie schwarz auf weiß vor sich sah, war es einfach für ihn, Lösungen auszuarbeiten.

Es bestand ein Zustand der Frustration, weil er ohne ruhiges Denken seine Probleme so weit aufgeblasen hatte, bis sie sein Bewusstsein anfüllten.

* * *

Demenz ist ein häufig missbräuchlich verwendeter Begriff. Wenn wir uns jemanden als dement, also schwachsinnig, vorstellen, verbinden wir damit einen hoffnungslosen Fall. Doch das stimmt nicht immer. Meist ist die Ursache ein untätiges Bewusstsein.

Es gibt die Geschichte von einem pensionierten Richter, dessen Bewusstsein erste Anzeichen von Demenz zeigte. Während seiner langen Dienstjahre hatte er viel lesen und nachforschen müssen. Nun hatte er das gedruckte Wort so satt, dass er in eine Art Lesestreik trat. Er las keine Zeile mehr, weder in einer Zeitung noch in einem Bericht oder anderswo, sondern saß nur auf seiner Veranda und lies die Zeit vergehen.

Als Bub hatte dieser Richter ein starkes Interesse am Bau von Modellbauschiffen gehabt. Man ermutigte ihn, sich Pläne von einem Schiff zu besorgen und dieses Hobby wiederaufzunehmen.

Es dauerte nur wenige Tage, bis sein Bewusstsein wieder rege wurde. Nach einigen Monaten wagte es keiner mehr, ihn als schwachsinnig zu bezeichnen.

***

Vergesslichkeit ist oft auf ein unorganisiertes Bewusstsein zurückzuführen. Bei einem aufgewühlten Bewusstsein sind unsere Erinnerungsfähigkeiten eingeschränkt.

Wir wollen uns an etwas erinnern, aber es fällt uns nur zögerlich ein. Wir akzeptieren dann den Gedanken, dass wir vergesslich geworden sind und wie Ihnen bereits aus einem vorherigen Kapitel bekannt, fördern wir dadurch genau den Zustand, den wir lieber vermeiden wollen: Wir werden immer vergesslicher.

Bei Menschen mit einem gut disziplinierten Bewusstsein ist die Erinnerungsfähigkeit wesentlich besser ausgeprägt als bei Menschen mit einem verwirrten Bewusstsein.

Menschen, deren Bewusstsein in einer einzigen Rille zu laufen scheint, werden als „einspurige Typen" bezeichnet.

Woodrow Wilson brüstete sich einmal damit, dass er ein solcher einspuriger Typ sei. Vielleicht war er das auch, wenn man dies so auslegt, dass er sein Bewusstsein so lange bei einem Thema hielt, bis das Ziel erreicht war.

***

Alkoholismus ist nicht immer die gefürchtete Krankheit, für die wir sie halten. Alkohol ist ein geistiges Narkosemittel. Nachdem genug davon konsumiert wurde, hört man buchstäblich mit dem Denken auf und gibt sich seinen bisher zurückgestauten Emotionen hin. Falls jemand von Gedanken an vergangene Fehler oder aktuelle Probleme verfolgt wird, erfährt er durch den Alkoholgenuss eine zeitweilige Erleichterung.

Es gab einen interessanten Fall von einem Mann, der ein Alkoholiker zu sein schien. Er konnte sich einige Tage lang vom Alkohol fernhalten und wurde dann wieder rückfällig.

„Soll die alte Dame doch nörgeln – das ist mir doch wurscht!", hörte man ihn lallen, als er nach Hause wankte.

Es stellte sich heraus, dass die Frau dieses Mannes eine chronische Nörglerin war. Er konnte ihr nichts recht machen und was immer er auch tat, hätte er anders tun sollten.

Der „Alkoholiker" und seine Frau wurden geschieden. Irgendwann später verliebte er sich in ein anderes Mädchen. Dieses Mädchen nörgelte nicht, sondern versuchte, ihn zu verstehen und war ihm bei seiner Suche nach dem Glück behilflich. Das Trinken hörte auf.

Wenn dieser Mann sein eigenes Bewusstsein im Griff gehabt hätte, hätte er wahrscheinlich seiner ersten Frau helfen können, lohenswertere Interessen zu finden, statt nur zu nörgeln.

Diese Art von häuslichem Hader geht nicht selten auf geistige Langeweile zurück.

Einem Paar, das sich am Rande der Trennung befand, hatte man ein Buch über Persönlichkeitsentfaltung geschenkt. Sowohl der Mann als auch die Frau waren am Inhalt so sehr interessiert, dass sie das Buch nicht nur lasen, sondern die Buchläden nach ähnlichen Werken durchkämmten. Nachdem das Bewusstsein dieser Personen in konstruktive Kanäle gelenkt war, hörten auch die Streitereien auf. Heute turteln sie herum, als hätten sie sich erst kennengelernt.

Geistesübungen

Jede wie auch immer geartete Übung, welche Sie zum Denken bringt, ist nützlich und wertvoll. Sie werden überrascht sein, wie rasch das Bewusstsein reagiert, und schon sehr bald eine Verbesserung Ihrer Denkfähigkeit bemerken. Dies gilt gleichermaßen für logisches wie schöpferisches Denken.

Beim Autofahren können Sie faszinierende Übungen mit den Kennzeichen anstellen.

Sie nehmen sich ein Kennzeichen vor und addieren die Ziffern so lange auf, bis Sie einen einzigen Wert erhalten. Sie zählen einfach nur alle Ziffern zusammen. Sollte das Ergebnis eine mehrstellige Zahl sein, führen Sie das Experiment weiter, bis Sie eine einzige Ziffer haben. Einige Beispiele:

$$978 = 9 + 7 + 8 = 24 = 2 + 4 = 6$$
$$164 = 1 + 6 + 4 = 11 = 1 + 1 = 2$$
$$899 = 8 + 9 + 9 = 26 = 2 + 6 = 8$$

Falls das Schild sowohl aus Ziffern als auch aus Buchstaben besteht, können Sie mit einem Buchstabenspiel üben. Sagen wir, dass die Buchstabenkombination „PUD“ lautet. Sie sehen die Buchstaben und bilden daraus möglichst schnell den Namen einer Person, zum Beispiel Ulla Donnhauser. Das ist ein frei erfundener Name. Alternativ könnte der letzte Buchstabe für einen Ort stehen, zum Beispiel: Peter Ungerer Düsseldorf. Es wird anfänglich eine Zeit lang dauern, bis Ihnen für die Buchstaben Namen bzw. Orte einfallen, aber es wird bald schneller gehen und irgendwelche Fantasienamen werden Ihnen fast sofort einfallen.

Rätsel und Quizze, die Sie in Zeitungen und Zeitschriften finden oder im Fernsehen geboten werden, tragen ebenfalls zu einer geistigen Stimulierung bei.

Das Lösen von Kreuzworträtseln erweitert nicht nur Ihren Wortschatz, sondern regt auch den Geist an. Mit der Zeit fallen Ihnen die Lösungen immer schneller ein.

Schnelllesen ist ebenfalls eine gute Übung. Es gibt verschiedene Schnelllesetechniken. Solche Methoden helfen Ihnen, Ihre Denkprozesse zu beschleunigen, was natürlich auch einem schärferen Bewusstsein zugutekommt.

Benutzen Sie Ihr schöpferisches Bewusstsein, um Ihr Tagesbewusstsein anzuregen

Sie haben bereits erfahren, dass Sie Ihr schöpferisches Bewusstsein dazu anleiten können, Sie in Gedanken und Tat zu führen.

Im Zusammenhang mit Geistesübungen sollten Sie diese Fähigkeit des schöpferischen Bewusstseins nicht ungenutzt lassen. Es gibt viele Menschen, die erst mal ausrufen, *„das kann ich nicht“*, wenn ihnen eine Aufgabe vorgelegt wird, die konzentriertes Denken erfordert.

Natürlich ist eine solche Reaktion ein sicherer Weg, um die geistigen Prozesse zu blockieren, wodurch keine logische Lösung mehr hochkommen kann.

Gehen Sie bei Ihren Geistesübungen von der Prämisse aus, dass sie Ihnen leicht fallen werden und dass sie zu Ihrem Besten sind!

Entwickeln Sie eine Bewusstheit, dass Ihr Bewusstsein jeden Tag reger und wachsamer wird. Es wird interessant – und erfreulich! – sein, mitzuverfolgen, wie Ihr Bewusstsein an Klarheit gewinnt.

Entwickeln Sie Ihre Konzentrationsfähigkeit

Haben Sie als Kind einmal mit dem Vergrößerungsglas herumgespielt und es benutzt, um so lange Sonnenstrahlen auf einen bestimmten Gegenstand zu lenken, bis dieser Feuer fing?

Mit dem Bewusstsein können Sie dasselbe tun.

Wenn Sie lernen, Ihre Gedanken gebündelt auf ein bestimmtes Ziel auszurichten, werden Sie erstaunt sein, wie viel Geisteskraft Sie aufbauen können.

Sie können diese Geisteskraft durch Übung entwickeln, und je mehr Sie üben, umso besser werden Ihre Ergebnisse ausfallen.

Eine einfache Übung besteht darin, Ihre Gedanken bei einem bestimmten Thema zu halten und darauf zu achten, wie lange Sie sich auf dieses Thema konzentrieren können. Natürlich kann es auch ein Gegenstand sein. Sie könnten zum Beispiel ein Buch auf einen Tisch legen und sich selbst beobachten, um zu sehen, wie lange Sie sich auf dieses Buch konzentrieren können.

Meinen Sie, dass Sie das fünf Minuten lang schaffen?

Das hört sich einfach an, aber ohne Übung wird es nicht gehen. Sie können sich jeden beliebigen Teil des Buches vornehmen: den Titel, den Einband, den Inhalt usw. Sie können sich auch auf die Schriftart oder auf Abbildungen konzentrieren. Falls Sie sich für vertriebstechnische Dinge interessieren, könnten Sie über Vertriebs- und Werbemethoden für dieses Buch nachdenken. Doch bleiben Sie bei einem einzigen Aspekt des Buches.

Nach Ihrer Konzentrationsübung verfassen Sie eine kurze Abhandlung über das Buch. Tun Sie dies für jeden Einzelaspekt.

Nach ein paar Wochen vergleichen Sie Ihre Niederschriften und achten auf Ihre Fortschritte. Sie werden nicht nur Ihre Beobachtungsgabe geschärft haben, sondern sich auch besser ausdrücken können. Das Buch ist nur ein Beispiel, Sie können ebenso gut ein Fernsehgerät, eine Lampe, ein Kleidungsstück oder etwas anderes hernehmen.

Ein Mann, der von seinen Freunden „Wirrkopf" gekannt wurde, wurde nach wenigen Wochen mit solchen Übungen als jemand bekannt, der einen ausgezeichnet scharfen Verstand besaß.

Erschaffen Sie imaginäre Ziele

Weiter unten finden Sie mehrere Fragen, die sich auf mögliche Ziele beziehen. Anfangs kann man sie sich als imaginär vorstellen, weil Sie vielleicht niemals für möglich gehalten hätten, solche Ziele erreichen zu können.

Nehmen Sie sich Schreibzeug zur Hand und schreiben Sie die Fragen auf, die Ihnen am meisten zusagen. Betrachten Sie sich selbst als Berater und stellen sich einen Mandanten vor, der mit dieser Frage zu Ihnen gekommen ist und von Ihnen eine Lösung erwartet.

Kapitel 13

Da Sie das Ziel kennen, arbeiten Sie nun die Widerstände heraus, welche derzeit zwischen dem Mandanten und der Erreichung des Zieles stehen. Mit dieser Information sind Sie bereit, einen Maßnahmenplan zu entwickeln, der Ihrem Mandanten (welcher in Wirklichkeit Sie selbst sind) hilft, diese Widerstände zu beseitigen und das Ziel zu erreichen.

Es ist nicht notwendig, dass Sie dazu alle Fragen durchgehen, denn einige stehen im Widerspruch zu einigen anderen. So wären Sie beispielsweise nicht daran interessiert, wie Sie Ihr Gehalt verbessern können, falls Ihr Ziel ohnedies in einer selbstständigen Tätigkeit besteht.

Hier einige Beispielfragen; ändern Sie sie ggf. entsprechend Ihrer Problemlage ab:

➢ Wie kann ich mich erfolgreich beruflich selbstständig machen? Was spricht dagegen?

➢ Wie kann ich in meinem jetzigen Beruf aufsteigen? Was spricht dagegen?

➢ Ich möchte meine Familie zu einer Kreuzfahrt einladen. Wie kann ich das schaffen? Was spricht dagegen?

➢ Wie kann ich mir eine größere Wohnung leisten? Was spricht dagegen?

➢ Mein Freund und ich führen eine Fernbeziehung. Er ist beruflich gebunden. Wie können wir zusammenkommen? Was spricht dagegen?

➢ Ich fühle mich chronisch erschöpft und nie richtig ausgeschlafen. Wie kann ich die Balance zwischen Arbeit und Erholung wiederfinden? Was spricht dagegen?

Bevor Sie sich an die jeweilige Geistesübung machten, hatten Sie praktische Antworten auf solche Fragen vielleicht ausgeschlossen. Doch noch vor Abschluss dieses Kapitels – und nachdem Sie sich diese Art von Übung angewöhnt haben – werden Sie einen Durchbruch erzielt haben. Klares, logisches und konzentriertes Denken wird Ihnen helfen, hinter die Fassade der Probleme zu blicken.

* * *

Margaret Bach war eine typische Hausfrau. Man kann nicht sagen, dass sie bei ihrer täglichen Routine – kochen, abwaschen, aufräumen, putzen, einkaufen – glücklich gewesen sei, doch sie tat auch nichts, um diese Situation zu verändern.

Sie hielt sich für nicht besonders begabt und war der Meinung, dass dies eben nun mal das Los war, das ihr beschieden sei.

Dann besuchte sie einen Vortrag, bei dem es um die Verbesserung der Geisteskraft ging. Es wurden Geistesübungen vorgestellt und zu Margarets Glück „blieb etwas hängen". Nachdem sie begonnen hatte, ihre geistigen Fähigkeiten weiterzuentwickeln, war sie noch unzufriedener mit ihrem Allerlei als Hausfrau, aber nun war sie auch der Meinung, dass sie sehr wohl etwas anderes tun könne, was sie mehr befriedigen würde.

Margaret hatte sich immer schon für Neubauten interessiert. Wenn irgendwo ein Musterhaus stand, besuchte sie es und schaute sich um.

„*Was spricht eigentlich dagegen, Häuser zu entwerfen?*", fragte sie sich. Da keine negative Antwort hochkam, ging sie einen Schritt weiter.

Sie fing an, einen Bauzeichnerkurs zu belegen und befasste sich mit Objektdesign.

Nachdem sie genug Vorwissen besaß, einigte sie sich mit einem Bauunternehmer und erstellte Zeichnungen für einige Anbauten, die dieser durchzuführen hatte.

Diese ersten Aufträge waren ein voller Erfolg und Margaret wagte sich nun an Pläne für Neubauten, welche von ortsansässigen Bauunternehmern gerne übernommen wurden.

Heute verdient Margaret Bach ein Einkommen, das es ihr gestattet, eine Haushälterin zu beschäftigen, welche ihr die Arbeiten, die sie selbst in der Vergangenheit so ungern erledigte, abnimmt. Und eines der hochmodernen Häuser, welche sie entwarf, bewohnt sie nun selbst.

Ein Bewusstsein kann einen Menschen zu einem Riesen machen, was persönliche Fähigkeiten und Leistungen anbelangt. Das gilt für Ihr Bewusstsein ebenso wie für das Bewusstsein jedes anderen Menschen.

Arbeiten Sie bitte mit diesen Übungen. Sie werden bald feststellen, dass aus Ihrem jetzigen Ich ein neues Ich herauswächst. Ziele sind dann nicht mehr bloß Wünsche; sie sind Realitäten.

Sie werden anderen Menschen nicht mehr ihren Besitzstand oder ihre Leistungen neiden, weil Sie jetzt wissen, dass Sie selbst dasselbe erreichen können, sofern Sie dies wollen.

Wiederholung ist das erste Lerngesetz

Lesen Sie bitte das vorhergehende Kapitel ab Seite 181 nochmals durch.

Erst dann nehmen Sie sich das nächste vor.

Gedanken sind bildhafte Vorstellungen – Bilder sind Vorgaben

Woran denken Sie bei dem Wort „Haus"? Sehen Sie die einzelnen Buchstaben vor sich: H-a-u-s?

Nein, Sie stellen sich ein Haus vor. Das mag das Haus sein, in dem Sie wohnen, eines, das Sie gerne hätten oder ein anderes.

Das Bewusstsein denkt nicht in Worten, sondern in Bildern. Beim Lesen übersetzen Sie die Worte ständig in Bilder. Sie sehen innerlich, was Sie lesen.

Es gibt jedoch auch Worte, die sich nicht in Bilder übertragen lassen. Dazu gehört zum Beispiel ein Begriff wie „Liebe".

In diesem Fall tun wir das Nächstbeste: Wir assoziieren den Begriff mit einem bildhaften Wort. Wenn Sie das Wort „Liebe" hören, sehen Sie vor Ihrem inneren Auge wahrscheinlich das Bild eines Menschen, den Sie lieben, zum Beispiel Ihre Lebenspartnerin oder Ihren Lebenspartner oder einen Familienangehörigen.

Falls jemand Schwierigkeiten hat, sich an das Gelesene zu erinnern, dann meist deshalb, weil dieser Mensch schlechte Lesegewohnheiten besitzt. Seine Augen überfliegen zwar die einzelnen Worte, aber er setzt die Worte nicht in Bilder um. In meinen Büchern weise ich des Öfteren daraufhin, beim Lesen auch mitzudenken. Genau betrachtet bedeutet dies, beim Lesen bildhafte Vorstellungen aufzubauen.

Sie können in ein Kino gehen und sich zwei Stunden lang einen Film ansehen.

Danach können Sie den ganzen Film ziemlich genau beschreiben. Obwohl der Film ziemlich lange dauerte, können Sie sich gut an diverse Einzelheiten erinnern, weil Sie die gesamte Geschichte in Bildern gesehen haben.

An Zeitschriften werden Tausende von Bildern gesandt, welche niemals verwendet werden. Der Bildredakteur solcher Zeitschriften studiert die eingesandten Bilder aus dem Blickwinkel des Leserinteresses.

Falls er der Meinung ist, dass das betreffende Bild für eine große Lesergruppe von Interesse sein könnte, wird es in der Zeitschrift verwendet. Aus diesem Grunde ist der Bildredakteur einer der wichtigsten Mitarbeiter im Team. Auflagenstärke und Beliebtheit der Zeitschrift hängen nicht zuletzt von seiner Bildauswahl ab.

Da Gedanken Bilder sind, sind geistige Vorstellungsbilder abhängig von der allgemeinen gedanklichen Ausrichtung entweder negativ oder positiv.

Verankern Sie diesen Gedanken fest in Ihrem Bewusstsein:

Negative Gedanken
führen zu negativen Reaktionen.

Positive Gedanken
führen zu positiven Reaktionen!

Da Gedanken Bilder sind, tun Sie sich einen großen Gefallen, wenn Sie sich als Ihre eigene Bildredakteurin bzw. Bildredakteur sehen, dessen Aufgabe es ist, die geistigen Bilder, welche in Ihr Bewusstsein gesandt werden, zu bewerten.

Bilder sind Vorgaben!

Wie Sie bereits wissen, fasst das schöpferische Bewusstsein die vom Tagesbewusstsein kommenden Gedanken als Anweisungen auf und reproduziert die entsprechenden gedanklichen Vorgaben als Eigenschaften oder Umstände.

Wir können diese Erkenntnis nun erweitern, indem wir sagen, dass die im Tagesbewusstsein befindlichen Bilder vom schöpferischen Bewusstsein als Vorgaben akzeptiert werden.

Können Sie sich noch an die Pianolas erinnern? Das waren Selbstspielapparaturen für Klaviere. Vorgefertigte Musikstücke wurden durch Lochstreifen aus Papier, den so genannten Notenrollen oder Klavierrollen, auf dem Instrument wiedergegeben.

Unabhängig davon, wie oft Sie eine bestimmte Notenrolle durchlaufen ließen, wurde immer wieder dasselbe Musikstück gespielt.

Geistige Vorstellungsbilder laufen ebenso zuverlässig ab. Sie können nicht ein Bild des Versagens durch Ihr Bewusstsein laufen lassen, und erwarten, dass ein Erfolgsszenario herauskommt.

Ein Beispiel: Nehmen wir an, dass Sie bis über den Kopf in Schulden stecken und ein negativ ausgerichtetes Bewusstsein besitzen. Welche geistigen Vorstellungsbilder sehen Sie dann?

Sie sehen Gläubiger und Geldgeber, die hinter Ihnen her sind. Sie sehen Gerichtsverfahren, einen leeren Kühlschrank, Gehaltspfändungen und Entlassung. Solche Vorstellungsbilder wachsen sich zu einer geistigen Blockade aus. Sie sehen keinen Ausweg mehr aus der verfahrenen Situation, was unweigerlich dazu führt, dass Sie immer ineffizienter arbeiten, zerstreut und verängstigt sind, und letztendlich Ihre Entlassung heraufbeschwören.

Wie sieht die Situation bei gleicher Ausgangslage nun bei einem positiven Bewusstsein aus?

Ihre Vorstellungsbilder beinhalten dann wahrscheinlich Szenen, die Sie dabei sehen, wie Sie mit Ihren Gläubigern Kontakt aufnehmen und um etwas Zeitaufschub oder Nachsicht ersuchen.

Sie bemühen sich um zusätzliche Einkünfte oder machen eine Bestandsaufnahme, um festzustellen, welche Kosten Sie zurückfahren könnten. Vielleicht bestellen Sie einige Zeitschriften ab, welche Sie sowieso nur durchblättern und nicht unbedingt benötigen. In jedem Fall gehen Sie mit einem positiven Bewusstsein an die Situation heran und suchen nach einer konstruktiven Lösung.

An diesem Beispiel erkennen Sie die Weisheit Ihres eigenen Bildredakteurs. Sollte ein negatives Vorstellungsbild versuchen, sich den Weg zu Ihrem Bewusstsein zu bahnen – Raus damit! Ersetzen Sie es durch ein positives!

Mentales Fernsehen

Ein Phänomen ist eine Tatsache; unsere Beschreibung des Phänomens ist eine Theorie.

Diese Wahrheit gilt auch für die folgenden Ausführungen. Wenn ich mit meiner Faust auf die Tischplatte schlage, wird Ihr Ohr ein Geräusch registrieren. So weit das Phänomen.

Sollte ich versuchen wollen, zu erklären, was ab dem ersten Kontakt meiner Faust mit der Tischplatte bis zum Auftreffen des Geräusches in Ihrem Ohr vor sich gegangen ist, hätten wir es mit einer Theorie zu tun. Diese Theorie stimmt vielleicht, oder auch nicht.

Wenn wir nun über mentales Fernsehen sprechen, werde ich zunächst das bekannte Phänomen erklären, meine darauffolgenden Erläuterungen sind jedoch eine Theorie.

Gedanken sind bildhafte Vorstellungen

„Wie lassen sich durch positive geistige Vorstellungsbilder Erfolge erzielen, wenn noch andere Leute beteiligt sind?“ Diese Frage wird mir oft gestellt.

Es stimmt natürlich, dass Erfolge immer auch von anderen Menschen abhängen. Wenn der Mensch seine eigenen Erfolge hundertprozentig steuern könnte, gäbe es keine Misserfolge, da dieser Mensch dann immer nur das täte, was einen Erfolg gewährleistet.

Falls zum Beispiel jemand angestellt ist, hängt der Erfolg des Angestellten auch von seinem Arbeitgeber oder Vorgesetzten ab. Bei einer Geschäftsfrau spielen die Interessenten und Kunden eine Rolle.

Damit die geistigen Vorstellungsbilder eines Menschen effektiv sind, dürfen diese Bilder nicht nur auf ihn selbst einwirken, sondern müssen auch sein Umfeld beinhalten.

* * *

Wenn irgendwas dran ist an den Experimenten von Dr. J. B. Rhine über Außersinnliche Wahrnehmungen – und ich selbst bin der Überzeugung, dass sehr viel dran ist – ist davon auszugehen, dass zwischen dem Bewusstsein eines Menschen und dem Bewusstsein eines anderen Menschen eine Übertragung von Vorstellungsbilder stattfindet, da Gedanken ja Bilder sind. Das könnte man als mentales Fernsehen bezeichnen.

In einem Fernsehstudio wären die Kameras vor der aufgenommenen Person ohne Wert, wenn es nicht auch eine Kraft gäbe, die das Bild auf die Bildschirme der Zuschauer projizieren kann. Damit ein geistiges Vorstellungsbild projiziert werden kann, muss somit eine Kraft aufgerufen werden – diese Kraft heißt:

Begeisterung!

Wenn Sie das Vorstellungsbild von einem Erfolg oder Gelingen haben – und dieses Bild von Begeisterung getragen wird – ist die Wahrscheinlichkeit sehr groß, dass andere Menschen, die bei Ihrem Erfolg eine Rolle spielen, dieses Bild aufnehmen und sich entsprechend verhalten.

Ich darf Ihnen hierzu die wahre Geschichte eines Mannes erzählen, der von falschen Vorstellungsbildern gehemmt wurde und nach der Umpolung auf richtige Bilder Erfolg hatte.

Dieser Mann – wir wollen ihn Tom nennen – betrieb eine keine Werkstatt. Seine Ausstattung bestand aus einer Drehbank, einer Standbohrmaschine und einigen Handwerkzeugen. Er erledigte die Auftragsarbeiten und seine Frau kümmerte sich um Telefonate und Buchhaltung. Die Einnahmen reichten gerade mal für das Nötigste.

Eines Tages hörte Tom im Radio eine meiner Sendungen, bei der ich über geistige Vorstellungsbilder sprach. Dieses provokante Thema brachte Tom zum Nachdenken und zur Innenschau. Er überlegte sich, wie seine eigenen Vorstellungsbilder denn beschaffen seien. Später bekannte er etwas verlegen, dass er sich sein Lebtag immer nur als kleiner Werkstattbesitzer gesehen habe. Solange er einigermaßen zu tun habe, würde er über die Runden kommen, war seine Anschauung.

Doch die Schlüssigkeit der im Rundfunk gehörten Ausführungen ließ ihn nicht in Ruhe. Tom fing an, sich selbst als jemanden zu sehen, der eine große Werkstatt führte. Die gesamte Geschichte erzählen zu wollen, würde viele Seiten füllen, aber heute beschäftigt Tom fünfundsiebzig Mitarbeiter. Letztendlich verkaufte er sein Geschäft für beinahe eine Million Dollar, bereiste die Welt und überlegte sich neue Aufgabengebiete.

Bei diesem Mann hatten sich lediglich seine inneren Vorstellungsbilder verändert.

Gedanken sind bildhafte Vorstellungen

Die geschäftlichen Rahmenbedingungen waren dieselben wie bei einem Ein-Mann-Betrieb. Doch sobald Tom anfing, sich als erfolgreichen Geschäftsmann zu sehen, machte sich sein schöpferisches Bewusstsein ans Werk und leitete ihn in Gedanken und Tagen an, dieses Vorstellungsbild umzusetzen.

Bei Markus 11:24 gibt es eine biblische Stelle, die genau diesen Vorgang beschreibt:

„Darum sage ich euch: Alles, was ihr gläubig erbittet, glaubt nur, dass ihr es empfangen habt, und ihr werdet es erhalten!"

Vielen fällt es schwer, dieser Verheißung Glauben zu schenken. *„Wie kann ich denn glauben, dass ich etwas hätte, wenn ich es gar nicht habe?"*, fragen sich diese Menschen. Dieses Zitat fordert uns auf, uns geistige Vorstellungsbilder auszumalen, in denen wir bereits in Begriff sind, das Ersehnte zu genießen.

Diese Bibelstelle sagt nicht, dass die bloße Visualisierung genügen würde und dann würden wir das Ersehnte wie von Zauberhand präsentiert bekommen. Dort steht: *„Glaubt nur, dass ihr es empfangen habt und ihr werdet es erhalten!"* Die Verwendung der grammatikalischen Zeiten ist in dieser Passage sehr wichtig. Zuerst glauben wir es – wir gehen unerschütterlich und selbstverständlich davon aus – und später erhalten wir es auf der physischen Ebene.

Malen Sie sich deshalb ein geistiges Vorstellungsbild aus, bei dem Sie das Ersehnte bereits nutzen, genießen oder haben!

Glauben Sie daran, dass dieses Vorstellungsbild wahr ist. Dann werden Sie in Gedanken und Tag so geleitet, dass Sie das denken und das tun, was Ihnen die Verwirklichung Ihres Wunsches garantiert!

Wenn Sie das bisher Gelesene Revue passieren lassen, werden Sie einen roten Faden erkennen.

Der Verweis auf die Bibelstelle dient lediglich als Beleg für die Richtigkeit der Ihnen dargelegten Prinzipien.

Noch ein Punkt, der mir sehr wichtig ist: Die genannten Prinzipien gelten gleichermaßen für negative wie für positive und aufbauende Gedanken!

Nehmen wir als Beispiel, dass Sie Angst vor Arbeitslosigkeit haben. Welche Vorstellungsbilder haben Sie dann? Sehen Sie sich dann immer reicher werden? Sicherlich nicht! Sie sehen sich in finanziellen Schwierigkeiten. Sie haben Angst, dass Ihnen Ihr Auto weggepfändet wird oder Sie obdachlos werden. Sie sehen familiäre Streitigkeiten, weil das Geld hinten und vorne nicht reicht.

Solche Vorstellungsbilder führen dazu, dass Sie bei Ihrer Arbeit immer ineffizienter werden. Sie machen Fehler, schludern, sind nicht bei der Sache und sind ständig gestresst.

Das Ende vom Lied?

Ihr Arbeitgeber wird einen Grund finden, um auf Ihre Mitarbeit zu verzichten.

Übungen

Oft versuchen Sie, positive Vorstellungsbilder aufzubauen und bilden sich auch ein, dass Sie dies täten, doch die Wirkung dieser inneren Bilder wird durch Zweifel wieder zunichtegemacht.

Als erste Übung darf ich Ihnen vorschlagen, dass Sie an ein Ziel denken, dessen Erreichung Ihnen am Herzen liegt, das Sie jedoch bisher nicht verwirklicht haben, weil Ihnen immer wieder Zweifel gekommen sind.

Nehmen wir zur Veranschaulichung an, dass Sie eine Reise nach Hawaii machen wollen.

Bisher ist aus dieser Reise nichts geworden, weil es Ihnen an Zeit, Geld oder beidem fehlte.

Besuchen Sie ein Reisebüro und besorgen Sie sich Unterlagen und Bilder über Ihr Reiseziel und die angebotenen Routen. Entscheiden Sie sich für die Tour, die Sie am meisten anspricht.

Nachdem Sie sich für eine bestimmte Tour entschieden haben, stellen Sie sich vor, wie Sie diese Reise unternehmen. Verfallen Sie nicht in Tagträume oder bloße Wünsche, stellen Sie sich vor, dass es bereits Realität wäre.

Sie sehen sich die Bilder des Schiffes an, sehen sich über die Reling gebeugt auf das Meer hinausblicken, über Ihrem Kopf kreisen und kreischen Möwen, Sie spüren die Brise und die Sonnenstrahlen auf Ihrer Haut und gehen dann wieder zu Ihrem Liegestuhl am Pool zurück.

Sie sehen vor Ihrem geistigen Auge, wie Sie in dem ausgeglichen tropischen Klima an der Strandbar eine aromatische Papaya oder Ananas genießen, wie Sie dann wieder zum Strand zurückschlendern, sich im Sand ausstrecken und tief durchatmen. Einfach herrlich! Und für den Abend ist eine Luau geplant, eines dieser traditionellen Festessen der Hawaiianer, und Sie haben das Glück, dass diese Luau nicht vom Hotel ausgerichtet wird, sondern dass Sie und Ihr Partner von einer einheimischen Familie eingeladen wurden.

Stellen Sie sich alles so plastisch wie möglich vor. Sie sind bereits auf Hawaii!

Während Sie mit dieser Übung fortfahren, achten Sie darauf, dass sich auch nicht das geringste negative Element einschleicht. Sollten Sie sich dabei ertappen, dass Ihnen ein Gedanke wie *„Ja, schön wäre es schon“* durch den Kopf geht, verjagen Sie ihn auf der Stelle! Ein solcher Eindringling würde viel Unheil anrichten.

Aufgrund dieser Übung wird Ihre Hawaii-Reise Realität werden – daran gibt es nicht den geringsten Zweifel. Sie werden dieses Südseeerlebnis bald genießen können!

Was geschieht bei einer solchen Mentalübung?

Ihr schöpferisches Bewusstsein fängt an, Sie in Gedanken und Tat zu leiten, damit sich Ihnen Mittel und Wege zeigen, wie diese Vorstellungsbilder Realität werden.

Sie werden sich bald auf einem Kreuzfahrtschiff oder in einem Flugzeug finden, das in Richtung Südpazifik unterwegs ist.

* * *

Eine weitere Übung. Gefällt Ihnen Ihre Wohnung oder Ihr Haus? Hätten Sie gerne mehr Platz zur Verfügung?

Gut. Setzen wir die Ursachen.

Stellen Sie sich die Art von Haus vor, das Sie gerne hätten. Wie viele Zimmer hat es? Malen Sie sich aus, dass Sie bereits in diesem Haus wohnen.

Denken Sie nochmals an das Bibelzitat, einige Seiten vorher. „*Alles, was ihr gläubig erbittet, glaubt nur, dass ihr es empfangen habt, und ihr werdet es erhalten!*“

Während Sie sich Ihr neues Haus geistig vorstellen, sehen Sie es als eine Realität. Stellen Sie es sich komplett mit allen Einzelheiten vor. Falls Sie sich beispielsweise eine Maisonette wünschen, stellen Sie sich eine solche Galeriewohnung vor und sehen sich bereits die Treppe zum oberen Wohnraum hinaufgehen. Vielleicht wünschen Sie sich zusätzlich auch einen Bastelraum. Bauen Sie ihn einfach an. Oder einen Swimming Pool.

Ihrer Fantasie sind keine Grenzen gesetzt.

Da Ihr schöpferisches Bewusstsein am besten arbeitet, während Ihr Tagesbewusstsein ausgeschaltet oder mit etwas Angenehmen beschäftigt ist, ist der beste Zeitpunkt für solche Übungen die Freizeit oder – noch besser – der Schlaf.

Gewöhnen Sie es sich an, jeden Abend vor dem Einschlafen konsequent Ihre Übungen zu machen.

Nachdem Sie es sich im Bett bequem gemacht haben, entspannen Sie sich. Danach schalten Sie Ihren mentalen Fernseher ein und rufen die gewünschten Vorstellungsbilder auf.

Doch an dieser Stelle nochmals eine Warnung: Betrachten Sie diese Bilder nicht als Wünsche, sondern sehen Sie sie als reale Tatsachen!

Sollte tagsüber ein Problem aufgetaucht sein, so sollten Sie nicht wach bleiben und darüber nachgrübeln, sondern sich Vorstellungsbilder von einer erfolgreichen Lösung ausmalen. Dadurch wird auch Ihr Wachbleiben beseitigt und Sie werden bald einschlafen. Während Ihr Tagesbewusstsein dann ausgeschaltet ist, wird sich Ihr schöpferisches Bewusstsein Ihres Problems annehmen und nach dem Aufwachen eine Lösung an das Tagesbewusstsein schicken.

* * *

Bevor wir dieses Kapitel abschließen, möchte ich Ihnen noch eine weitere Übung vorstellen. Diese Übung bezieht sich auf Gesundheit und Wohlergehen.

In jedem Fall rate ich Ihnen, sich erst mal ärztlich gründlich untersuchen zu lassen. Sollte der Arzt etwas Bedenkliches finden, so lassen Sie es behandeln. Viele Leute haben ein Krankheitsbewusstsein; sie fürchten ständig, dass sie von einem neuen Wehwehchen heimgesucht werden.

Da wir wissen, dass in jeder Körperzelle eine Intelligenz vorhanden ist, werden Vorstellungsbilder von Krankheiten unweigerlich eine entsprechende Botschaft an die Zellen weiterleiten und das Ergebnis werden Schmerzen und gesundheitliche Probleme sein. Während des Prozesses der Zellerneuerung werden solche Vorstellungsbilder darüber hinaus schwächere Zellen erzeugen.

Entwickeln Sie Vorstellungsbilder von einer strotzenden Gesundheit! Sehen Sie sich als topfit! Malen Sie sich aus, wie alles in jeder Hinsicht immer besser wird. Statt auf Unpässlichkeiten zu achten, richten Sie Ihr Augenmerk darauf, wie es Ihnen immer besser geht. Wachen Sie mit einem Gefühl auf, dass Sie froh sind, am Leben zu sein! Ein weiterer interessanter und aufregender Tag steht Ihnen bevor.

Ermutigen Sie Ihr schöpferisches Bewusstsein, Sie in Gedanken und Tat so zu führen, dass eine strotzende Gesundheit Ihr Geburtsrecht ist. Zusätzlich zu den abendlichen Übungen, die sich auf Ihr Ziel beziehen, malen Sie sich Vorstellungsbilder aus, die Ihren Körper völlig gesund und topfit zeigen. Ihr schöpferisches Bewusstsein wird Sie in Gedanken und Tat anleiten, das Nötige zu unternehmen, damit Sie eine gute Gesundheit haben; es wird Ihnen hinsichtlich Ihrer Ernährung und körperlichen Bewegung die richtigen Eingebungen geben.

Falls Sie bisher an etwas geglaubt haben, das man als Midlife-Krise bezeichnet, vergessen Sie es. Viele Leute entwickeln um das vierzigste Lebensjahr herum ein Altersbewusstsein. Sie halten sich für alt und fühlen sich entsprechend. Ich gehe jedoch davon aus, dass unsere natürliche Lebensspanne weiter über die gängigen zeitlichen Vorstellungen hinausreicht.

Ich selbst lebe in der Vorstellung, dass hundertfünfundzwanzig Jahre das Normale sind. Ich bin jetzt Mitte siebzig und fühle mich körperlich und geistig besser als je zuvor.

Vielleicht werde ich ja keine hundertfünfundzwanzig Jahre alt, aber ich werde mein Leben nicht durch eine Angst vor dem Tod vorzeitig beenden. Ich habe vor, weiterhin aktiv und glücklich zu sein, bis ich diesen Körper verlasse.

Was Sie in diesem Kapitel gelernt haben, ist nicht nur kurzweilige Unterhaltung. Es geht um Prinzipien der Lebensführung. Sie haben einige neue Ansätze erfahren, die das Gelingen gewährleisten und leichter machen.

Wissen ohne praktische Anwendung ist wertlos. Wenden Sie dieses Wissen an! Ab jetzt!

Fangen Sie damit an, sich Vorstellungsbilder auszumalen, in denen Sie sich in der angestrebten Idealsituation sehen und vertrauen Sie darauf, dass die physische Realität nur eine Frage der Zeit ist.

Wenn Sie diese Kunst beherrschen, ist das so, als würden Sie ein riesiges Lagerhaus erben, in dem sich alles befindet, was Sie sich je ersehnt haben.

Sie wissen dann, dass Ihnen alles zusteht und dass Sie es mit der richtigen Einstellung und den richtigen Vorstellungsbildern mit Sicherheit haben werden.

Wiederholung ist das erste Lerngesetz

Lesen Sie bitte das vorhergehende Kapitel ab Seite 194 nochmals durch.

Erst dann nehmen Sie sich das nächste vor.

Ihr mentaler Radiergummi

Methoden zur Gedächtnisschulung gibt es viele, doch meines Wissens gibt es keine, die uns beibringt, wie wir etwas wieder vergessen.

Ein Philosoph sagte einmal: „*Was unsere Gegenwart so schwierig macht, sind die Erinnerungen der Vergangenheit und die Angst vor der Zukunft.*"

Einer der Gründe, wieso es manchmal so schwer ist, positive Gedanken aufrechtzuhalten, sind unsere Erinnerungen an vergangene Schwierigkeiten, Misserfolge und Blamagen.

Falls Ihr bisheriger Lebensweg mit scharfkantigen Steinen gepflastert war, haben Sie wahrscheinlich einen Konflikt mit Vorstellungsbildern, in denen Sie sich von nun an auf einem sorgenfreien Pfad wandeln sehen. Die Erinnerung an unliebsame Ereignisse steht gegen die Erfolgsbilder für Ihre Zukunft.

Aus diesem Grunde ist es wichtig, auch das Vergessen zu üben. Dies ist ebenso wichtig, wie die Kunst, sich erinnern zu können.

Zur Wiederholung eine der Kernaussagen dieses Buches: Sie sind so, wie Sie sich sehen!

Der Eindruck, den Sie von sich selbst haben, ist die Kumulierung Ihrer bisherigen Vorstellungsbilder. Da fünfundneunzig Prozent der Bevölkerung zur negativen Seite tendieren, ist es höchstwahrscheinlich, dass auch Sie ein negatives Selbstbild haben (es sei denn, Sie gehören zu den glücklichen fünf Prozent). Sie meinen dann, dass es Ihr Schicksal sei, sich abzurackern und auf keinen grünen Zweig zu kommen – und genau das trifft dann in den meisten Fällen auch ein.

Wenn Sie nun einen mentalen Radiergummi besäßen, mit dem Sie alle unangenehmen und negativen Bilder ausradieren und an ihre Stelle positive Bilder setzen könnten, würde dies Ihrem künftigen Erleben und Lebensglück beträchtlich zugutekommen. Und vielleicht sollte ich statt des Konjunktivs hier auch die Zukunftsform gebrauchen, denn wenn Sie einen solchen Radiergummi haben, werden Sie ihn auch benutzen.

Wenn ich vom Ausradieren aller negativen Bilder spreche, ist folgender Hinweis angebracht: Die Bilder von vergangenen unangenehmen Erlebnissen sollten so weit ausradiert werden, wie sie sich auf Ihre aktuellen Aktivitäten auswirken, sie sollten jedoch nicht aus Ihrem Gedächtnis gelöscht werden!

In meinem Leben hatte ich einige bittere Erfahrungen machen müssen und habe viel Lehrgeld bezahlt. Doch möchte ich diese Erinnerungen um nichts auf der Welt löschen oder missen. Nun, da ich gelernt habe, Lebensbedingungen zu meistern und auf beträchtliche Erfolge zurückblicken kann, kann ich wesentlich besser schätzen, was ich jetzt habe, da mir der Vergleich zur Vergangenheit dienlich ist.

Erinnern Sie sich noch an den armen Mann, der arm sein wollte (Seite 142)?

Wir stehen also vor einem Dilemma: Zu Vergleichszwecken sollen wir zwar Vorstellungsbilder von vergangenen Erlebnissen beibehalten, wir sollten aber negative Vorstellungsbilder ausradieren, um positiven Bildern Platz zu machen.

Der beste Ansatz besteht für mich darin, sämtliche Bilder von bisherigen Ereignissen – insbesondere die negativen – herzunehmen und sie in unserer Erinnerung als bloße Referenzdaten zu verwenden. Als Nächstes editieren wir alle neuen Bilder, welche sich Zugang verschaffen wollen, und lehnen sofort jene ab, die sich auf unser Leben und unsere Pläne negativ auswirken könnten.

Ihr mentaler Radiergummi

Früher gab es in jedem Haushalt ein Familienalbum. Darin konnte man Bilder vom Urgroßvater mit seinem buschigen Backenbart und von Urgroßmutter mit ihrer Rüschchenbluse finden. Man konnte auch Bilder von kleinen Nackedeis finden, wie sie sich auf einem Lammfell räkelten.

Keiner von uns sieht heute noch so aus wie damals und niemand kleidet sich mehr so, wie es damals üblich war, aber schön ist es doch, diese vergilbten Fotos durchzublättern und sie mit der Gegenwart zu vergleichen.

Aus den vergangenen Fehlern lernen wir, falls! Dieses kleine Wörtchen ist der Beschleuniger, der Ihre bisherigen Erlebnisse mit den künftigen Erfolgen oder Misserfolgen zusammenbringt.

Die Finanzkrise aus dem Jahre 1929 – die so genannte Weltwirtschaftskrise - belegt die Richtigkeit der vorhergehenden Sätze. Zwei Männer, welche vor der Krise über vergleichbare Mittel verfügten und beide „gut betucht" waren, wurden in geldlicher Hinsicht auf den Stand null gebracht. Einem der beiden ging dies so sehr nach und er bedauerte sich so sehr, dass er zu Boden ging. Er schaffte es nie mehr, sich davon zu erholen.

Der andere Mann erkannte, dass er nicht der Einzige war, der sich in einer solchen Lage befand. Er wusste auch, dass andere, denen es ebenso schlecht ging wie ihm, durchaus überlebten. Er untersuchte die aktuellen Zustände und überlegte sich, welche Branche sich wohl am eheste wieder fangen würden. Dann arbeitete er sich in dieser Sparte hoch. In relativ kurzer Zeit war er wieder einer der „Begüterten".

Denken Sie bitte einen Augenblick über diese beiden Männer nach. Wieso ging der eine unter, während der andere erfolgreich wurde?

Die äußeren Bedingungen waren identisch. Der Unterschied befand sich im Bewusstsein.

Der eine Mann übernahm die Vorstellungsbilder als Katastrophe und da Gedanken Bilder sind und Bilder Vorgaben sind, war das Ergebnis abzusehen. Dieser Mann konnte nur scheitern, weil er sich selbst als gescheitert sah.

Der andere Mann benutzte seinen mentalen Radiergummi, radierte die Katastrophenbilder weg (wobei er für künftige Rückerinnerungen in seinem mentalen Album eine Kopie ablegte), und ersetze diese Vorstellungsbilder durch Erfolgsszenarien.

Übungen

Bei den folgenden Übungen werden über das Denken nachdenken. Das hört sich erst mal seltsam an, aber wenn Sie über das Denken nachdenken, wird sich Ihnen eine große Offenbarung zeigen. Sie werden das riesige Reservoir entdecken, das Ihnen zur Verfügung steht.

Werden Sie äußerst kritisch, was die bildhaften Gedanken angeht, die in Ihr Bewusstsein fließen. Jedes Mal, wenn Sie entdecken, dass sich ein mit Misserfolgen, Krankheiten oder Schwierigkeiten in Verbindung stehendes Vorstellungsbild in Ihr Bewusstsein drängen will, beseitigen Sie es!

Beispiel: Sie haben eine Verabredung mit einem Mann vor, von der Sie sich ein lukratives Geschäft versprechen. Dann kommen Ihnen Vorstellungsbilder, die Sie ins Grübeln bringen, ob Ihr Angebot wirklich so gut ist.

Ersetzen Sie diese Bilder sofort durch begeisterte Vorstellungsbilder, die Ihren Gesprächspartner zeigen, wie er Ihr Angebot erfreut annimmt. Falls Ihr Angebot eines ist, das Ihrem Partner einen Vorteil verschafft, wird dies wahrscheinlich auch so sein.

Ich habe jahrelang Handelsvertreter und Verkäufer geschult und tue dies gelegentlich auch heute noch.

Einmal sprach ich dabei über die Art von Vorstellungsbildern, welche ein Verkäufer vor dem Besuch eines potenziellen Kunden haben sollte.

Ich empfahl den Seminarteilnehmern, mit Vorstellungsbildern auf ihre potenziellen Kunden zuzugehen, in denen diese künftigen Kunden als freundlich gesinnt, wohlwollend und erfreut über die Angebote zu sehen waren. Das ist das genaue Gegenteil von Vorstellungsbildern, wie sie den meisten Vertretern und Verkäufern durch den Kopf gehen, vor allem denen, die noch nicht so lange im Geschäft sind. Diese Jungverkäufer betreten das Gebäude eines eventuellen Kunden meist mit den zweifelnden Gedanken, ob sie auch vorgelassen werden, und falls doch, ob ihre Angebote auf offene Ohren treffen.

Ein leitender Mitarbeiter in einer Werbeagentur erzählte mir einmal, welchen Nutzen er aus diesem Seminar gezogen hatte.

„Ich muss gestehen, dass ich mir nicht erwartet hätte, aus diesem Vortrag so viel Positives mit in meinen Beruf mitzunehmen“, sagte er mir *„da ich mit meinen verkäuferischen Fähigkeiten eigentlich ganz zufrieden war. Ich hatte mich lediglich angemeldet, weil ich für mein Team ein Vorbild abgeben wollte. Aber Ihre Ideen haben mich wachgerüttelt! Ich habe Ihre Ausführungen über geistige Vorstellungsbilder bei Neukunden umgesetzt und habe tatsächlich mehr Abschlüsse getätigt als bisher. Meine Umsätze sind beträchtlich gestiegen!“*

* * *

Eine weitere Übung: Stellen Sie sich dieses Buch nicht nur als ein Buch vor. Begreifen Sie es als Passwort, als einen Generalschlüssel, der Ihnen ein erfüllteres und erfolgreicheres Leben eröffnet.

Gestatten Sie es sich, vor Begeisterung überzusprudeln, wenn Sie Seite um Seite neue Möglichkeiten zur Leistungssteigerung und Erfolgsgewissheit erfahren.

Nehmen Sie sich vor, die hier beschriebenen Grundsätze auf den Prüfstand der Praxis zu stellen und sich selbst zu beweisen, dass diese Prinzipien auch in Ihrem Leben so wirksam sein werden, wie dies bei anderen Leserinnen und Lesern der Fall war.

Doch hüten Sie sich vor Wunschdenken!

Nur zu wünschen, dass dieses Buch Ihnen weiterhelfen soll, wird Sie Ihren Zielen keinen Deut näherbringen. Dann werden Sie sagen: *„Ich hab's ja gelesen, aber gebracht hat es mir nichts."* Und Sie werden die reine Wahrheit gesprochen haben, denn vom bloßen Lesen kommen Sie nicht weiter!

Die Dinge fangen an, sich zu bewegen, wenn Sie geistig sehen, dass Sie sich bewegen. Das gilt natürlich für Gutes wie für Schlechtes gleichermaßen. Falls Ihre geistigen Vorstellungsbilder düstere Zeiten und unangenehme Umstände enthalten, leiten Sie Ihr schöpferisches Bewusstsein an, dass es Ihnen diese unerwünschten Zustände bringen soll. Doch seien Sie dankbar dafür, dass auch das Gegenteil stimmt:

Wenn Sie sich ausmalen, dass Gutes geschieht, erteilen Sie Ihrem schöpferischen Bewusstsein den Auftrag, diese Vorstellungsbilder in Realitäten zu verwandeln!

Denken Sie über das Denken nach! Sie werden dann verstehen, wieso der Mensch so ist, wie er ist. Wenn Sie mit einem Zeittotschläger zusammen sind, studieren Sie seine Denkweise. Sie werden ausnahmslos finden, dass seine Lebensumstände ein Spiegelbild seiner Denkweise sind. Wenn er oder sie denkt, dass etwas „unmöglich" sei, wird es ihm oder ihr unmöglich sein. Dieser Mensch mag zwar jede Menge Ausreden und scheinbar plausibler Gründe vorbringen, warum er nicht von der Stelle kommt, aber leider glaubt er in den meisten Fällen selbst an diese Ausreden und hält sie für die wahren Ursachen, statt sie als fadenscheinige Ausreden zu erkennen.

Studieren Sie alsdann den Erfolgreichen. Wie denkt dieser Mensch? Statt Ausreden hat er Erfolge vorzuweisen.

Wenn ein solcher Mensch vor einem Problem steht, gibt er sich nicht geschlagen, sondern er überlegt: „Wollen wir doch mal sehen! Wie kann ich diese Situation in den Griff kriegen?“ Und über kurz oder lang wird er die knifflige Situation meistern, weil er seinem schöpferischen Bewusstsein die entsprechenden Anweisungen erteilt.

Sein schöpferisches Bewusstsein wird ihn in Gedanken und Tat dazu bringen, so vorzugehen, dass das Problem gelöst wird.

Die Zufriedenheit dieses Menschen ist mit der des Müßiggängers nicht zu vergleichen! Für einen solchen Menschen ist das Leben ein aufregendes Spiel, mit dem kein Glückspielautomat mithalten kann!

Dinge im Schlaf zum Guten wenden

Man möge mir die Wiederholungen verzeihen, aber ich halte Sie für notwendig, damit Ihnen gewisse Grundsätze wirklich in Fleisch und Blut übergehen.

Die Zeit vor dem Einschlafen ist für die Prägung mit konstruktiven Vorstellungsbildern besonders gut geeignet. Radieren Sie alle Vorstellungsbilder aus, die Ihnen aufgrund des zu Ende gehenden Tages gekommen sind. Begeben Sie sich dann zu Bett und malen sich die tollen Dinge aus, die Sie am nächsten Tag erleben werden!

Im Schlaf wird Ihr schöpferisches Bewusstsein die notwendigen Informationen erhalten, welche Sie nach dem Aufwachen in Gedanken und Tat anleiten werden, erfolgszuträglich vorzugehen. Bedenken Sie auch, dass eine scheinbar positiv formulierte Aussage negative Ergebnisse bringen kann.

Nehmen wir als Beispiel, dass Sie Ihre Schüchternheit überwinden wollen. Die Formulierung „Ich überwinde meine Schüchternheit“, hört sich positiv an, doch sie sorgt für einen negativen Zustand. Mit einer solchen Formulierung prägen Sie sich die Tatsache ein, dass Sie schüchtern sind, wodurch dieser Zustand nur noch realer wird.

Um Schüchternheit zu überwinden, sollten Sie affirmieren, dass Sie gerne auf Menschen zugehen, dass Sie Menschen mögen und sich unter Menschen wohlfühlen. Damit gewährleisten Sie, dass auch nicht eine Spur von etwas Negativem in Ihrer Formulierung und Ihrer Gefühlswelt vorhanden ist.

Vor Ihrem inneren Auge sollten Sie sich vorstellen, wie Sie die Gesellschaft anderer Menschen genießen. Falls Sie Ihre Schüchternheit mit Ihren Freundinnen und Freunden thematisiert haben sollten, hören Sie damit auf! Reden Sie nicht mehr darüber! Zeigen Sie Ihren Freunden in der Praxis, dass Ihre Schüchternheit ein für allemal vorbei ist!

Eine gute Formel, um geistige Vorstellungsbilder zu erschaffen, welche sich nicht auf eine negative Weise auswirken, ist Folgende:

Stellen Sie sich gefühlvoll den angestrebten Zustand vor – nicht die aktuelle Lage, welche Sie überwinden wollen!

„Ich werde nicht scheitern“, ist eine Negativaussage. *„Ich bin erfolgreich“*, ist eine positive Formulierung. Der Gedanken *„Ich werde nicht krank sein“* ist negativ, während die Formulierung *„Ich werde immer gesünder“* positiv ist.

Nehmen wir an, dass Sie sich in einer Lage befinden, die so schlimm ist, dass es Ihnen unmöglich ist, sich einen Idealzustand vorzustellen.

Was dann?

Ein Beispiel: Sie haben keinen Cent mehr und sitzen auf einem Schuldenberg. Es fällt Ihnen äußerst schwer, sich eine Situation auszumalen, in der alle Verbindlichkeiten bezahlt sind und Sie über genügend Geld verfügen können. Sie bemühen sich zwar darum, aber es kriechen immer wieder negative Vorstellungen in Ihr Bewusstsein.

Wie gehen Sie in einem solchen Fall vor?

Statt sich vorstellen, dass Ihre Probleme gelöst seien, stellen Sie sich vor, wie Sie eine Lösung erhalten. Sie stellen sich vor, wie Sie innerlich dazu gedrängt werden, die Dinge zu tun, die eine Lösung bringen. Beim Aufwachen werden Sie angenehm überrascht sein. Bereits vor dem Frühstück werden Ihnen Ideen kommen, wie Sie Ihre Probleme abstellen können.

Um die Richtigkeit dieser Aussagen zu überprüfen, suchte ich einen Mann auf, der am Rande des Bankrotts stand, und fragte ihn, was er unternommen habe.

„Es sah so aus, als stünde ich vor dem finanziellen Ruin“, erzählte er mir, während er mit einem verklärten Blick aus dem Fenster sah. *„Ich konnte einfach keine Vorstellungsbilder aufbauen, in denen das Problem gelöst war. Dann erinnerte ich mich an die Aussage: ‚Für jedes Problem gibt es eine Lösung. Andernfalls wäre es kein Problem'. Das leuchtete mir ein. In dieser Nacht habe ich mein schöpferisches Bewusstsein nicht um eine Lösung gebeten, sondern um Führung bei der Ausarbeitung einer Lösung. Am nächsten Morgen fiel mir beim Frühstücken eine Lösungsmöglichkeit nach der anderen ein. Diese Gedanken waren so schlüssig, dass es an der Effektivität keinen Zweifel geben konnte.*

Ich habe eine Idee nach der anderen umgesetzt und war selbst überrascht, wie schnell ich wieder Oberwasser hatte. Seither lasse ich mich durch mein schöpferisches Bewusstsein bei jedem Schritt führen“.

* * *

„Ich will endlich richtig Geld verdienen", sagte ein bedrückter Gehaltsempfänger *„und zwar schnell. Wie soll ich das bloß anstellen?"*

Dieser Mann erhielt ebenfalls den Rat, sich Vorstellungsbilder auszumalen, in denen er sich in komfortablen Lebensumständen sah, und die Bilder auszuradieren, welche mit seiner ungeliebten Arbeitsstelle zu tun hatten.

Die infolge der Veränderung seiner Vorstellungsbilder eingetretenen Ereignisse bilden eine interessante Erfolgsgeschichte:

Sein erster Schritt bestand in der Gelegenheit, zu sehr günstigen Bedingungen ein Grundstück zu erwerben. Er wusste, dass sein Wohnort in Richtung dieses Grundstücks hinauswachsen würde, wodurch das Grundstück an Wert gewinnen würde.

Von seinem schöpferischen Bewusstsein zum Erwerb dieses Grundstücks angeleitet, nahm er bei der einer Versicherung Geld für die Anzahlung auf. Er besaß das Grundstück nur kurze Zeit und verkaufte es dann wieder, was ihm einen Gewinn von 2000 Dollar einbrachte.

Er wurde auf ein weiteres Grundstück aufmerksam, wofür er die 2000 Dollar Gewinn als Anzahlung hernahm. Dieses Grundstück war groß genug, um darauf mehrere Wohngebäude errichten zu können. Er teilte es auf und erzielte diesmal einen Gewinn von 21.000 Dollar.

Es erübrigt sich, die gesamte Geschichte zu erzählen. Letztendlich verdiente dieser Mann viel Geld und es ging ziemlich schnell.

* * *

Das Ausmaß Ihres Erfolgs hängt ausschließlich von der Klarheit Ihrer geistigen Vorstellungsbilder ab!

Ihr mentaler Radiergummi

Falls Sie den mentalen Radiergummi zu Hilfe nehmen und sämtliche Bilder des Zweifels und der Unzulänglichkeit ausradieren und sich stattdessen Vorstellungsbilder ausmalen, die Sie in der angestrebten Endsituation zeigen – sowie den Glauben aufbringen, dass Sie diesen Zustand erreichen können – werden sich die Dinge in Ihrem Sinn bewegen!

Blättern Sie nicht gleich weiter!

Praktizieren Sie die Übungen aus diesem Kapitel! Die Ergebnisse werden Sie auf jede Ebene hochhieven, die Sie sich erwählt haben.

Interessiert daran, die Dinge im Schlaf zum Guten zu wenden?

Wiederholung ist das erste Lerngesetz

Lesen Sie bitte das vorhergehende Kapitel ab Seite 208 nochmals durch.

Erst dann nehmen Sie sich das nächste vor.

Ein Erfolgsbewusstsein aufbauen

Bevor sich die Erfolge auf der physischen Ebene zeigen, sind sie zunächst gedanklich vorhanden. Auf dieses Prinzip sind wir bereits eingegangen.

Durch fast jedes Kapitel dieses Buches zieht sich die Aussage, dass jeder Erfolg geistig beginnt. Doch dies zu wissen, reicht noch nicht aus. Wir müssen auch wissen, wie wir ein Erfolgsbewusstsein aufbauen.

Nehmen wir als sehr einfaches Beispiel eine schmackhafte Torte. Die einzelnen Schichten, die Glasur, die Füllung – alles schmeckt so gut, dass viel kulinarisches Geschick notwendig ist, um diese Gaumenfreude herzustellen.

Wenn Sie sich jedoch das Rezept vornehmen und darin lesen, dass so und so viele Teelöffel von diesem oder jenem, eine Prise von diesem und eine Zutat von jenem zu verwenden sind, ist das Geheimnis rasch entdeckt.

Ein wirkliches Erfolgsbewusstsein ist keine Eventualität des Gelingens – es ist ein Versprechen!

Ein Erfolgsbewusstsein ist ein Geisteszustand, bei dem Sie sich ausschließlich als erfolgreich sehen. Etwas anderes kommt nicht infrage.

Ein Freund von mir hielt sich zusammen mit mir eine Zeit lang in meinem Bastelraum auf. Er wies immer wieder darauf hin, dass er nicht praktisch veranlagt sei und mit Werkzeugen nicht umgehen könne. Er selbst könne diese Sachen nicht bauen, die ich zusammenbastelte, meinte er.

Eines Tages hatte ich Zeit und Muße, um ihm vom Gegenteil zu überzeugen. Ich nahm die Pläne für ein Schränkchen und „zerlegte" sie. *„Dieser Plan ist für sechs Bretter mit einer Länge von 75 cm und einer Dicke von 3 cm. Könntest du ein Brett nehmen und es so zuschneiden?"*, fragte ich ihn.

Ohne zu zögern, antwortete er, dass er das könne. Dann erwähnte ich die Abmessungen eines anderen Bauteils und fragte ihn wieder, ob er diese Teile so zuschneiden könne. Auch dies traute er sich zu.

So gingen wir jeden Schritt durch und er räumte ein, dass es nicht schwierig sei.

Das ging so weit, dass er nach Hause ging und sich einen kleinen Schrank baute. Mittlerweile ist auch sein Hobbyraum ein Werkzeuglager geworden und seine Wohnung zeugt von seinem neu entdeckten Geschick. Sobald er ein Erfolgsbewusstsein von seinen Schreinereikünsten erworben hatte, wurde er sehr geschickt darin.

Ein Erfolgsbewusstsein bringt Sie in jeder Richtung zum Erfolg. Falls Sie nach einem Vermögen und finanzieller Sicherheit trachten, wird es Sie in dieser Richtung führen.

Eine Formel für den Aufbau eines Erfolgsbewusstseins

Falls Sie jetzt nicht weiterlesen könnten und keine andere Wahl hätten, als dieses Buch nochmals von Anfang an zu lesen, könnten Sie selbst ohne Weiteres eine Formel für den Aufbau eines Erfolgsbewusstseins verfassen.

Doch das will ich nicht von Ihnen verlangen. Hier deshalb Schritt für Schritt die Formel:

1. Machen Sie sich klar, dass Sie alles, was ein anderer Mensch erreicht hat, ebenfalls erreichen können. Sehen Sie sich beispielsweise die Geschichte eines der größten Industriellen der Welt, Henry J. Kaiser, an;

Sie werden dann feststellen, dass seine Ausgangslage wahrscheinlich schlechter war als die Ihrige. Er erbte nicht einen Cent, sondern baute sich sein Vermögen selbst auf.

Hat Henry Kaiser jemals gejammert *„Das kann ich nicht!“*, *„Das traue ich mir nicht zu!“* oder *„Wenn ich das nur schaffen könnte!“* Nein!

Als Erstes sorgte er für die richtige Geisteshaltung: **„Ich kann das schaffen!“**

Als Nächstes für den Entschluss: **„Ich werde das schaffen!“**

Das Ergebnis war ein Imperium, das in der gesamten zivilisierten Welt anerkannt wird.

Kaisers größte Leistungen kamen erst in seinen späteren Lebensjahren. Heute, während ich dies schreibe, geht er auf die Achtzig zu und er ist immer noch aktiv. Er ist der Beweis, dass das Alter keine Hürde für jemanden ist, der die richtige Geisteshaltung hat, nämlich:

„Ich kann das schaffen!“

Prägen Sie sich diese Worte fest ein: **„Ich kann!“** Vermeiden Sie Aussagen wie *„ich hoffe, ich wünsche, ich versuche“* und konzentrieren Sie sich auf **„Ich kann!“**

Jedes Mal, wenn Sie bei einem anderen Menschen etwas sehen, was dieser bewerkstelligt und geschafft hat, denken Sie sofort daran, dass Sie das auch können!

Diesen Gedanken sollten Sie selbst auch dann fassen, wenn dies zu diesem Zeitpunkt nicht der Fall sein sollte, denn Ihr Bewusstsein wird dann nicht das negative Gefühl aufgreifen und Ihnen vormachen, dass diese Aufgabe zu groß oder schwierig für Sie sein, sondern es wird anfangen zu begreifen, dass es im Grunde ganz einfach ist.

2. Eignen Sie sich die Haltung an: **„Ich werde das schaffen!“**

Sobald Sie hinsichtlich Ihres Zwischenzieles Klarheit besitzen – von dem Sie wissen, dass es Sie von dort aus zu einem höheren Ziel weiterkommen – fangen Sie unverzüglich an und verschieben es nicht auf morgen!

Viele Menschen sind durchaus der Meinung, dass Sie es schaffen können, aber Sie fangen niemals an. Sie bringen eine Litanei von Gründen vor, wieso später der bessere Zeitpunkt sei.

„Aller Anfang ist schwer“, sagt der Volksmund, und in der Tat ist es schwieriger, etwas zu beginnen, als damit weiterzumachen. Am Anfang müssen Sie überlegen, was es zu tun gibt und wie Sie es am besten anstellen. Sie müssen sich Gedanken machen, welche Hilfsmittel Sie eventuell benötigen und wo Sie sie herkriegen. All das braucht seine Zeit. Diese Zeit kann Minuten, Stunden oder Tage dauern, manchmal sogar Monate oder noch länger.

Ich stand einmal vor einer kleinen Aufgabe, schob sie aber immer wieder um einen Tag auf.

Dann fing mein Gewissen an, mich zu piesacken und mir wurde klar, dass die Aufgabe schon längst erledigt wäre, wenn ich sie am Vortag gemacht hätte. Darüber hinaus würde mich mein Gewissen nicht mehr plagen.

„Da die Zeit nun mal weiterläuft“, dachte ich mir *„wäre es dann nicht besser, an den Zeitpunkt des Abschlusses zu denken, als an den Zeitpunkt des Beginns?“*

Auf diese Weise wird das Bewusstsein auf ein glückliches Ende ausgerichtet, und nicht mehr auf den mühsamen Beginn.

Dieses Prinzip wende ich heute sogar bei meinem Zahnarzt an. Wenn ich einen Termin habe, denke ich nicht mehr an die Schmerzen, welchen ich eventuell ausgesetzt bin, sondern an den Zeitpunkt, an dem ich mich vom Sessel erhebe und erleichterte nach Hause gehe.

3. **Legen Sie Ihr Ziel klar fest.** Es ist ja gut und schön, wenn Sie wissen, dass Sie es schaffen können und dass Sie es schaffen werden – doch was haben Sie jetzt vor?

   Wie genau soll die Situation beschaffen sein, damit Ihr Leben glücklicher, erfolgreicher, erfüllter und gesünder ist?

   Erst nachdem Sie hierüber Klarheit besitzen, sind Sie für den nächsten Schritt reif.

4. Entwickeln Sie nun eine weitere Geisteshaltung, nämlich: **„Tu es gleich!“**

   Nachdem Sie Ihr Ziel analysiert haben und Sie zu dem Schluss gelangt sind, dass Sie es schaffen können, dass Sie es schaffen werden, werden Sie aktiv!

   Jetzt haben Sie ein Erfolgsbewusstsein!

Nachdem Sie diese Schritte als Fakt akzeptiert haben, besitzen Sie ein Erfolgsbewusstsein. Der Umstand, dass Sie Gebieter über Ihre Lebensumstände sind, wird Ihnen Auftrieb geben. Falls Sie mit den aktuellen Zuständen unzufrieden sind, steht es in Ihrer Macht, eine Kehrtwendung einzuleiten.

* * *

Kapitel 16

Ed Roberts war bereits jahrelang als Hausmeister beschäftigt. Sein Nettolohn reichte gerade bis zum Monatsende, um sich, seiner Frau und ihrem gemeinsamen Kind das Nötigste zu besorgen.

Ed ging davon aus, dass er den Rest seines Lebens in dieser Tretmühle verbringen müsse, denn für eine bessere Arbeit fehlte ihm die Ausbildung.

Eines Tages versuchte ein Vertreter, Ed eine elektrische Bohnermaschine zu verkaufen.

„Bei meinem Gehalt ist das nicht drin!“, wehrte Ed ab.

„Warum verdienen Sie denn nicht mehr?“, fragte der Handelsvertreter.

Tausend Gedanken schossen Ed durch den Kopf. *„Warum verdiene ich eigentlich nicht mehr?“*, grübelte er. Er dachte an die Bekannten, die auch keine besseren Voraussetzungen hatten als er, aber offenbar finanziell besser dastanden.

Ed dachte an die vielen Dinge, die er tun würde, wenn er mehr finanziellen Spielraum hätte. Es waren keineswegs nur materielle Dinge, sondern auch andere hehre Ziele.

Die vom Vertreter gemachte Bemerkung verfolgte ihn tagelang. Sie stachelte ihn an. Ed fing an, ein Erfolgsbewusstsein zu entwickeln, indem er sich ein Ziel setzte – ein Ziel, von dem er wusste, dass es zu schaffen war und dass er schaffen wollte. Ed nahm sich vor, Vermieter zu werden.

Nach und nach legte er ein paar Dollar beiseite und sparte sich ein kleines Vierfamilien-Wohnhaus zusammen. Er wohnte mit seiner Familie in einer der Wohnungen, die drei übrigen vermietete er. Mit den Mieteinnahmen konnte er nicht nur sämtliche Kosten decken, sondern auch noch etwas auf die hohe Kante legen.

Erfolgsbewusstsein aufbauen

Schließlich gab Ed Roberts seinen Hausmeisterposten auf und kaufte sich ein größeres Wohngebäude.

Das Einkommen dieses Mannes ist wesentlich gestiegen und man kann davon ausgehen, dass diese Entwicklung noch weitergehen wird.

Doch die Voraussetzung war ein Erfolgsbewusstsein. Ed Roberts wusste, dass es zu schaffen war.

Sollte ihn heute jemand fragen, ob er sich dies oder jenes leisten kann, überlegt er nicht mehr, „ob" es machbar ist – er fragt sich nur, ob er es haben will.

Den Erhebungen der großen Finanzinstitute zufolge übersteht nur jede vierte Neugründung das erste Geschäftsjahr. Für diese hohe Misserfolgsquote gibt es viele Gründe, aber ich vermute, dass in sehr vielen Fällen das mangelnde Erfolgsbewusstsein der Gründer eine Rolle spielte. Viele Existenzgründer fangen mit der Hoffnung an, dass es ihnen irgendwie gelingen wird, viel Geld zu verdienen.

Die Erfolgreichen jedoch schließen das Scheitern kategorisch aus und wissen, dass sie es schaffen werden!

Wie bereits erwähnt, wird derjenige, der mit einem Erfolgsbewusstsein an ein neues Vorhaben herangeht, gedanklich dazu angeleitet, die Dinge zu tun, die seinem Erfolg zugutekommen.

Solange er jedoch auf der Ebene des bloßen Wünschens verharrt, leitet ihn sein schöpferisches Bewusstsein in Gedanken und Tat an, Dinge zu tun, die ihm Misserfolge bringen. Deshalb ist Wünschen negativ! Niemand wünscht sich etwas, von dem er weiß, dass er es haben kann!

* * *

Eine Verkäuferin, die Hörgeräte anbietet, sagte, dass sie sich sehr ins Zeug legen müsse, um pro Woche drei Geräte zu verkaufen. Das sei die Mindestanzahl, um in ihrer Branche einigermaßen gut leben zu können.

Nachdem sie einen Vortrag über das Erfolgsbewusstsein gehört hatte, nahm sie sich vor, von nun an mindestens fünf Geräte pro Woche zu verkaufen.

In der darauffolgenden Woche verkaufte sie sechs Stück und danach lagen ihren Verkaufsziffern immer zwischen fünf und sechs Geräte pro Woche. Bemerkenswert ist jedoch auch, dass sie jetzt weniger schwer arbeitet als vor dieser Erkenntnis.

* * *

Ein Werbetexter verfasste ganz passable Texte, aber sie waren Schwerstarbeit für ihn. Er verbrachte Stunden damit, sich zugkräftige Formulierungen auszudenken. Manchmal verwarf er alles wieder und fing von vorne an.

Da ich selbst früher in der Werbebranche tätig war, wurde ich gebeten, diesem jungen Mann etwas Schützenhilfe zu geben.

„*Lassen Sie Ihr schöpferisches Bewusstsein für Sie arbeiten!*“, sagte ich ihm gleich vorneweg.

Er wusste zunächst nicht, worauf ich hinauswollte; ich erklärte es deshalb ausführlicher. Dieser Mann räumte ein, dass er gerne Werbetexte schrieb, aber auch Angst vor einer Überforderung hatte. Er ging mit der Haltung an die Aufgabe heraus, dass ihm etwas Schwieriges bevorstünde – was dann ja auch immer der Fall war.

„*Sie brauchen ein Erfolgsbewusstsein, was Ihre Arbeit angeht*“, riet ich ihm. „*Wenn Sie mit der Haltung herangehen, dass sie gerne texten und dass es ein Klacks für Sie ist, meisterhafte Formulierungen zu finden, werden Sie bald einen Unterschied merken*“.

Das Ergebnis ließ nicht auf sich warten: Dieser Mann wurde doppelt so produktiv und die Qualität seiner Texte nahm merklich zu.

Für jeden, der mit der Wirkungsweise des Bewusstseins vertraut ist, ist dies nicht weiter verwunderlich. Solange Sie denken, dass Ihnen Ihre Arbeit schwerfallen wird, wird Ihr schöpferisches Bewusstsein diese Vorgabe übernehmen und aufgrund dieser Anweisung tätig werden. Ihre Arbeit wird Ihnen schwerfallen.

Falls Sie andererseits Spaß und Freude an Ihrer Arbeit haben und wissen, dass sie Ihnen leichtfallen wird, wird Ihr schöpferisches Bewusstsein diese Vorgabe ebenfalls übernehmen und als Anweisung auffassen.

* * *

In einem anderen Werbebereich war ich einmal Verfasser eines Fernkurses, bei dem die Teilnehmer lernten, wirksame Verkaufsbriefe zu schreiben. Eine Kurseinheit war dem Aufbau eines Erfolgsbewusstseins gewidmet, soweit es um das Formulieren von Werbebriefen ging. Den Kursteilnehmern wurde gesagt, dass sie sich bewusst machen sollten, dass sie beim Formulieren geleitet würden, solche Texte zu schreiben, die die besten Ergebnisse zeigen würden.

Ein Geschäftsmagazin führte einen Wettbewerb durch und schrieb für die besten eingesandten Werbebriefe Preise aus. Einer meiner Studenten erhielt den ersten Preis, ein weiterer gewann den dritten Preis. Doch das ist nur ein kleiner Teil der Geschichte. Viele Studenten erhielten außerordentlich gute Stellen, weil sie ergebnisorientierte Werbetexte verfassen konnten.

Hier kam wieder dasselbe Prinzip zur Anwendung. Bleiben Sie bei dem Gedanken, dass Sie hervorragende Texte verfassen können und Sie werden gute Briefe schreiben!

Kapitel 16

Während ich an diesem Kapitel schrieb, rief mich ein junger Mann an und teilte mir mit, dass er sich als Student bei der University of California in Berkley eingeschrieben habe. Allerdings machte er sich Sorgen, weil er Konzentrationsschwierigkeiten hatte. Er befürchtete, dass er keine guten Leistungen erbringen könne.

Sicherlich könnten Sie aufgrund der bisherigen Ausführungen diesem jungen Studenten bereits brauchbare Ratschläge erteilen.

Sie würden ihm raten, sich ein bezüglich seiner Konzentrationsfähigkeit ein Erfolgsbewusstsein anzueignen. Dazu müsse er denken, dass er eine große Konzentrationsfähigkeit besäße und dass er einen Gedanken so lange aufrecht halten könne, bis er ihn nicht mehr brauche.

Ich denke, dass meine Ratschläge auf fruchtbaren Boden gefallen waren, denn am Schluss meiner Erklärungen sagte er mir: „*Ich verstehe, was Sie meinen. Von nun an sehe ich mich als jemand, der sich einwandfrei konzentrieren kann.*"

Mit Sicherheit haben Sie auch aus diesem Kapitel wieder wertvolle Lehren gezogen.

Können Sie erkennen, wie sehr es von Ihnen abhängt, ob Sie Ihre Probleme in den Griff bekommen?

Ist es Ihnen nun klar, dass Sie so sind, wie Sie sich sehen?

Ist Ihnen auch klar, dass Sie die Schuld nicht bei äußeren Umständen und anderen Menschen zu suchen brauchen, falls Ihr Leben nicht so aussieht, wie Sie es gerne hätten?

Was würden Sie von einer Familie halten, die sich zu Tode hungert, obwohl sie von einem Überangebot an Lebensmitteln umgeben ist?

Natürlich erscheint Ihnen diese Fragestellung lächerlich, aber viele Leute tun genau das. Sie besitzen alles, was sie für Gesundheit, Wohlergehen und Lebensglück benötigen, aber sie lassen diese inneren Kräfte brachliegen und begnügen sich mit einem bloßen Existieren unter Verzicht auf die vielen segensreichen Wohltaten, die sie haben könnten.

Dinge im Schlaf zum Guten wenden

Diese Überschrift hatten wir bereits einmal. Sie soll Sie daran erinnern, dass Ihr schöpferisches Bewusstsein am besten arbeitet, während Ihr Tagesbewusstsein ausgeschaltet oder mit etwas Angenehmen beschäftigt ist.

Ihre Gedanken tagsüber positiv ausgerichtet zu halten, ist auf jeden Fall zuträglich, doch optimal ist es, wenn Sie positive Gedanken kurz vor dem Einschlafen in Ihr Bewusstsein versenken.

Denken Sie vor dem Einschlafen an das Erfolgsbewusstsein, welches Sie aufbauen wollen. Wenn Sie beispielsweise Schriftstellerin oder Schriftsteller werden wollen, halten Sie den Gedanken aufrecht, dass Sie ein guter Schriftsteller sind und dass Sie bei Ihrer Arbeit geführt werden, solche Werke – Bücher oder Artikel – zu verfassen, die Sie schreiben wollen.

Sollten mehr Einnahmen Ihr Ziel sein, so begnügen Sie sich nicht mit dem bloßen Wünschen. Erinnern Sie sich daran, dass Sie in Gedanken und Tat geleitet werden, Ihr Ziel zu erreichen. Falls Sie Ihrem Bewusstsein die von Zweifeln bereinigten Erfolgsgedanken einprägen, werden Sie überrascht sein, wie getreulich Ihr schöpferisches Bewusstsein Ihre Vorgaben umsetzt.

Üben! Üben und nochmals Üben!

Nicht umgesetztes Wissen ist wertlos. Statt zu den bisherigen Ausführungen zustimmend zu nicken, aber untätig zu bleiben, sollten Sie ihnen eine Chance geben.

Kapitel 16

Diese Einsichten haben bei anderen funktioniert und Sie werden auch bei Ihnen funktionieren!

„*Soll ich mich auf ein einziges Ziel beschränken?*", interessiert Sie nun vielleicht. Keineswegs. Sie können durchaus „mehrere Eisen im Feuer" haben.

Sie können zum Beispiel mit einem Erfolgsbewusstsein beginnen, das mit Geld zu tun hat. Sie können auch mit einem Erfolgsbewusstsein bezüglich eines bestimmten Talents beginnen, das Sie gerne hätten.

Sollten Sie an Ihrer Wesensart gewisse Veränderungen vornehmen wollen, können Sie ein Erfolgsbewusstsein aufbauen, das Ihnen eine attraktivere Persönlichkeit beschafft.

Bevor Sie das nächste Kapitel beginnen, sollten Sie das bisher Gelesene wieder Revue passieren lassen. Durchdenken Sie, was Sie gelesen haben. Sollte Ihnen das eine oder andere nicht mehr einfallen, lesen Sie das Kapitel bitte nochmals durch.

Der Wert dessen, was Sie aus diesem Buch gewinnen können, ist in Geld überhaupt nicht zu beziffern.

Sie sollten sich auch nicht einen Bruchteil davon durch die Lappen gehen lassen!

Lesen Sie bitte das vorhergehende Kapitel ab Seite 220 nochmals durch.

Erst dann nehmen Sie sich das nächste vor.

Kapitel 17

Das Gesetz des Überflusses

Nach einem langen und kalten Winter, als die kleinen Knospen gerade anfingen, eine grüne Tönung auf die kargen Bäume zu werfen, ging mir eine wichtige Wahrheit auf.

Menschen neigen zur Selbstsucht und haben Angst davor, sich von ihrem Besitz zu trennen, weil sie befürchten, ihn nicht mehr erlangen zu können.

Doch die Natur ist ständig am Geben. Die Bäume haben keine Angst vor abfallenden Blättern im Herbst; sie befürchten nicht, dass sie dann im nächsten Frühjahr ohne Blätter dastünden.

Haben Sie je von einem lebenden Geschöpf gehört, das verhungerte, während es sich in seinem natürlichen Lebensraum aufhielt?

In Kapitel 8 haben Sie erfahren, dass mit Geld nur Arbeitskraft gekauft werden kann: Geld für die Förderung von Rohstoffen aus der Erde und Geld für die Arbeit, die für die Umarbeitung der Rohstoffe in Endprodukte aufgewendet wird.

Es gibt keinen Mangel an Rohstoffen. Die Erde ist bereit, uns großzügig von ihren mineralischen und pflanzlichen Schätzen zu geben. Es gibt auch keinen Mangel an Arbeitskraft, um die Rohstoffe zu fördern und sie in Herstellungsprodukte zu verwandeln.

„Wenn das stimmt, frage ich mich, wieso so viele Leute Schwierigkeiten haben, diese Produkte zu kaufen? Wieso fehlt ihnen das Geld?“, wenden Sie nun vielleicht ein.

Die Antwort auf diese Frage liegt im Horten und nicht beim Erwerb von Produkten.

Das Gesetz des Überflusses

Ein englischer Schriftsteller aus dem siebzehnten Jahrhundert, James Howell, schrieb seinerzeit: „*Wohlstand gebührt nicht dem, der ihn hat, sondern dem, der ihn genießt.*“

Falls das gesamte Geld in Umlauf gehalten würde, gäbe es für jeden Arbeit und jeder Mensch hätte genügend Geld, um sich nicht nur mit dem Notwendigsten einzudecken, sondern sich auch darüberhinausgehende Annehmlichkeiten zu gönnen.

Ein solcher Zustand klingt utopisch, doch so gut er sich oberflächlich auch anhört, habe ich dennoch meine Bedenken, ob ich dafür stimmen würde.

Denn in einer solchen Situation würde jegliche Eigeninitiative wegfallen. Man würde nur noch das Nötigste erledigen, um sich seinen Anteil zu sichern, und keinen Deut mehr.

Schließlich sind es die Visionäre, welche Konzerne, Städte und Industriezweige aufbauen, wodurch sich das Rad des Fortschritts weiterdreht und andere inspiriert, es ihnen nachzumachen.

Es gibt ein Gesetz des Überflusses und die Menge an irdischen Gütern, welche jemand erwirbt, steht in einem unmittelbaren Verhältnis zur Höhe, auf die sich dieser Mensch begeben kann.

Die Statistik sagt uns, dass in finanzieller Hinsicht nur fünf Prozent der Bevölkerung erfolgreich sind. Dem negativ ausgerichteten Zeitgenossen wird dieser Prozentsatz sehr düster vorkommen, doch andere werden diese Zahl ermutigend finden. Ihnen, die Sie in Begriff sind, eine positive Geisteshaltung zu entwickeln, zeigt diese Statistik, wie viel Platz an der Spitze noch ist – und mit der Einstellung, dass Sie es schaffen werden, werden Sie an die Spitze gelangen!

Überlegen Sie nur einmal, was alles für Sie spricht!

Falls Sie Gold oder ein anderes Edelmetall schürfen wollten, würden Sie sich einen Ort suchen, wo die Bodenbeschaffenheit darauf hinweist, dass das gesuchte Metall dort vorkommen dürfte. Sie würden viel Zeit und Geld aufwenden, um diese Vorarbeiten zu machen und nicht nur ins Blaue hinein irgendwo zu graben beginnen.

Wenn Sie nun das Gesetz des Überflusses zu Ihren Gunsten anwenden wollen, fangen Sie mit der Erkenntnis an, dass der Schlüssel in Ihrem eigenen Bewusstsein zu finden ist. Wie viel von der Quelle des Überflusses zu Ihnen fließt, hängt einzig und allein von dem Erfolgsbewusstsein ab, das Sie sich angeeignet haben.

Sollte Ihnen das von Ihnen Angestrebte jenseits Ihrer Möglichkeiten erscheinen und Sie es sich nicht vorstellen können, in diese ersehnte Situation zu gelangen, wäre es vergebliche Liebesmühe, danach zu streben. In diesem Fall würden die Zweifel gewinnen.

* * *

Nach einem meiner Vorträge über das Gesetz der Überflusses sprach mich ein junger Mann an und bekannte mit großer Begeisterung: *„Ich wollte immer schon reich sein, aber unterschwellig nagte gleichzeitig das Gefühl an mir, dass mir Reichtum nicht beschieden sei. Nach Ihrem Vortrag weiß ich, dass ich reich sein kann und ich werde nicht aufhören, bis ich eine Million auf dem Konto habe.“*

Dieser Mann besaß überhaupt kein Geld und seine Aussichten schienen nicht besonders rosig zu sein, aber irgendwie glaubte ich ihm. Seine Aufrichtigkeit und Zuversicht gaben mir das Gefühl, dass er es nicht beim bloßen Wünschen belassen würde.

Es dauerte keine zwei Jahre, bis er mich anrief und mich zum Mittagessen einlud. Er hatte in dieser Zeit tatsächlich ein persönliches Vermögen in Höhe von einer Million Dollar erreicht!

Nicht immer höre ich von meinen Vortragsbesuchern so positive Nachrichten. Alle sind sich einig, dass sie reicher sein wollen, aber nur wenige begreifen, dass die Voraussetzung für Reichtum darin besteht, dass sie dies auch glauben können.

Ich erinnere mich an einen anderen Mann, der mir begeistert eröffnete, dass ihm nun ein Licht aufgegangen sei und dass er sich von nun an auf dem Weg zum Reichtum befände. Einige Zeit später sprach er mich nochmals an und prahlte damit, dass er seine Einnahmen nun bereits fast verdoppelt habe.

„*Sind Sie jetzt reich?*", fragte ich vorsichtig nach.

„*Na ja, eigentlich nicht*", meinte er. „*Reichtum war in so kurzer Zeit auch nicht zu erwarten.*"

Die Glaubensfähigkeit dieses Mannes machte bei einer Einkommenssteigerung Halt. Vielleicht versuchte er ja auch, sich als reich vorzustellen, aber es mangelte ihm an Glauben.

„*Wenn Sie mit einer anderen Einstellung eine Einkommensverdoppelung erreicht haben, müssten Sie eigentlich geistig so weit gewachsen sein, dass Sie sich als bereits reich sehen können*", warf ich ein. Er bejahte das, aber ich habe ihn seither nicht mehr gesehen. Ich denke aber, dass ich ihn als reichen Mann begrüßen werde, falls ich nochmals zu Gesicht bekommen sollte.

* * *

Ein Mann in Florida hatte bereits in jungen Jahren ein Vermögen von über einer Million Dollar erwirtschaftet. Durch unkluge Investitionen hatte er es jedoch wieder rasch verloren.

Obwohl dieser Mann über seinen Verlust betrübt war, gab er nicht auf.

Kapitel 17

Er war sich bewusst, dass er immer noch dieselben Fähigkeiten besaß, die ihm vormals seinen Reichtum einbrachten; mehr noch: denn jetzt hatte er auch mehr Erfahrung gewonnen. Er fing wieder von vorne an und ist jetzt wieder Millionär.

Die Kernaussage in diesem Kapitel ist, dass Sie es felsenfest glauben müssen. Sie reden nicht nur davon, dass Sie es glauben, sondern Sie sind innerlich davon überzeugt. „Glauben Sie an sich und erreichen Sie, was Sie wollen!", um mit Claude Bristol zu sprechen.

Sie kennen wahrscheinlich die Geschichte des Pfarrers, der ein paar Tage bei einer Familie verbrachte, die zu seiner Gemeinde gehörte. Beim Abendessen kam das Gespräch auf das Thema Glaube.

„Glauben Sie, dass die Bibel Recht hat und der Glaube Berge versetzen kann?", fragte das Familienoberhaupt. „Ja, das glaube ich!", erwiderte der Gast.

„Gut. Heute Abend gehe ich zu Bett und glaube daran, dass der Berg da drüben morgen früh weg sein wird", erklärte der Gastgeber.

Am nächsten Morgen blickte der Mann neugierig aus dem Fenster. Der Berg stand immer noch da. Der Mann rief aus: *„Ich wusste doch, dass er sich nicht von der Stelle rühren würde!"*

Oft verwechseln wir Glauben mit Wunschdenken. Wir wollen es ja glauben, aber die lang und tief in unser Bewusstsein eingeschliffenen Zweifelsspuren machen unsere Hoffnungen, die wir für Überzeugungen halten, zunichte.

So seltsam es sich auch anhören mag, ist es gar nicht so selten, dass jemand unbewusst gegen die Gedanken arbeitet, die er im Tagesbewusstsein hält. Meist ist dies auf einen Schuldkomplex zurückzuführen.

Ein solcher Mensch hat sich vielleicht einer Verfehlung schuldig gemacht und hält sich für unwürdig, das Beste im Leben zu erfahren. Unter solchen Umständen sind alle Versuche, die ständig präsente Quelle des Überflusses anzuzapfen, zum Scheitern verurteilt.

Von einem Schuldgefühl geknebelt

Sollten jemandem, der vom rechten Pfad abgekommen war, Erfolg und Glück verwehrt bleiben? Falls dies der Fall wäre, gäbe es nicht viele erfolgreiche Menschen auf dieser Erde, denn wer kann schon guten Gewissens sagen, dass er sich niemals versündigt habe?

Ich möchte Ihnen gerne folgende Frage stellen: Ist irgendjemandem gedient, wenn ein Sünder zurückgehalten wird?Natürlich nicht!

Wenn dieser Mensch als Versager durchs Leben geht, ist er weder für sich noch für seine Angehörigen eine große Hilfe. Er trägt auch nichts zu seiner Gemeinde, seinem Dorf oder seiner Stadt bei, da er kaum Geld in Umlauf bringen kann und wirtschaftlich keinen nennenswerten Beitrag leistet.

Sollten Sie auf dem Wege der Innenschau zu der Einsicht gelangen, dass Sie ein Schuldgefühl mit sich herumschleppen, so sollten Sie es zu Ihrem Vorteil nutzen. Dieses Gefühl wird Ihnen bei Ihrem künftigen Verhalten helfen und Sie werden auch alles daran setzen, dass andere Menschen nicht dieselben Fehler begehen. Auf diese Weise werden sich Ihre Verfehlungen als Segen für Ihre Mitmenschen erweisen.

Indem Sie Ihr Gewissen von den störenden Elementen befreien, werden Sie eine völlig veränderte Haltung zu sich selbst einnehmen. Sie werden Lebenserfolg und Glück als Ihre angestammten Rechte betrachten.

* * *

Kapitel 17

Es gab einen Mann, der zweimal versucht hatte, sich das Leben zu nehmen. Man überredete ihn, einen Psychiater aufzusuchen, der in der Vorgeschichte dieses Lebensmüden herumstocherte.

Der Arzt machte eine interessante Entdeckung: Als der Patient etwa zwanzig Jahre alt war, hatte er sich stark verschuldet. Statt die Schulden abzuzahlen, zog er in eine andere Stadt.

Als ihm der Psychiater sagte, dass es immer noch möglich sei, die Scharte auszuwetzen und die alten Gläubiger zu bezahlen, meinte der Patient, dass das schon so lange her sei, dass er sich gar nicht mehr an alle Namen erinnern könne. Es würde auch schwierig sein, die wenigen, die ihm noch einfielen, ausfindig zu machen.

„*Ich darf Ihnen Folgendes raten*“, meinte der Psychiater. „*Gehen Sie von nun an redlich mit allen Menschen um und nutzen Sie jede Chance, um Bedürftigen zu helfen. Tun Sie das im Namen der Gläubiger, die Ihretwegen Geld verloren haben. Das wird Ihr Gewissen erleichtern und den Weg freimachen, damit Sie wieder leben können!*“

Dieser Rat erwies sich als Zauberformel. Der Mann gründete einen Hilfsfonds. Er besorgte sich dutzendweise inspirierende Bücher zum Weiterverschenken. Er fing ein Geschäft an und unterstützte körperbehinderte Männer und Frauen, soweit dies in seiner Macht stand.

Davor war dieser von Schuldgefühlen geplagte Mann unglücklich gewesen. Finanziell war er noch nie auf einen grünen Zweig gekommen.

Doch nach dieser Offenbarung wagte er sich an große Vorhaben. Nun fühlte er sich würdig, solche Projekte anzugehen. Und vor allem war er jetzt glücklich!

Vielleicht trifft dieser Fall in dem ein oder anderen Aspekt auch auf Sie zu. Viele Menschen haben einen Schuldkomplex und wissen es gar nicht.

Falls ein inneres Gefühl an Ihnen nagt, dass Sie Erfolge gar nicht verdient hätten, sollten Sie sich klarmachen, dass jeder neue Tag der Anfang eines neuen Lebens sein kann. Ihre Zukunft hängt davon ab, was Sie jetzt dafür tun – nicht davon, was Sie vor zehn, zwanzig oder dreißig Jahren getan haben!

Wissen Sie, wieso so viele bedingt Entlassene kurz nach ihrer Freilassung aus dem Gefängnis wieder straffällig werden? Diese Leute haben ein Schuldbewusstsein. Sie sehen sich selbst als Kriminelle und verhalten sich dann so, wie es von Kriminellen erwartet wird.

Wer sich von dem Groll befreien kann, den er vielleicht bereits seit Jahren innerlich spürte, wird erfolgreich ein neues Leben beginnen können. Ehemalige Strafgefangene, die erkennen konnten, dass ihre Schuldgefühle ein Teil des Preises waren, den sie für ihre Taten zu bezahlen hatten, wachsen mit der Zeit darüber hinaus und verdienen sich wieder den Respekt ihrer Mitmenschen.

Wie real ist das Gesetz des Überflusses?

„Pah! Dieses Zeug von der geistigen Vorherrschaft ist doch Humbug“, spottete ein junger Mann. *„Die bilden sich doch tatsächlich ein, dass man nur so und so denken müsste, und dann würde alles gut. Als ob einem der Erfolg in den Schoß fallen würde.“*

Die meisten Menschen denken so. Deshalb hinken fünfundneunzig Prozent hinterher und holen den Erfolg nie ein.

„Betrachten Sie sich als erfolgreich?“, fragte ich einen dieser Skeptiker.

„Nein!“, kam es sogleich zurück.

„Warum nicht?“, bohrte ich weiter.

Er tischte die üblichen Ausreden auf. Er habe zu wenig Ausbildung. Er kenne niemanden, der ihm helfen wolle. Er habe kein Geld. Er könne seine Arbeitsstelle nicht aufgeben. Und so weiter, und so fort. Ein wirklicher Grund für sein mittelmäßiges Dasein war nicht dabei.

So, wie dieser Mann über Erfolg redete, hätte man meinen können, dass es nur eine gewisse Menge davon gäbe, weshalb der Mehrheit nichts anderes übrig bliebe, als sich mit Misserfolgen zu begnügen.

Ich sprach ausführlich über das Gesetz des Überflusses und wies darauf hin, dass für jeden Menschen genug Erfolg da sei. Ich erklärte, dass insgesamt umso mehr Erfolge möglich würden, je mehr Menschen ein Erfolgsbewusstsein entwickeln würden.

Über eine Reihe wohldurchdachter Fragen führte ich diesen jungen Mann weiter, bis ihm seine Ausreden – an die er selbst glaubte – ausgingen. Dann nahm ich mir jede Ausrede einzeln vor und bewies ihm, dass dies nicht die wahren Ursachen waren.

Endlich fing er an zu begreifen, dass sehr wohl etwas dran war an der Behauptung, dass der Geist über der Materie stünde. Er dachte nicht nur an die Dinge, die er tun könnte, sondern an das, was er tun würde!

Immobilien hatten ihn immer schon interessiert, aber er hatte sich nie vorstellen können, in diesem Bereich erfolgreich zu sein.

Da man in den meisten amerikanischen Bundesstaaten eine Prüfung ablegen muss, um eine Genehmigung zu erhalten, entschied sich dieser Mann, die notwendigen Schritte einzuleiten, um Makler zu werden. Er schrieb sich bei einer Abendschule ein und meldete sich zum gegebenen Zeitpunkt zur Prüfung an – die er bestand!

Bald erhielt er eine Anstellung in einem Maklerbüro und mit seiner veränderten Einstellung machte er sich gut.

Bereits im ersten Monat erhielt er Provisionen in Höhe von 765 Dollar.

Im nächsten Monat kam er auf über 1000 Dollar. Nach und nach kletterte er immer höher.

Er kündigte und eröffnete sein eigenes Büro. Nachdem er sich einen gewissen Grundstock zusammengespart hatte, erstand er ein Grundstück und gründete ein Bauunternehmen.

Heute ist er Leiter in einem Unternehmen mit einem Umsatz von mehreren Millionen.

Zweifelt er immer noch an der Gültigkeit der Aussage, dass der Geist über die Materie gebietet? Zieht er das Gesetz des Überflusses nach wie vor ins Lächerliche?

Heute wundert er sich über seine frühere Blindheit. Nun gehört er zu denjenigen, die Zweiflern die Augen öffnen.

* * *

„*Die Zeiten sind schlecht. Am besten fängt man jetzt nichts Neues an*“, war das Alibi eines Mannes, der nicht viel vorzuweisen hatte. Ich antworte nur: „*Papperlapapp!*“

Gerade in schlechten Zeiten werden große Führungspersönlichkeiten geboren. In solchen Zeiten gibt es Chancen und Gelegenheiten zuhauf – in Hülle und Fülle!

Wenn Sie einem Geschäftsführer in schlechten Zeiten erzählen, dass Sie wissen, wie Sie seine Umsätze steigern können, wird er die Ohren spitzen. Solange jedoch alles am Schnürchen läuft, sieht er keinen Anlass, neue Wege zu erkunden.

Kurz nach der Weltwirtschaftskrise im Jahre 1929, als ein Geschäft nach dem anderen die Pforten schloss, sprach ich mit einem Mann, der in Begriff war, einen geschäftlichen Neustart zu wagen.

„Mein Bekanntenkreis will es mir unbedingt ausreden. Manche halten mich für verrückt, aber ich bin sehr gelassen. Ich werde den großen Wurf landen!“ Das tat er dann auch, und als die Krise ausgestanden war, war er den anderen so weit voraus, dass sie ihn nie mehr einholen konnten.

Rezessionen sind keine Folgen natürlicher Abläufe, sie werden von Menschen gemacht. Auch gute Zeiten werden von den Menschen gemacht, nicht von der Natur.

Während der Wirtschaftskrise betrieb ich in New York eine Werbeagentur. Täglich kamen Männer und Frauen in mein Büro und bettelten um Arbeit. Diese Leute waren dringend darauf angewiesen; sie konnten sich nicht einmal mehr das Notwendigste leisten.

* * *

Ein Mann aus dem immerhin fast 4000 Kilometer entfernten Seattle hatte meine Firma ins Visier genommen, weil er gerne als mein Partner arbeiten wollte. Alle paar Tage erhielt ich einen Brief von ihm. Darin beschrieb er, auf welche Weise er meine Umsätze steigern wollte, doch mit keiner Zeile ging er darauf ein, dass er die Stelle dringend brauchte.

Da draußen gab es in unmittelbarer Nähe meines Büros Tausende von Arbeitslosen und Arbeitssuchenden, aber ich lies diesen Mann über eine weite Strecke herkommen, weil er nicht an den Stillstand der Welt glaubte, sondern vom Gesetz des Überflusses ausging. Sein Verhalten belegte die Existenz dieses Gesetzes.

Wollen Sie das Gesetz des Überflusses auf den Prüfstand stellen?

Bevor wir gehen können, kriechen wir. Bevor wir laufen können, gehen wir. Dieses Muster empfiehlt sich auch bei der Prüfung des Gesetzes des Überflusses.

Fangen Sie bei etwas Überschaubarem an.

Vielleicht fahren Sie eine alte Schrottkiste. Jahr für Jahr werden Millionen neuer Autos hergestellt und verkauft. Eines davon wäre vielleicht das Richtige für Sie!

Nehmen Sie sich als Erstes vor, dass Sie ein fabrikneues Auto haben werden. Legen Sie Marke und Modell fest. Dann machen Sie sich klar, dass Sie über die notwendige Glaubensfähigkeit verfügen, und setzen diesen Glauben in die Tat um.

Jede Nacht vor dem Einschlafen geben Sie Ihrem schöpferischen Bewusstsein das Vorstellungsbild vor, dass Sie in Gedanken und Tat geleitet werden, alles zu unternehmen, was Ihr neues Auto zu einer Realität in Ihrem Leben machen wird.

Dieser Praxistest ist sehr bedeutsam. Damit fangen Sie an, zu verstehen, dass Sie alles haben können, was Sie im Leben erreichen wollen. Falls Sie mit Erfolgsüberzeugung und nicht nur mit Wünschen vorgehen, werden Sie überrascht sein, wie schnell Sie am Steuer Ihres neuen Wagens sitzen.

Gehen Sie nun einen Schritt weiter. Vielleicht wäre eine Selbstständigkeit etwas für Sie? Wenden Sie nun dieselben Grundsätze an und über kurz oder lang wird Ihr Namensschild vor einem Geschäft hängen.

Segen ohne Ende!

Die Natur ist willens und erpicht darauf, Sie zu beschenken! Das Gesetz des Überflusses funktioniert immer. Richten Sie sich nach diesem universellen Gesetz und es wir für Sie tätig werden!

Zum Abschluss dieses Kapitels liegt mir noch ein Wunsch am Herzen:

Seien Sie glücklich!

Kapitel 17

Seien Sie glücklich, dass Sie jetzt die Voraussetzungen und Vorgehensweise kennen, um über die Anwendung des Gesetzes des Überflusses das Leben zu genießen!

Lesen Sie bitte das vorhergehende Kapitel ab Seite 223 nochmals durch.

Erst dann nehmen Sie sich das nächste vor.

Kapitel 18

Jetzt reich werden!

„Ich glaube schon, dass man reich werden kann, wenn man es richtig anstellt", sagte ein frisch verheirateter Mann geradeheraus, *„aber es dauert so lange, bis die entsprechende Ausbildung abgeschlossen ist, dass ich mir nicht sicher bin, ob ich das durchhalte."*

Aussagen dieser Art sind nicht unüblich, auch wenn die eigene Schwäche nicht immer so freimütig zugegeben wird. Die Tatsache bleibt jedoch bestehen, dass die meisten Menschen den Weg zu Reichtum für eine harte und lange Wegstrecke halten und deshalb nicht einmal beginnen.

Falls Ihnen jemand einen über einen sechsstelligen Betrag auf Ihren Namen ausstellten Scheck überreichen würde, würden Sie sich plötzlich reich fühlen, nicht wahr? Es würde allerdings noch einige Tage dauern, bis Sie über dieses Geld verfügen könnten, denn ein Scheck über eine solche Höhe muss von der Bank erst noch freigegeben werden.

Doch trotz dieser tagelangen Wartezeit würden Sie sich bereits reich fühlen, auch wenn Sie noch keinen Cent von diesem Betrag verwenden könnten. Sie würden sich reich fühlen, weil Sie wissen, dass es nur noch eine Frage der Zeit ist, bis Ihnen das Geld zur Verfügung steht.

Was Sie mit den in diesem Buch beschriebenen Prinzipien erhalten, ist kein Scheck über einen bestimmten Betrag – Sie erhalten einen gedeckten Blankoscheck! Einen Scheck, in den Sie jeden beliebigen Betrag eintragen können, sofern Sie an die Höhe des Betrags glauben können!

Diese Prinzipien haben sich unzählige Male bewährt; sie funktionieren und werden auch weiterhin funktionieren!

Wenn wir von der Richtigkeit dieser Aussagen ausgehen, sind Sie dann jetzt nicht reich? Spielt es dann eine Rolle, ob Sie Geld haben? Heißt das, dass Ihre Rechnungen erst bezahlt werden können, nachdem Sie reich sind?

Nein!

Denn Sie wissen, dass Sie sich mit diesem Blankoscheck jeden materiellen Wunsch erfüllen können. Sie können auch eventuelle Schulden abtragen. Ein Leser eines anderen Buches von mir wurde so vom Erfolgsgedanken durchdrungen, dass er fest entschlossen war, sich zu beweisen, dass er erfolgreich sei.

Sein erstes Problem war seine Kleidung. Er wusste, dass die Leute auf die Kleidung schauen und seine Anzughosen waren bereits etwas abgewetzt. Die Absätze seiner Schuhe waren schief. Die wenigen Hemden, die er im Schrank hatte, waren bereits mehrfach ausgebessert worden und diese Flecken waren zu sehen.

Sie wissen bereits, dass konstruktive Ideen zu fließen beginnen, sobald man ein Erfolgsbewusstsein aufgebaut hat. Das war auch bei diesem Mann der Fall.

Er suchte ein kleines Bekleidungsgeschäft auf und schilderte dem Inhaber seine Zwangslage. Er erklärte ihm, dass er sich komplett neu einkleiden müsse, und wollte wissen, ob es eine Möglichkeit gäbe, sich von Kopf bis Fuß neu ausstatten zu lassen und die Bezahlung in Form einer Sachleistung zu erbringen.

Der Inhaber fragte den Besucher, ob dieser einige Regale bauen und aufstellen könne. Der Mann sagte, dass er einige Erfahrung mit Schreinereiarbeiten habe und sich diese Arbeit ohne Weiteres zutraue. Es dauerte nicht mehr lange, bis dieser Mann wieder neu eingekleidet war.

Er erhielt eine Stelle als Verkäufer von Anlagepapieren, machte seine Arbeit gut und stieg zum Vertriebsleiter auf. Sein Monatseinkommen belief sich auf 5000 Dollar.

Dieser Mann war nicht erst erfolgreich, nachdem er eine höhere Einkommensstufe erreicht hatte; er war ab dem Zeitpunkt erfolgreich, als er sich als erfolgreich sah! Er wird mit Sicherheit ein einflussreicher und wohlhabender Mann werden.

Hat das wirklich Hand und Fuß?

Als ich an diesem Kapitel saß, stellte ich mir zwei wichtige Fragen:

„Ist es wirklich so leicht, erfolgreich zu sein, wie ich das hier darstelle?"

„Ist es für normale Leserinnen und Leser dieses Buches wirklich möglich, bei Beachtung dieser Empfehlungen das Blatt von der Mittelmäßigkeit zu einem Leben voller Glück und Wohlergehen zu wenden?"

In beiden Fällen lautet die Antwort: Ja!

Dennoch erreichen nicht alle Menschen, welche Erfolgsratgeber dieser Art – von mir oder von anderen Verfassern – lesen, den Gipfel ihrer Sehnsüchte.

Da ich dieser Frage nachgegangen bin, glaube ich den Grund zu kennen. Ich werde nun auf diesen Grund eingehen, weil ich glaube, dass dann noch mehr Menschen gedient sein wird.

Das Unbekannte macht Angst. Praktisch alle unsere Ängste und Sorgen rühren vom Unbekannten her.

Wir wissen nicht, was geschehen wird, und deshalb malt sich unser Bewusstsein alles Mögliche aus, was passieren könnte. Am konzentrationsfähigsten ist das Bewusstsein ist in der Stille der Nacht. Um diese Zeit gibt es keine visuellen Ablenkungen und wir können unsere Gedanken lange Zeit auf etwas Bestimmtes ausrichten.

Und so kommt es, dass uns allerlei Gedanken durch den Sinn gehen, welche uns weismachen wollen, dass unser Leben verfahren sei, dass wir eine Menge Probleme hätten und dass Methoden zur Selbstverbesserung auch nichts bringen würden.

Fast jeder meint, dass sich seine eigenen Probleme von den Problemen anderer Menschen unterscheiden würden und dass sie deshalb auch schwieriger zu lösen seien.

Wenn Sie sich wirklich helfen wollen, müssen Ihre gesamten Probleme ans Tageslicht zerren, damit Sie sie sehen – und verabschieden – können!

Nehmen Sie sich Bleistift und Papier zur Hand und schreiben Sie alles auf, was Sie stört oder beunruhigt.

____

____

____

Nachdem Ihre Auflistung fertig ist, ordnen Sie die einzelnen Punkte nach Bedeutung und schreiben die schlimmste Sache an die erste Stelle!

____

____

____

Studieren Sie diese Liste (die obigen Striche sind lediglich Gedankenstützen), aber lassen Sie sich davon nicht ins Bockshorn jagen! Im Gegenteil!

Jetzt können Sie froh sei, da Sie aufgrund Ihrer neuen geistigen Einstellung in Begriff sind, alle Störfaktoren auf dieser Liste aus Ihrem Leben zu beseitigen!

Falls Sie die Erfolgsprinzipien aus diesem Buch umzusetzen versuchen, solange Ihr Bewusstsein noch mit einer unbekannten Zahl von Problemen vernebelt ist, können Sie keine klare Perspektive Ihrer Idealsituation aufbauen. Dann versuchen Sie einerseits, vor Ihrem inneren Auge ein Vorstellungsbild aufzubauen, in dem Sie sich als reich sehen, aber aus irgendwelchen obskuren Winkeln Ihres Bewusstseins dringen wieder andere Bilder herein, die Ihre konstruktiven Vorstellungen zunichtemachen. Da ist etwa vergleichbar mit einer Situation, bei der Sie etwas zu Papier bringen wollen, aber jemand redet ständig auf Sie ein. Sie können sich einfach nicht auf Ihren Text konzentrieren.

Falls Sie aber die vorgestellte Liste erstellen und somit eine klare Vorstellung von Ihren Problemen haben, können Sie sich darauf konzentrieren, ein Erfolgsbewusstsein zu entwickeln, denn jetzt wissen Sie, wo Sie hin wollen und welche Probleme Sie meistern wollen.

Sie sind jetzt reich!

Sofern Sie ein Wohlstandsbewusstsein aufgebaut haben, sind Sie bereits reich! Die äußeren Schritte, welche notwendig sind, damit sich Ihr Kontostand wächst, sind dann nur noch Formalitäten.

Versuchen Sie jedoch nicht, zu rasch materiellen Reichtum aufbauen zu wollen! Denken Sie bitte immer daran, dass der Erfolg keine Endstation ist – er ist eine Reise! Viele Leute, die bereits ein großes Vermögen erreicht haben, erkennen rückblickend, dass das Leben dann am spannendsten war, als sie sich noch auf dem Weg befanden.

* * *

Einmal verbrachten meine Frau Edel und ich ein paar Tage in einem New Yorker Hotel, das unter anderem von vielen Gutbetuchten als Alterssitz verwendet wird.

Ein Studium der Gesichter dieser Herrschaften im Speisesaal verriet viel über die menschliche Natur. Diesen Gesichtern fehlte die Lebhaftigkeit. Diese Leute hatten Vermögen verdient und brauchten nichts mehr. Sie konnten sich alles leisten, was sie haben wollten, was darauf hinauslief, dass sie nichts mehr haben wollten.

Eines Tages begaben wir uns zum Essen in ein bekanntes Geschäftshotel und beobachteten Männer, die beim Speisen geschäftliche Dinge besprachen. Das war ein Unterschied wie Tag und Nacht! Die Gesichter dieser Geschäftsleute waren lebhaft und ihre Augen funkelten. Für diese Leute war das Leben ein ständiges Kaleidoskop mit interessanten Aufgaben und Projekten.

* * *

Im Flugzeug saß einmal ein Mann neben mir, dessen Aufgabe darin bestand, angeschlagene Unternehmen zu sanieren. Er erzählte mir, dass er ein vor dem Konkurs stehendes Unternehmen wieder auf die Beine brächte, indem er eine Reihe vernünftiger Prinzipien anwandte. Meist gelang ihm das.

„*Es ist lustig, wie ich zu diesem Job kam*", bemerkte er lächelnd. „*Ich war Buchhalter und irgendwann war etwas weniger zu tun. Ich half einem Freund deshalb, seinen Betrieb wieder auf Vordermann zu bringen.*

Es ging wieder aufwärts mit seinem Betrieb und das hatte mich damals so befriedigt, dass ich mich entschloss, eine Art Notarzt für kranke Unternehmen zu werden. Ich bin wirklich zufrieden mit diesem Job!"

„*Was tun Sie denn für die Unternehmen, was diese nicht selbst tun könnten?*", fragte ich interessiert nach.

„*Wenn jemand zulässt, dass sein Geschäft den Bach runtergeht, ist sein Bewusstsein mit den möglichen Folgen angefüllt. Ein solcher Betriebsleiter kann dann nicht mehr an Abhilfemaßnahmen denken, was dazu führt, dass es nur noch schlimmer wird.*

Als Außenstehender kann ich mich auf Dinge konzentrieren, die notwendig sind, damit das Ruder wieder herumgerissen wird."

Die Unterhaltung mit diesem „Notarzt" deckt sich mit den eingangs in diesem Kapitel gemachten Hinweisen, als ich sagte, dass die negativen Vorstellungen oftmals die konstruktiven überlagern.

* * *

Ein Mann erzählte mir, dass er sich nicht als reich sehen könne, weil er dann das Gefühl habe, sich selbst an der Nase herumzuführen. Er kannte seine Umstände und sich selbst als reich zu sehen, brachte er nicht fertig.

Er sagte auch, dass er sich wie ein Hochstapler vorkäme, wenn er inmitten seiner Freunde so täte, als ob er reich sei.

Dieser Mann hatte recht und unter vergleichbaren Umständen würde es mir ebenso ergehen.

Ich will nämlich nicht sagen, dass jemand so tun solle, als ob er oder sie reich sei. Man ist entweder reich oder man ist es nicht.

Falls Sie ein Wohlstandsbewusstsein haben, sind Sie reich, unabhängig davon, wie viel oder wie wenig Sie materiell besitzen, denn Reichtum aufzubauen ist dann für Sie im Bereich des Möglichen.

Nun, da Sie sich anschicken, ein Erfolgsbewusstsein aufzubauen, sollten Sie nicht herumgehen und dies an die große Glocke hängen! Sie sollten auch nicht so tun, als wäre es so!

Freunde, Bekannte und Verwandte werden von sich aus Ihre Veränderung bemerken; sie werden merken, dass Sie reich sind.

Spiritueller Reichtum

Das Thema des spirituellen Reichtums erst am Ende dieses Kapitels zur Sprache zu bringen, mag Ihnen wie ein von hinten aufgezäumtes Pferd vorkommen, denn schließlich ist spiritueller Reichtum unter allen anderen Varianten von Reichtum der wichtigste.

Bei Matthäus 16:26 steht geschrieben: „Was hülfe es dem Menschen, wenn er die ganze Welt gewönne und an seiner Seele Schaden nähme?"

In diesem Buch ging es bis zu dieser Stelle fast ausschließlich um materiellen Reichtum: ein besseres Haus, ein größeres Einkommen, finanzielle Sicherheit und dergleichen, doch solange Ihnen der spirituelle Unterbau fehlt, ist Ihnen das Lebensglück nicht auf Dauer hold, und wenn Sie noch so viel Materielles Ihr Eigen nennen.

Der Schlüssel zu spirituellem Reichtum ist mit fünf Buchstaben beschrieben - **LIEBE.** Ich gebrauche dieses Wort hier in seiner allumfassenden Bedeutung.

* * *

Empfinden Sie Liebe für Menschen, die Ihnen nahestehen und Ihnen etwas bedeuten. Verbergen Sie Ihre Liebe nicht im Herzen, sondern bringen Sie sie zum Ausdruck! Je mehr Liebe Sie geben, umso mehr kehrt zu Ihnen zurück!

Haben Sie keine Angst davor, den Menschen, die Ihnen lieb und teuer sind, immer wieder Ihre Liebe zu beteuern. In meiner langjährigen Ehe zu meiner Frau Edel gab es keine einzige Nacht, in der sie mir nicht gesagt hätte, dass sie mich liebt. Und natürlich bestätigte ich ihr dasselbe.

* * *

Lieben Sie Ihre Arbeit! Je mehr Liebe Sie in Ihren Beruf einbringen, umso besser wird Ihnen Ihre Arbeit gelingen. Die Zeit wird schneller und angenehmer vergehen. Auch bei Ihrer Entlohnung wird sich diese Haltung bemerkbar machen.

* * *

Bringen Sie allen Menschen, mit denen Sie in Kontakt kommen, Liebe entgegen: dem Mann auf dem Mark, dem Busfahrer, der Verkäuferin, dem Hausmeister, der Putzfrau.

„*Aber ich kann doch keine schlechten Leute lieben*", werden einige nun sagen. Ich denke, dass selbst bei den Schlechtesten der Anteil des Guten überwiegt. Dieses Gute können Sie lieben. Viele so genannte schlechte Leute zeigen ihre schlechte Seite nur, weil sie jedermann für schlecht hält.

Interessieren Sie sich für den „schlechten Menschen" und er wird beweisen wollen, dass er eigentlich gar nicht so schlecht ist. Das beweist den Einfluss, den die Liebe auf andere Menschen ausübt.

* * *

Lieben Sie die Natur. Lieben Sie Vögel, Tiere und Pflanzen. Sie können sogar den Regen lieben, denn er ist für die gesamte Pflanzenwelt unerlässlich.

* * *

Sogar Ihre Widrigkeiten sollten Sie lieben! Im richtigen Lichte betrachtet, bedeuten sie Erfahrung, Einsichten und Wissen, was Ihnen in der Zukunft sehr zugutekommen kann.

Arbeiten Sie auch an Ihre Stimmungslage. Jeder kann „an die Decke gehen", wenn etwas schief geht, doch der innerlich große Mensch bleibt auch unter widrigen Umständen gelassen. Wer seine Stimmung im Griff hat, ist überall beliebter.

James Allen schrieb in „Wie der Mensch denkt, so ist er": *„Der in sich ruhende Mensch, der gelernt hat, aus seiner Mitte zu handeln, weiß, wie er sich seinen Mitmenschen gegenüber zu verhalten hat. Diese wiederum schätzen seine geistige Stärke. Sie spüren, dass sie von ihm etwas lernen können und verlassen sich auf ihn ..."*

Ein ausgeglichener Mensch ist allemal glücklicher als ein Miesepeter!

Dieses Kapitel trägt die Überschrift „Sie sind jetzt reich!" Das trifft auf Sie so - sofern Sie dies zulassen. Fangen Sie sofort an, sich als reich zu sehen, und zwar sowohl innerlich wie auch äußerlich. Wünschen Sie es sich nicht nur, sondern gehen Sie fest davon aus!

Füllen Sie heute Nacht Ihr Bewusstsein mit Gedanken an innerlichen und äußeren Reichtum. Sie können vor dem Einschlafen zum Beispiel zunächst Gedanken der Dankbarkeit aufbauen. Alsdann denken Sie daran, dass Ihr schöpferisches Bewusstsein im Schlaf Mittel und Wege ausarbeiten und Sie in Gedanken und Tat so führen wird, dass Ihnen nach dem Aufwachen Gedanken kommen werden und Sie sich dazu gedrängt fühlen, gewisse Dinge zu tun, die Ihnen den inneren und äußeren Reichtum näherbringen.

Lesen Sie bitte nicht oberflächlich über diese Zeilen hinweg! Sie können gerade aus diesem Kapitel wieder äußerst wertvolle Einsichten gewinnen, welche Sie natürlich in Ihren Alltag integrieren müssen.

Ihr Nutzen wird sich auch vervielfachen, wenn Sie dieses Kapitel nochmals lesen, bevor Sie sich das nächste vornehmen!

Wiederholung ist das erste Lerngesetz

Lesen Sie bitte das vorhergehende Kapitel ab Seite 247 nochmals durch.

Erst dann nehmen Sie sich das nächste vor.

Psychosomatische Krankheiten?

Als psychosomatische Krankheiten bezeichnet man körperliche Symptome, die auf gefühlsmäßige oder seelische Störungen zurückgehen. Doch obwohl die Ursache eine seelische ist, handelt es sich um eine körperliche Krankheit; wer von ihr befallen ist, leidet an einer physischen Erkrankung, und nicht an einer geistigen.

Sind solche seelisch verursachen Krankheiten real? Ja, und auch die empfundenen Schmerzen sind real. Einige der möglichen Auslöser sind Ängste, Ärger, Verdruss, Trauer, Überraschungen, Sehnsüchte und dergleichen.

Eine auszugsweise Übersicht, die ich einem Fachbuch entnommen habe, zeigt, in welchem Maße Alltagsbeschwerden häufig auf seelische Ursachen zurückgehen. Doch jeder Arzt wird Ihnen bestätigen, dass gerade auch sehr unübliche Symptome einen seelischen Hintergrund haben.

Beschwerde	Prozentualer Anteil
Rücken- oder Nackenschmerzen	75
Kloß im Hals	90
Geschwürartige Schmerzen	50
Gallenblasenartige Schmerzen	50
Winde	99
Schwindelgefühl	80
Kopfschmerzen	80
Erkältung	70
Mattigkeit	90

Da psychosomatische Erkrankungen oftmals auch schmerzhaft sind, würden die meisten Betroffenen wohl die Aussage von sich weisen, dass ihre Beschwerden seelische Ursachen haben.

Diese Menschen verlangen nach einem Rezept. Meist verschreibt der Arzt dann ein Placebo, also ein Scheinmedikament ohne medizinischen Wert.

* * *

Als ich in New York wohnte, besuchte mich ab und zu ein Freund aus Pennsylvanien. Dieser Mann litt an einer psychosomatischen Herzgeschichte. Er hatte immer eine Dose mit Pillen dabei, die ihm verschrieben worden waren. Sobald er spürte, dass sein Herzschlag etwas schneller ging, nahm er eine dieser Pillen ein und der Herzschlag normalisierte sich im Nu.

Eines Tages, als mein Freund wieder auf Besuch war, hatte er einen dieser Anfälle, und als er merkte, dass er seine Pillen zu Hause vergessen hatte, geriet er in Panik. Er rief zu Hause an und ließ sich die Pillen per Luftpost nachsenden. Kaum hatte er wieder eine Pille eingenommen, verschwanden die Schmerzen.

Ich erfuhr später, dass es sich bei diesen Pillen um reine Placebos handelte. Dieses Beispiel beweist, dass uns das Bewusstsein sowohl krank als auch gesund machen kann.

* * *

Ein ähnlicher Fall betrifft eine Dame, welche sich einer größeren Operation unterzog. In der Nacht beklagte sie sich bitterlich über die Schmerzen und der Arzt gab ihr eine Morphiumspritze, damit sie schlafen könne.

Da der Arzt vermeiden wollte, dass die Dame süchtig würde, hörte er mit den nächtlichen Spritzen auf und entschloss sich zu einem Experiment.

Eines Nachts füllte er die Spritze statt mit Morphin mit Leitungswasser und verabreichte es der Patientin. Sie schlief kurz darauf ein.

* * *

Psychosomatische Krankheiten

Ein New Yorker Arzt hatte erstaunliche Erfolge mit seinen Patienten. Statt Rezepte auszustellen, verabreichte er das Medikament selbst. Fast immer handelte es sich um Pillen.

Einmal suchte ich diesen Arzt mit einer Freundin auf, die unter einer schmerzhaften Krankheit litt. Er untersuchte sie, ging dann in ein Nebenzimmer, um das Medikament zu holen. Zufällig ließ der Arzt die Tür einen Spalt weit offenstehen und ich konnte von meinem Sitzplatz aus sehen, was er tat.

Er holte eine große Schachtel aus dem Regal, entnahm ihr zwei Fläschchen und füllte kleine weiße Pillen hinein. Auf das eine Fläschchen schrieb er „Nr. 1“, auf das andere „Nr. 2“. Diese beiden Fläschchen überreichte er seiner Patientin mit genauen Anweisungen, wie die Pillen einzunehmen seien. Sie sollte dreimal täglich zwei Pillen aus „Nr. 1“ und zweimal täglich Pillen aus „Nr. 2“ einnehmen. Obwohl diese Pillen nichts anderes als komprimierter Zucker waren, halfen sie der Frau, weil sie daran glaubte. Ich will diesen Arzt nicht als „Kurpfuscher“ brandmarken; da seine „Behandlungen“ vielen Leuten geholfen haben, halte ich seine Täuschungsmanöver für vertretbar.

* * *

Als Jugendlicher hatte ich einmal eine schlimme Erkältung und suchte einen Arzt auf. Er gab mir ein auf Lateinisch geschriebenes Rezept.

Dem Rezept entsprechend verkaufte er mir eine kleine Schachtel mit Tabletten, welche ich zu gewissen Zeiten zu schlucken hatte. Dann fiel mir auf, dass bei einer der Tabletten der Name abgekratzt war. Ich untersuchte sie genauer und stellte fest, dass es sich um Aspirin handelte. Natürlich hatte ich für das Rezept zwei Dollar bezahlen müssen, obwohl ich ein Schächtelchen mit Aspirin für nur 15 Cent bekommen hätte.

Als ich den Arzt bei einer anderen Gelegenheit wieder aufsuchte, frage ich ihn, wieso er so viel Geld verlangt habe.

„*Wenn ich den Leuten erzählen würde, dass ihr Schnupfen mit Aspirin wegginge, hätten sie das Gefühl, dass ich sie nicht richtig untersucht hätte*", meinte er.

Diese Beispiele sind keineswegs eine Tirade gegen Ärzte – eher gegen ganz normale Leute. Leute wie Sie und ich.

Placebo bei Seekrankheit

Eine Frau, die keine Seereise unternehmen konnte, ohne seekrank zu werden, bat ihren Hausarzt um ein Rezept. Sie erhielt eine kleine Dose mit Pillen. Es handelte sich um normale Zuckerpillen. Trotz des heftigen Seegangs hatte sie keine Unpässlichkeiten und gab vor ihren Freundinnen an, weil sie einen so tollen Arzt habe.

Ist das nicht ein interessanter Beweis für die Gültigkeit der Aussage, dass der Geist über die Materie herrscht?

* * *

Ein weiteres Beispiel: Ein bekanntes Paar besuchte uns ziemlich regelmäßig und abends werden dann Getränke gereicht. Die Frau rührte grundsätzlich keinen Kaffee an, weil sie dann in dieser Nacht angeblich nicht mehr schlafen zu könne.

Bei einer solchen Gelegenheit erzählte ich der Besucherin, dass sie so viel Kaffee trinken könne, wie sie wolle, weil wir heute völlig koffeinfreien Kaffee servieren würden. Sie gönnte sich eine Tasse und bat dann um eine weitere.

Am nächsten Morgen rief sie meine Frau an und erkundigte sich nach der Kaffeemarke. Sie bemerkte, dass sie froh sei, endlich abends Kaffee trinken zu können.

Ich hatte sie ein bisschen angeschwindelt. Es war derselbe Kaffee gewesen, den wir sonst immer im Haus hatten.

* * *

Ein Artikel in Reader's Digest beschrieb ein Experiment bei einem Heuschnupfenpatienten. Man stellte in sein Zimmer Kunstblumen von der Art, von der angenommen wird, dass sie dieses Leiden auslösen. Da er sie für echte Blumen hielt, war er ständig am Niesen und seine Augen tränten. Doch nur so lange, bis man ihm reinen Wein einschenkte!

Kann der Tod psychosomatisch bedingt sein?

Ich bin überzeugt davon, dass der Tod oft aus psychosomatischen Gründen vorzeitig eintritt.

Auch der Religionsunterricht trägt hier eine Mitschuld. In Psalm 90:10 heißt es: *„Unser Leben währet siebzig Jahre, und wenn's hoch kommt, so sind's achtzig"*, und viele Menschen, die das siebzigste Lebensjahr überschritten haben, meinen, dass sie nun auf Abruf lebten. Beschwerden und Schmerzen halten sie in diesem Lebensabschnitt für normal und unausweichlich. Das Bewusstsein solcher Menschen sorgt dafür, dass sie sich für alt halten. Ich bin der Meinung, dass sie länger und gesünder leben könnten, wenn sich ihr Bewusstsein nicht mehr mit dem Älterwerden beschäftigen würde.

Als ich selbst die Siebzig überschritt, überraschte es mich, wie viele Leute Kommentare über mein Alter machten. *„Hoffentlich bin ich auch noch so in Form, wenn ich mal Siebzig bin"*, bemerkten viele.

Wenn ich mich von solchen Gedanken beeinflussen ließe, würde ich mich selbstverständlich alt fühlen. Doch ich habe das Altersbewusstsein ausradiert und sehe mich immer als jung.

Statt mich bei jedem weiterem Geburtstag älter zu fühlen, bin ich dankbar für die vielen Jahre, die ich genießen durfte, und fühle mich weiterhin jung.

* * *

Nachdem ich über zwanzig Jahre lang weg gewesen war, besuchte ich eines Tages meine frühere Heimatstadt. Während dieser zwanzigjährigen Abwesenheit hatte ich meine früheren Bekannten so in Erinnerung, wie ich sie damals gekannt hatte.

Welche Veränderung! Ich brauchte eine Weile, bis ich mich wieder an die äußere Erscheinung gewöhnte, die diese Menschen jetzt hatten.

Falls wir ein paar Jahre leben könnten, ohne in dieser Zeit zu sehen, wie wir äußerlich aussehen, würden wir jünger bleiben. Doch jedes Mal, wenn wir vor dem Spiegel stehen, entdecken wir neue Hinweise, dass wir älter geworden sind. Auf Anzeichen von Jugend achten wir gar nicht.

* * *

Noch ein Fallbeispiel und damit geht dieses Kapitel zu Ende. Im nächsten Kapitel erfahren Sie, wie Sie ein Gesundheitsbewusstsein aufbauen.

Maria Lewis war eine Witwe in den Endsiebzigern. Sie hatte jahrelang an der amerikanischen Pazifikküste gelebt, auch wenn sie ursprünglich aus dem Osten der USA stammte.

Marias Gesundheit war angeschlagen und ihre Angehörigen meinten, dass sie sich bald aus diesem Leben verabschieden würde.

Ihre Verwandten warnten und ermahnten sie; sie solle in ihrem Alter besser aufpassen!

Ständig brachten sie irgendwelche Medikamente vorbei. Maria fühlte sich alt und dachte ebenfalls, dass ihre Tage gezählt seien.

Ihr Sohn, der in New York City wohnte, hatte geschäftlich im Westen zu tun und besuchte sie. Er wollte etwas Schönes für seine Mutter tun.

Also dachte er sich, dass er ihr eine Freude damit machen könne, wenn er sie eine Zeit lang bei sich in New York aufnähme, damit sie mit ihren früheren Freundinnen plaudern könne. Die übrigen Verwandten hielten dies für eine grausame Idee, da es eine beschwerliche Zugreise werden würde. Am Bahnhof traf ein Grüppchen traurig dreiblickender Leute ein und verabschiedete sich von Mutter und Sohn; sie waren überzeugt, dass sie die betagte Dame zum letzten Mal gesehen hätten.

Nachdem der Zug abgefahren war, begleitete der Sohn seine Mutter in den Speisewaggon und die beiden führten eine offene Aussprache.

„Mutter, das wird eine sehr gesunde Reise für dich werden. Du wirst jede Minute genießen. Jedes Wort über Krankheiten ist tabu. Darüber brauchen wir keine Worte zu verschwenden, weil du völlig gesund sein wirst!"

Vor der Reise hatte sie allerlei Ratschläge darüber erhalten, was sie essen dürfe und was nicht. Während der Zugfahrt aß sie, was ihr schmeckte. Ihr Appetit war ausgezeichnet.

Es dauerte ein paar Tage, bis Mutter und Sohn in New York eintrafen und sie konnte es nicht erwarten, loszuziehen. Sie ließ sich von ihrem Sohn dies und jenes zeigen und zeigte keinerlei Anzeichen, dass ihr die Reise nicht bekommen habe. Im Gegenteil! Sie schien von Tag zu Tag mehr aufzublühen!

Doch auch dieser Ausflug ging eines Tages wieder zu Ende und Maria Lewis wurde wieder an die Westküste gebracht.

Sie werden bereits erraten haben, wie es weiterging. Kaum war sie wieder von den ständigen Erinnerungen an ihr hohes Alter und ihre nachlassenden Kräfte umgeben, war die Dame wieder genauso kränklich wie vor der Reise.

* * *

Auch wenn es in diesem Buch überwiegend darum geht, Ihnen aufzuzeigen, wie unnötig es sich, sich mit Mangelsituationen zu bescheiden, wollte ich doch nicht versäumen, einige Hinweise über die Gesundheit aufzunehmen, da die Kombination Wohlstand minus Gesundheit niemals eine glückliche Gleichung ergibt.

Ein Gesundheitsmagazin veröffentlichte Statistiken, aus denen hervorging, dass die Krankheitsquote bei den Reichen höher sei als bei den Armen. Ein Grund dafür ist meines Erachtens, dass die Reichen länger leben wollen und deshalb häufiger den Arzt oder Sanatorien und Kurbäder aufsuchen. Das Bewusstsein dieser Menschen ist auf Krankheiten statt auf Gesundheit ausgerichtet.

Ein Armer kann sich dies nicht leisten. Es bleibt ihm gar nichts anderes übrig, als sich auf Kraft und Stärke zu konzentrieren, da diese eine wichtige Voraussetzung für sein Überleben bilden.

Dieser letzte Gedanke sollte als Warnung verstanden werden. Sie können durchaus reich sein. Und Sie werden auch reich sein, wenn Sie sich nach den Grundsätzen aus diesem Buch richten.

Je mehr Ihr Vermögen wächst, umso mehr sollte jedoch auch Ihr Gesundheitsbewusstsein wachsen!

Wiederholung ist das erste Lerngesetz

Lesen Sie bitte das vorhergehende Kapitel ab Seite 258 nochmals durch.

Erst dann nehmen Sie sich das nächste vor.

Kapitel 20

Wie Sie ein Gesundheitsbewusstsein aufbauen

Wie gesund muss man eigentlich sein, um gesund zu sein? So sehr diese Frage auch nach Kalauer klingt, sollten Sie ihr nachgehen. Das löst vielleicht eine Gedankenassoziation aus, die Sie in einen bislang unbekannten Glückszustand bringt.

Wann halten Sie sich für gesund? Wenn Ihnen nichts wehtut? Wenn Sie Ihre normale Arbeit erledigen können, ohne vorzeitig zu ermüden? Dieser Fragenkatalog ließe sich lange weiterführen, doch die große Frage lautet:

Ist es selbst dann, wenn Sie beschwerdefrei sind und Ihre Arbeit ohne Ermüdungserscheinen verrichten können, möglich, sich noch besser zu fühlen?

Der Gipfel des Wohlbefindens ist eine geistige und körperliche Vitalität. In einem solchen Zustand bringen Sie in alles, was Sie tun, Begeisterung ein, egal ob es sich um Arbeit oder Freizeit handelt. Wenn Ihr Bewusstsein frei von Sorgen ist, da Sie die Probleme des Tages als Herausforderung begreifen und sich davon keine Angst einjagen lassen; wenn Ihr Herz frei von Hass ist, weil Ihr Blick nur auf das Gute bei anderen Menschen gerichtet ist; wenn Ihr Heute besser ist als Ihr Gestern und wenn Sie sich auf das Morgen freuen.

Es folgen nun zehn Punkte, die Ihnen eine bessere geistige und körperliche Gesundheit bescheren werden (sofern Sie diese Punkte beachten!). Mehr brauchen Sie nicht, um ein Gesundheitsbewusstsein zu entwickeln.

1. Nehmen Sie sich fest vor, dass Sie topfit und gesund sein wollen. Sie haben die bewusste Absicht, sich in Ihrer Haut pudelwohl zu fühlen! Wenn wir wirklich wollen, können wir fast alles erreichen.

Das gilt für körperliches Wohlbefinden ebenso wie für alles andere.

Wenn wir die Abläufe, welche uns eine bessere Gesundheit bescheren sollen, nur routinemäßig durchführen und keinen wirklichen Erfolgswillen haben, bleiben wir im Endergebnis weit hinter dem zurück, was möglich wäre.

So wunderbar es auch ist, voller Tatendrang zu sein, brauchen wir zunächst einen Grund, um dieses Gefühl zu erschaffen. Deshalb besteht Schritt 1 darin, einen **guten Grund** zu haben, um jede Faser des Körpers mit vibrierender Energie zu füllen.

Hierzu werden Sie ein paar Anregungen erfahren, doch um in Ihrem Fall den wahren Grund herauszufinden, sollten Sie in sich gehen und eruieren, was Sie erreichen – sein oder haben – wollen. Wollen Sie in Ihrer Gemeinde eine einflussreiche Rolle übernehmen? Wollen Sie eine Persönlichkeit haben, welche andere Menschen mitreißt und begeistert?

Bei diesen Dingen geht es nicht darum, wie Ihre Stimme klingt oder wie laut oder leise Sie sprechen. Es geht um Spiegelbilder Ihres Bewusstseins und eines vitalen Körpers.

Hätten Sie gerne einen größeren Freundeskreis? Wollen Sie, dass Ihr Rat geschätzt wird, weil Sie Kompetenz ausstrahlen?

Wollen Sie vielleicht in einen wichtigen Posten gewählt werden, zum Beispiel in einem Verein oder Verband und wünschen sich deshalb eine anziehendere Persönlichkeit?

Oder würden Sie gerne ein Musikinstrument lernen, das Malen aufnehmen oder Ihr handwerkliches Geschick verbessern?

Vielleicht sind Sie alleinstehend und wünschen sich einen treuen, verständnisvollen und liebevollen Partner, aber Sie halten sich weder für sportlich noch für physisch attraktiv genug, um auf das andere Geschlecht anziehend zu wirken.

Unabhängig davon, wie Ihre Sehnsüchte geartet sind, brauchen Sie einen zwingenden Grund, um körperlich und geistig auf der Höhe zu sein. Das ist die Grundvoraussetzung, damit Sie die weiteren neun Punkte ebenfalls optimal nutzen können.

2. Machen Sie sich klar, dass Sie eine bessere Gesundheit haben **können** und dass Sie länger leben können. Die einzigen Menschen, die jemals irgendetwas erreicht haben, waren jene, die wussten, dass sie es konnten. Etwas mit dem Zweifel anzugehen, ob Sie dazu auch in der Lage sind, ist ein Schritt in Richtung auf den Misserfolg. Eine strotzende Gesundheit kommt nicht von ungefähr. Sie ist ein Spiegelbild unserer Denk- und Lebensweise. Ein schwächelnder und schmerzender Körper ist keine Strafe des Schicksals, sondern das Ergebnis unseres Denkens und Lebens.

Viele Menschen begehen den Fehler, anzunehmen, dass der Preis für ein erfülltes Leben so hoch sei, dass die Belohnung den Aufwand nicht lohne. Sie haben die Trauben zu hoch gehängt. Man könnte nun einwenden, dass Opfer ein Teil des Preises seien, den wir für einen kraftstrotzenden Körper zu zahlen haben, doch ist das wirklich so? Sehen wir uns einige Gewohnheiten an.

Denken Sie an Kettenraucher, deren Hände zittern, wenn sie auch nur kurze Zeit ohne Zigaretten auskommen müssen. Wäre es ein Opfer, wenn sie sich etwas zurückhalten müssten, sodass das Rauchen zum Genuss wird, statt eine Betäubung darzustellen?

Oder denken Sie an jene, die zu viel trinken. Ist das Leiden aufgrund eines Katers die Belohnung für diese Gewohnheit?

Wäre es ein Opfer, ihnen zur Zurückhaltung zu raten, damit sie sich hie und dann durchaus ein Gläschen gönnen, dieses aber bei gesellschaftlichen oder kulturellen Anlässen genießen?

Es mag beim ersten Hinsehen schwierig sein zu glauben, dass wir mit einem leidenden Körper mehr Opfer bringen als mit einem gesunden. Doch wenn Sie diese Aussagen durchdenken, werden Sie es auch so sehen. Denken Sie an die vielen Dinge, die Sie hätten tun können. Denken Sie an die Orte, die Sie hätten besuchen können, falls Sie die körperlichen und geistigen Voraussetzungen mitgebracht hätten. Und denken Sie an die vielen Stunden, in denen Sie sich unwohl oder unpässlich gefühlt haben!

Die Vernunft sagt Ihnen, dass Sie ein Programm zur Verbesserung Ihrer Gesundheit durchaus absolvieren können. Schritt 2 besteht deshalb darin, dass Sie sich bewusst machen, dass Sie eine bessere Gesundheit und ein längeres Leben erlangen können.

Dazu mag eine gewisse geistige Disziplin erforderlich sein. Falls Sie sich seit Jahren als schwächlich oder kränklich gesehen haben, wird es zunächst aufwändig sein, sich selbst ohne den Schatten eines Zweifels als topfit und gesund zu sehen.

Bleiben Sie deshalb die nächsten Tage dem Gedanken treu:

Ich kann völlig gesund sein!

Natürlich ist es mit diesem Gedanken noch nicht getan. Sie müssen auch praktische Schritte unternehmen.

Die Erkenntnis, dass Sie Ihre Gesundheit nachhaltig verbessern können, muss durch das Tun in eine Realität verwandelt werden.

3. Bringen Sie Ordnung in Ihr Bewusstsein.

Wie Sie in früheren Kapiteln erfahren haben, wird das Wort „psychosomatisch" nun häufig im Zusammenhang mit diversen Krankheiten verwendet. Die Ärzte sind bei einer langen Liste von Beschwerden der Meinung, dass die Ursachen seelischer Art sind. Das bedeutet jedoch nicht, dass der betreffende Mensch geistig verwirrt sei. Es bedeutet lediglich, dass die meisten psychosomatischen Zustände auf Ängste oder Sorgen zurückgehen.

Die Ursachen von Magengeschwüren werden überwiegend im Geist gesucht. Wir nennen das „Stress", aber was ist geistiger Stress denn anders als Sorgen wegen gewisser Umstände beziehungsweise unsere Angst, dass wir diesen Situationen nicht Herr werden können?

Meine Definition von Sorgen ist Folgende: Die Aufrechterhaltung eines geistigen Vorstellungsbildes von etwas Unerwünschtem statt von etwas Erwünschtem.

Wir könnten auch sagen, dass Sorgen der Beweis dafür sind, dass wir an unseren Problemlösungsfähigkeiten zweifeln. Wenn wir es so betrachten, könnten wir uns vielleicht etwas zusammenreißen und uns selbst beweisen, dass wir sehr wohl größer sind als das Problem, das an uns nagt. Statt Energie in Sorgen zu investieren, tun wir besser daran, sie in die nötigen Lösungsschritte zu investieren.

Durch Sorgen werden keine Probleme gelöst! Sie machen alles nur noch schlimmer, schlagen sich auf die Gesundheit nieder und unterdrücken das Glücksgefühl.

Die Selbstbestimmung ist eine Entlohnung, welchen demjenigen zufällt, der sich über Ängste und Sorgen erheben kann. Dies ist auch gar nicht so schwer, wenn man die Wahrheit akzeptiert: „Sorgen hindern mich, das zu tun, was ich tun sollte, um ihnen den Boden zu entziehen!“

4. Lernen Sie, was Sie **tun und lassen** sollten!

Ein alter Spruch sagt: „*Der Erfolg ist die Folge dessen, dass wir das tun, was wir tun sollten, und das bleiben lassen, von dem wir wissen, dass wir es nicht tun sollten*“.

Man könnte sagen, dass eine strotzende Gesundheit das Ergebnis der obigen Weisheit ist. Doch zunächst müssen wir wissen, was wir tun und lassen sollten. Wo bekommen wir diese wichtige Information her?

Sobald wir von einem Gedanken ergriffen sind, ziehen wir einschlägige Informationen fast magnetisch an. Unser retikuläres Aktivierungssystem, dieser innere Radarmechanismus im Stammhirn, lenkt unsere Aufmerksamkeit auf Bücher, Zeitschriften oder andere Informationen, die mit unserem Thema zu tun haben.

Bereits als Bub war mir klar, dass ich mir zunächst den aktuellen Zustand meines Körpers ansehen sollte, wenn ich eine strotzende Gesundheit zum Ziel habe. Ich ließ mich deshalb von Kopf bis Fuß ärztlich untersuchen, um zu erfahren, was ich hinsichtlich meines physischen Zustands tun und lassen sollte.

Ein Architekt macht sich eine bildhafte Vorstellung von den Ideen, die ihm kommen. Am Zeichentisch und mit seinen Instrumenten arbeitet er diese Ideen aus. Da wir Architekten unserer Lebensgestaltung sind, wäre es sinnvoll, die Dinge aufzuschreiben, die wir tun und lassen sollten, wenn wir topfit und völlig gesund sein wollen.

Danach sollte ein **Maßnahmenplan** entwickelt werden. Dieser Plan enthält die Dinge enthalten, die wir von nun an tun werden und die anderen, die wir ab sofort bleiben lassen. Dafür ist natürlich Disziplin unerlässlich.

Auch unsere Ernährungsgewohnheiten spielen eine Rolle und sollten Bestandteil dieses Planes sein. Das muss keineswegs bedeuten, dass Sie schmackhafte Speisen aufgeben und irgendetwas essen, das Ihnen nicht schmeckt!

Vitamine und Mineralstoffe sind für eine strotzende Gesundheit so wichtig, wie Licht und Wasser für Pflanzen. Ein Mangel in diesen Bereichen bedeutet physische Einbußen, was sich als ein um Jahre zu früh kommenden Zusammenbruch rächen kann.

Es gibt erstaunlich viele Menschen, die auch in unseren Breitengraden an einer Fehlernährung leiden, und zwar nicht etwa, weil sie unterernährt wären, sondern weil ihren Nahrungsmitteln die Nährstoffe fehlen.

Sich für gewisse Speisen zu entscheiden, von denen bekannt ist, dass sie die gewünschten Vitamine und Mineralstoffe enthalten, ist noch keine Garantie dafür, dass diese Nährstoffe auch aufgenommen werden. Gute native Olivenöle enthalten zwar reichlich Mineralstoffe, die für eine gute Gesundheit notwendig sind, aber in allen Landesteilen werden diese Mineralstoffe rascher verbraucht als sie von der Natur oder den Bauern wieder zurückgegeben werden können. Dieser Verbrauch ist die Folge von Raubbau an Äckern, Erosion und dem Ausgewaschenwerden durch Niederschläge.

Vitamine sind keine Lebensmittel. Sie verwandeln sich nicht in Blut, Fleisch oder Knochen und sie liefern keine Energie, so wie dies bei Lebensmitteln der Fall ist. Vitamine fungieren stattdessen als wichtige Bindeglieder bei den chemischen Abläufen, bei denen der Körper Lebensmittel in Gewebe verwandelt, Abfall ausscheidet und Energie erzeugt. Ohne Vitamine wären diese lebenswichtigen Prozesse nicht möglich.

Es ist immer ein Gebot der Klugheit, bei der Auswahl der Lebensmittel sorgfältig vorzugehen, doch wenn Ihnen daran gelegen ist, körperlich topfit zu sein, sollten Sie sich nicht auf die Lebensmittel verlassen, welchen man die entsprechenden Inhaltsstoffe nachsagt. Achten Sie auf eine ausgewogene Ernährung, indem Sie Nahrungsergänzungsmittel aus einer zuverlässigen Quelle hinzunehmen!

5. Entwickeln Sie die **Begeisterung**, etwas zu tun beziehungsweise zu lassen!

   So wichtig die bisher aufgeführten Fakten für Ihr gesundheitliches Ziel auch sind, reicht die Information an sich noch nicht aus. Wir brauchen auch die nötige Begeisterung, um durchzuhalten, denn nur die Umsetzung in die Praxis wird uns eine strotzende Gesundheit bescheren.

   Es gibt ein kleines Wörtchen, das schon viel Unheil angerichtet hat. Dieses Wort heißt: morgen!

   Wie oft erfahren wir etwas, das uns weiterhelfen würde und wir haben auch durchaus die Absicht, dieses neue Wissen in die Praxis umsetzen – ab morgen!

   Und natürlich ist dieses morgen gleichbedeutend mit dem Sankt-Nimmerleinstag.

Falls Sie bisher ernsthaft mitgelesen haben, sind Sie begeistert – Jetzt! Auf der Stelle! Sie erkennen neue Glücksmöglichkeiten, die Sie mit einem klaren Verstand und einem dynamischen Körper wahrnehmen können. Probleme, die Ihnen bislang Sorgen gemacht haben, haben sich nun in Herausforderungen verwandelt.

Doch werfen Sie bitte nicht nur einen Blick hinter den Vorhang und lassen sich dann wieder zum Nichtstun verleiten, weil Sie ja morgen damit anfangen wollen!

Fangen Sie jetzt an! Gleich, nachdem Sie dieses Buch beiseitegelegt haben!

Bei diesem Anfang braucht es sich nicht um etwas Physisches zu handeln, was Sie mit den Augen sehen können. Der Anfang könnte auch Ihr fester Entschluss sein; der Entschluss, dass Sie ab sofort alles in Ihrer Macht Stehende tun werden, geistige und körperliche Gesundheit Ernst zu nehmen.

6. Bleiben Sie durch **Bewegung** jünger!

Die Bewegung führt zum Gefühl. Männer und Frauen, die ihren Kindern Freunde sind und sich an den Aktivitäten ihres Nachwuchses beteiligen, bleiben viel länger jung als andere Eltern, die sich auf ihre traditionellen Rollen zurückziehen.

Wir können nur jugendlich handeln, wenn wir uns jugendlich fühlen, und wenn wir uns jugendlich fühlen, sorgen die natürlichen Prozesse dafür, dass wir auch jünger bleiben.

Tanzen, Schwimmen, Rudern, Radfahren, Wandern. Das sind einige der Aktivitäten, die einem körperlichen Wohlbefinden zugutekommen.

Doch im Zusammenhang mit diesen Freizeitaktivitäten ist ein wichtiger Gedanke angebracht: Tun Sie solche Dinge nicht nur deshalb, weil Sie sie gut für sich halten.

Wie wir in Schritt 2 erfahren haben, besteht zwischen Geist und Körper eine eindeutige Beziehung; deshalb sollten Sie solche Unternehmungen gerne machen. Falls Sie zum Beispiel tanzen gehen, dann haben Sie Spaß dabei. Genießen Sie es. Diese Kombination aus psychologischen und physiologischen Vorteilen bringt Ihnen den größten Nutzen. Das gilt für jede Art von Übung.

Je mehr **Spaß** Sie dabei haben, umso größer der Nutzen für Sie!

Auch unsere **Kleidung** wirkt sich darauf aus, wie wir uns fühlen. Wenn wir düstere Kleider tragen, fühlen wir uns nicht so froh wie bei farbenfroherer Kleidung. Natürlich ist auf einen guten Geschmack zu achten, doch es gibt keine Regel, die uns das Tragen fröhlicher Kleidung verbietet. Was haben Sie vor zehn, zwanzig oder sogar dreißig Jahren gerne getan? Vielleicht sollten Sie diese Interessen wieder aufnehmen. Das könnte Sie um einige Jahre jünger machen.

7. Machen Sie eine **geistige Diät!**

Meines Erachtens ist eine geistige Diät noch wichtiger als eine physische.

Wie Sie bereits wissen, führen negative Gedanken zu negativen Reaktionen. Wir alle kennen Leute, die uns die Energie absaugen. Denken Sie an einen Besucher, der Ihnen die Welt in düsteren Farben malt, und Sie wissen, was ich meine. Mit Sicherheit hat Sie dieser Besuch nicht aufgebaut und optimistischer gestimmt.

Disziplinieren Sie sich darin, an Gesundheit und Glück zu denken. Wählen Sie Ihre Lektüre sorgfältig aus, damit sie Sie stimuliert und Ihnen Mut gibt.

Meiden Sie negative Unterhaltungen. Wenn Sie einen Brief schreiben, überlegen Sie, wie viel Ermutigung Sie vermitteln können, statt eine Doktorarbeit über Ihren ach so schlimmen Kummer zu verfassen.

Das Geheimnis des Glücks besteht nicht darin, dass Sie nur das tun, was Sie gerne tun, sondern dass Sie die Dinge mögen, die Sie zu tun haben! Wenn Sie diesen Gedanken akzeptieren können, ist dies in jedem Fall ein Pluspunkt für Ihre geistige Diät.

In Schritt 5 haben Sie sich vorgenommen, das Wörtchen „morgen" aus Ihrem Wortschatz zu streichen, soweit es ums Aufschieben geht. Dies gilt nicht zuletzt auch für Ihre geistige Diät. Fangen Sie jetzt damit an!

8. Bringen Sie anderen bei, wie sie eine strotzende geistige und körperliche Gesundheit erlangen werden!

Das Glück kommt zu uns, indem wir es verschenken. Wenn Sie anderen Menschen aufzeigen, wie diese glücklicher und gesünder werden, werden auch Sie selbst glücklicher sein. Doch darüberhinaus gibt es einen weiteren Grund für diese Empfehlung.

Wir können anderen Menschen nur dann erfolgreich etwas beibringen, wenn wir es selbst vormachen und Vorbild sind.

Es wäre völlig absurd, anderen sagen zu wollen, wie sie mehr Lebensfreude und Gesundheit erreichen, wenn wir uns selbst nur mühselig durchs Leben schleppen und düster dreinblicken. Wir selbst müssen eine Inspiration darstellen.

Am besten fangen Sie im Kreise Ihrer Familie an. Laden Sie Ihre Angehörigen ein, mit Ihnen zusammen mehr geistige und körperliche Gesundheit anzustreben. Dies können Sie alsdann auf Ihren Arbeitsplatz ausdehnen. Damit tun Sie nicht nur für diese Menschen etwas Gutes, sondern auch für sich selbst.

Fast alles, was wir den lieben langen Tag tun, geht auf eine Gewohnheit zurück. Wir leben entsprechend den Gewohnheitsmustern, die wir selbst geschaffen haben. Manche Gewohnheiten sind gut, andere nicht. Indem Sie die Empfehlungen aus diesem Schritt 8 umsetzen, trainieren Sie sich unbewusst, neue und nützliche Gewohnheitsmuster zu erschaffen und nach diesen zu leben.

9. Leben Sie richtig!

Diese Aufforderung könnte unterschiedliche Gedankenassoziationen bei Ihnen auslösen. Sie könnte sich auf Ihre Ernährungsgewohnheiten, auf Ihre allgemeine Lebensweise, auf Ihr Gewissen oder auf Ihren Umgang mit Ihren Mitmenschen beziehen.

Zwischenmenschliche Beziehungen anzuführen, mag Ihnen im Zusammenhang mit einer guten Gesundheit zu weit hergeholt erscheinen, aber aus der Psychologie wissen wir, dass sich Verhaltensweisen, welche unsere Selbstachtung infrage stellen, auch auf unseren körperliche Verfassung auswirken.

Ein unzuverlässiger Mensch wird niemals so gesund sein wie ein anderer, der seiner Zuverlässigkeit wegen respektiert wird. Ein unpünktlicher Mensch ist auch körperlich nicht in Form.

Warum?

Weil ihn innerlich etwas Psychologisches stört.

Auf der unbewussten Ebene büßt er in gewissem Maße an Selbstachtung ein und das Ergebnis ist eine psychosomatische Erkrankung.

Im Zusammenhang mit Schritt 9 darf die Stimmungslage nicht unerwähnt bleiben. Wer grantig und griesgrämig ist, ist nie ganz gesund. Man könnte seitenweise über die Auswirkungen der Stimmungslage auf Glück und Erfolg schreiben. Fragen Sie Ihren Arzt danach!

Lassen Sie sich von ihm erklären, wie der Ärger Giftstoffe in den Blutkreislauf abgibt, was die Verdauung verzögert und einer langen Liste von Beschwerden Vorschub leistet. Ärger und Vernunft vertragen sich nicht. Wer im Ärger etwas tut oder sagt, bereut es fast immer.

10. Seien Sie **glücklich!**

Ein glücklicher Mensch ist nur selten krank. Sollte er doch krank werden, wird er rascher gesund als ein unglücklicher Mensch.

Sie werden aus eigener Erfahrung wissen, dass Sie sich in Ihrer Haut besser fühlen, wenn Sie glücklich sind. Sie werden auch wissen, dass Sie sich sofort besser fühlen, falls Sie in einer eher traurigen Situation eine gute Nachricht erhalten.

Aus diesem Grunde ist die Aufforderung zum Glücklichsein der passende Abschluss dieser Zehn-Punkte-Liste zur Erlangung seelischer und körperlicher Gesundheit.

Das Glück kommt von innen heraus. Sie haben jetzt das gesamte Glück, welches es gibt, und das wird auch immer so sein. Glücklich zu sein ist nichts anderes, als dem Glück zum Ausdruck zu verhelfen.

Gesundheitsbewusstsein aufbauen

Wenn Sie Glück zum Ausdruck zu bringen, gehen Sie mit großen Schritten auf eine strotzende Gesundheit zu.

Sie haben nun zehn Schritte, welche Sie ab sofort in Ihren Tagesablauf einbauen sollten. Durchdenken Sie sie, praktizieren Sie sie, leben Sie nach ihnen.

Ein fröhliches Leben erwartet Sie!

Wiederholung ist das erste Lerngesetz

Lesen Sie bitte das vorhergehende Kapitel ab Seite 267 nochmals durch.

Erst dann nehmen Sie sich das nächste vor.

Betonen Sie das Positive!

In diesem Kapitel erfahren Sie, wie Sie Ihre persönliche Macht so in diverse Kanäle fließen lassen, dass Sie gewisse angestrebte Ergebnisse erzielen.

Manche Leute sagen: „*Ich kann mir nichts merken*" oder „*Ich kann einfach nicht abschalten*" oder „*Ich bin ständig schlapp*". Ich werde auf mehrere dieser Zustände eingehen und Ihnen verraten, wie Sie Ihre positiven Gedanken so ausrichten, dass Sie rasch Ergebnisse erhalten.

Sobald Ihr Denken grundsätzlich auf das Positive ausgerichtet ist, werden Sie natürlich automatisch positiv über jede Situation denken, bei der Sie etwas stört. Wie bereits erwähnt, werden Sie Ihre mentalen Muster nicht ohne Geistesübungen von der negativen auf die positive Seite umpolen können. Sobald Sie so weit sind, dass Sie ganz von selbst überwiegend auf das Positive schauen, ist es eine gute Übung, sich die Umstände, die Sie verändern wollen, bewusst positiv anzusehen.

Ich lege Ihnen ans Herz, die folgenden Seiten ein paar Mal aufmerksam durchzulesen, damit Ihnen die diversen Eigenschaften wirklich vertraut werden.

Ein paar Punkte wurden bereits in früheren Kapiteln angesprochen, um aber einen Gesamtüberblick zu erhalten, werden sie an dieser Stelle nochmals aufgeführt.

➢ Die Kunst der Entspannung

„*Ich bin ständig verkrampft*", „*Ich kann nicht loslassen*", „Wenn ich mich bloß entspannen könnte!" Solche Klagen sind leider ziemlich häufig.

Wenn ich solche Aussprüche höre, pflichte ich dem Leidenden bei: „*Ich bin sicher, dass es so ist!*"

Ich bin deshalb sicher, dass diese Klagen stimmen, weil sie – wieder einmal – eine klare Anweisung an das schöpferische Bewusstsein darstellen, für Anspannung zu sorgen.

Wenn Sie angespannt sind, verbrennen Sie Energie.
Wenn Sie entspannt sind, speichern Sie Energie!

Bauen Sie ein Entspannungsbewusstsein auf! Machen Sie sich klar, dass Sie sich entspannen können. Wer völlig entspannt ist, verliert sein Körperbewusstsein. Er denkt nicht mehr an Arme und Beine. Es ist fast so, als würde das Bewusstsein schweben.

Üben Sie die Entspannung. Lernen Sie, sich hinzusetzen und die Lockerheit des ganzen Körpers zu spüren. Zehn Minuten lang eine solche Entspannungsübung durchzuführen, wird Ihnen sehr gut tun, da kurze Entspannungszeiten längeren Perioden vorzuziehen sind, solange der Körper angespannt ist.

Ist Ihnen schon einmal aufgefallen, welche Entspannungsmeisterin eine Katze ist? Sie sieht schläfrig drein, gähnt dann ein paar Mal und schläft dann ein. Nach wenigen Minuten öffnet sie die Augen wieder und ist völlig erfrischt.

Denken Sie immer daran, das Positive zu betonen, wenn es um Entspannung geht!

Solange Sie noch kein Meister der Entspannung sind, sollten Sie Ihrem Bewusstsein häufig Anweisungen erteilen, zum Beispiel wie folgt:

„ICH BIN ein Meister meines Seins und kann mich entspannen, wann immer ich es will.

Mein Bewusstsein ist voller harmonischer und friedvoller Gedanken!“

Betonen Sie das Positive!

➢ Die Kunst der Konversation.

Es ist relativ leicht, die Kunst der Konversation zu erlernen. Ein guter Unterhalter sucht sich sein Thema entsprechend den Vorlieben seiner Zuhörer aus. Er verschwendet keine Zeit mit Themen kontroverser Art, von denen er weiß, dass sie bei seinen Gesprächspartnern nur Widerspruch auslösen oder ihn unbeliebt machen.

Der Zeitungsherausgeber Arthur Brisbane (1864 – 1936) sagte einmal: *„Um die Gunst der Leserschaft zu gewinnen, berichtet man den Lesern am besten etwas, das sie bereits wissen – die Leser werden damit einverstanden sein."*

Würden Sie mir glauben, wenn ich Ihnen erzählte, dass der schnellste Weg zu einem guten Unterhalter darin besteht, sich bewusst zu machen, dass man bereits ein guter Unterhalter ist?

Wenn Sie sagen: *„Ich wäre gerne ein guter Unterhalter"*, räumen Sie ein, dass Sie dies momentan nicht sind und auch, dass Sie nicht davon ausgehen, ein solcher zu werden.

Wenn Sie andererseits den positiven Gedanken verstärken und sich sagen: „**ICH BIN** *ein guter Unterhalter*", und zwar nicht nur ein- oder zweimal, sondern x-mal, werden Sie immer mehr zu den Unterhaltungen beisteuern können. Reißen Sie das Gespräch nicht an sich, aber steuern Sie Ihre Ideen bei, so wie sie Ihnen kommen.

➢ Eine anziehende Persönlichkeit.

Wann wirkt eine Persönlichkeit so anziehend wie ein Magnet? Warum ist eine Person sympathisch und die andere langweilig?

Eine anziehende Persönlichkeit tut nichts, was man sehen könnte – sie tut etwas, was die anderen Menschen spüren.

Diese ausgestrahlte Anziehungskraft kommt von innen heraus.

Sie setzt sich zusammen aus Freundlichkeit, Höflichkeit, Großzügigkeit, Verständnisfähigkeit und ähnlichen Eigenschaften. Ein gut aussehender Mensch mit einem Bilderbuchkörper kann durchaus abstoßend wirken, während ein anderer, dem körperliche Reize diese Art fehlen, äußerst sympathisch sein kann.

Da es sich bei der persönlichen Anziehungskraft um etwas Unsichtbares handelt, was wir von inneren heraus ausstrahlen, gehört es in den Bereich des Bewusstseins. Das bedeutet, dass diese Kraft bei Bedarf über das Bewusstsein verändert werden kann.

Wenn Sie den Gedanken aufbauen: *„Ich habe eine anziehende Persönlichkeit"*, werden Sie buchstäblich dazu angeleitet, die Dinge zu tun, die Ihnen eine solche Wesensart verleihen!

Sie werden freundlicher, zuvorkommender, großzügiger, verständnisvoller, und Sie verhalten sich ganz natürlich so, dass Sie anderen Menschen sympathisch sind.

Denken Sie auch daran, was Sie für Ihre Mitmenschen Gutes tun können! Je mehr Sie sich ehrlich für andere interessieren, umso attraktiver wird Ihre Persönlichkeit werden!

➢ Erholsamer Schlaf.

Auf den Schlaf wurde bereits in den Anfangskapiteln eingegangen. Es ist sicherlich zu Ihrem Nutzen, sich die Ausführungen ab Seite 29 ab und zu nochmals vorzunehmen.

Wenn Sie sich mit dem Zweifel schlafen legen, ob Sie auch einschlafen können, stehen die Chancen sehr schlecht, dass Sie bald einschlafen werden!

Wenn Sie aber mit dem Gedanken zu Bett gehen, wie wunderbar es ist, dass Sie sich nun gründlich entspannen und ausruhen können, werden Sie wahrscheinlich bald friedlich schlafen.

➢ Erinnerungsfähigkeit stärken.

Jedes Mal, wenn Sie sagen *„Das habe ich vergessen"* oder *„ich weiß es nicht mehr"* oder *„es fällt mir nicht mehr ein"*, rufen Sie Ihre geistigen Mächte auf - allerdings gegen Sie!

Sie wissen bereits, dass solche Gedanken ungeprüft vom schöpferischen Bewusstsein übernommen und als Befehl aufgefasst werden.

In diesem Fall arbeitet Ihr schöpferisches Bewusstsein gegen Sie und verschafft Ihnen ein schlechtes Gedächtnis. Es wird dafür sorgen, dass Sie vergesslich sind.

Das schöpferische Bewusstsein ist die Lagerstätte der Erinnerungen. Dort wird alles aufbewahrt, was Sie jemals gehört, gesehen oder gelesen haben.

Etwas zu „vergessen", bedeutet nichts anderes, als dass Ihnen die Fähigkeit abgeht, etwas, das im schöpferischen Bewusstsein abgespeichert ist, wieder auf die Ebene Ihres Tagesbewusstseins zu bringen.

Ein gutes Gedächtnis ist lediglich die Bewusstheit von einem guten Gedächtnis. Wer ein gutes Gedächtnis hat, denkt sicherlich nicht *„Ich kann mir nichts merken"*. Er weiß, dass er ein gutes Gedächtnis hat, und geht ganz selbstverständlich davon aus.

Falls Sie ein gutes Gedächtnis haben wollen, dürfen Sie niemals Begriffe wie „vergessen" oder „nicht mehr erinnern" verwenden. Gehen Sie davon aus, dass das Abgespeicherte auf dem Weg nach oben ist.

Falls Sie etwas in Ihr Tagesbewusstsein bringen wollen und es nicht sofort erscheint, sagen Sie sich: „Ich hab's gleich!". Es wird sich auf den Weg machen.

Denken Sie von nun an: *„Ich habe ein gutes Gedächtnis!"*. Sie werden überrascht sein, wie gut Ihr Gedächtnis ist!

➢ Geistige Konzentration.

„Zerstreuten Professoren" haftet manchmal der Ruf an, dass bei ihnen geistig etwas nicht in Ordnung sei. In Ausnahmefällen mag das so sein, die Regel ist es nicht! Die Unfähigkeit, sich zu konzentrieren, gehört zu den schlechten Angewohnheiten. Wir denken an eine Sache und gleich zwängt sich ein weiterer Gedanke herein, dem dann die Macht gegeben wird. Die Folge ist, dass der vorherige Gedanke verloren geht.

Dann kommt der nächste Gedanke und dieser bekommt die Aufmerksamkeit. Nun geht der zweite Gedanke verloren. Und so geht das Spiel weiter.

Geistige Konzentration ist die Fähigkeit, einen Gedanken so lange aufrechtzuerhalten, bis wir ihn nicht mehr benötigen. Erst dann darf der nächste Gedanke hereinspazieren.

Der Wert der geistigen Konzentration ist so groß, dass sie ohne Weiteres als Kunst bezeichnet werden kann. Und sie ist sogar ziemlich einfach zu erlangen.

„Ich kann mich einfach nicht konzentrieren", jammern viele Leute. Wer einigermaßen über das Bewusstsein Bescheid weiß, weiß auch, dass er seinem schöpferischen Bewusstsein mit einer solchen Aussage die Anweisung erteilt, ihn auch in Zukunft von einem Gedanken zum nächsten hüpfen zu lassen.

Solche Gedanken sollten Sie radikal aus Ihrem Wortschatz verbannen.

Denken Sie stattdessen im folgenden Sinne:

„Ich bin mit einer großen Konzentrationsfähigkeit gesegnet! Ich bleibe so lange bei einem Gedanken, wie ich ihn brauche. Erst dann widme ich mich dem nächsten!“

➢ Müdigkeit überwinden.

Die folgenden Empfehlungen beziehen sich auf die psychosomatische Müdigkeit. Sollten Sie unter körperlich bedingten Erschöpfungszuständen leiden, empfiehlt sich ein Arztbesuch.

Viele Menschen ermüden, weil sie dies erwarten. Sie wachen morgens auf und gleich kommt ihnen ein Schwall von Dingen in den Kopf, die heute anstehen, was dazu führt, dass sie sich fast sofort wieder müde fühlen, weil sie davon ausgehen, dass der heutige Tag anstrengend werden wird. Und meist trifft das auch so ein.

Am Abend sind sie dann erschöpft. In diesen Fällen war es jedoch das Bewusstsein – und nicht so sehr die Arbeit – welche diese Müdigkeit herbeiführte.

Es gibt zwei Arten von Müdigkeit:

eine natürliche und eine psychosomatische.

Bei der natürlichen Müdigkeit wird durch körperliche oder geistige Anstrengung Energie verbraucht. Körperliche Ermüdung ist noch leicht nachzuvollziehen und wird deshalb als normal hingenommen, aber geistige Ermüdung gibt es gibt.

Zwar sprechen Laien von geistiger Erschöpfung oder auch Hirnmüdigkeit, weil sie meinen, dass eine lang anhaltende konzentrierte Tätigkeit das Gehirn ermüden würde, Wissenschaftler sind jeder der Meinung, dass ein solcher Zustand nicht existieren kann. Ihr Gehirn ist nicht wie Ihre Muskeln. Es führt keine muskulären, sondern elektrochemische Abläufe durch, grob vergleichbar mit einer Gleichstrom-Nasszellenbatterie. Wenn Ihr Gehirn nach stundenlanger geistiger Arbeit müde erscheint, steckt diese Müdigkeit fast immer in irgendeinem Teil Ihres Körpers, zum Beispiel in Ihren Augen, Ihren Nacken- oder Rückenmuskeln. Das Gehirn könnte ohne Weiteres weitermachen.

Es gibt eine Reihe von Dingen, die Sie tun können, um psychosomatische Ermüdung zu vermeiden. Wie gesagt, verstehen wir unter diesem Begriff die Annahme der betreffenden Person, müde zu werden.

Lernen Sie, an den Dingen Spaß zu haben, die Sie tun müssen!

Beginnen Sie den Tag mit der schwierigsten Aufgabe!

Gehen Sie von der Leichtigkeit der zu verrichtenden Aufgabe aus!

Entspannen Sie sich bei jeder Gelegenheit!

Füllen Sie Ihr Bewusstsein mit glücklichen Gedanken!

➢ Schüchternheit überwinden.

Ein guter Ansatz, um irgendeinen Zustand zu verändern, besteht darin, dass Sie sich auf den gewünschten Zustand konzentrieren – niemals auf den Zustand, den Sie verändern wollen!

Betonen Sie das Positive!

Ein Gedanke wie „Ich bin nicht mehr schüchtern", verstärkt lediglich die bestehende Schüchternheit. Sie wollen nicht schüchtern sein, also denken Sie nicht mehr daran! Sie erreichen wesentlich bessere Ergebnisse, wenn Sie sich vorsagen: „Ich mag Menschen. Ich gehe gerne auf sie zu! Ich fühle mich in Gesellschaft wohl!"

Das dürfen natürlich nicht bloß inhaltsleere Worte sein. Fühlen Sie sich in diese Situationen hinein. Sehen Sie innerlich, wie Sie sich ungezwungen unterhalten!

Eine Frau, welche sich nach der obigen Formel gerichtet hatte, merkte gar nicht, dass ihre Schüchternheit von ihr abgefallen war, bis ihr eines Abends nach einer Party bewusst wurde, dass sie sich den ganzen Abend über sehr amüsiert hatte. Die Konzentration auf das Positive erwies sich als wirkungsvolle Therapie.

➢ Seelische Ausgeglichenheit.

So gerne Sie mit ausgeglichenen Menschen zu tun haben, so gerne haben andere ihrerseits mit Ihnen zu tun, wenn Sie ausgeglichen sind. Wer in jeder Lebenslage über den Dingen stehen kann und sich nicht von den Umständen aus dem Gleichgewicht bringen lässt, ist immer im Vorteil!

Ein seelisch ausgeglichener Mensch hat viele Vorteile, darunter:

Die Fähigkeit, auf Kritik sachlich zu reagieren oder auch gar nicht
Die Fähigkeit, gründlich abwägen zu können
Ein gesunder Ehrgeiz
Eine klare Einschätzung der Lage
Eine kontrollierte Stimmungslage
Erfolgsüberzeugung
Stolz, jedoch ohne Eitelkeit
Ungezwungenheit
Widerstandsfähigkeit gegen Versuchungen

Kapitel 21

Zur Wiederholung:

Betonen Sie immer das Positive! Sehen Sie sich grundsätzlich so, als hätten Sie die angestrebten Eigenschaften bereits!

➢ Selbstdisziplin.

Erst wenn Sie sich selbst im Griff haben, können Sie auf andere einwirken. Damit meine ich nicht, dass Sie sich über andere erheben und sie zu dominieren versuchen! Ich spreche von den Führungseigenschaften, welche andere Menschen veranlassen, Ihren Hinweisen Folge zu leisten, weil diese Menschen dies wollen, nicht, weil sie dazu gezwungen wären.

Selbstdisziplin bedeutet, dass Ihr Körper Ihr Diener und nicht Ihr Gebieter ist. Er verhält sich so, wie sie ihn anweisen – nicht umgekehrt. (Siehe hierzu: Der Mensch ist geistige Vorstellung, Seite 61).

Falls Sie von gewissen Gewohnheiten herumgeschubst und versklavt werden und Sie diese Gewohnheiten lieber verändern wollen, denken Sie an Selbstdisziplin und machen sich klar, dass es in Ihrer Macht steht, jede unerwünschte Gewohnheit abzustellen.

Sollten Sie im Schraubstock der Faulheit stecken, so lernen Sie, die Dinge, die Sie zu tun haben, gerne zu tun, statt nur die Dinge zu tun, die Ihnen ohnedies Spaß machen.

Nehmen Sie sich Gedanken der folgenden Art vor:

„Jedes Mal, wenn ein negativer Gedanke in mein Bewusstsein dringen will, mache ich ihn mir sofort bewusst und löse ich durch einen positiven Gedanken auf. Mein Selbstvertrauen wird von Tag zu Tag größer, weil ich jeden Tag disziplinierter werde!"

Betonen Sie das Positive!

Dies ist ein wichtiges Kapitel. Legen Sie ein Lesezeichen ein, damit Sie das Kapitel rasch wieder auffinden. Indem Sie sich ständig auf das Positive konzentrieren, werden Sie viel Gutes in Ihr Leben ziehen!

Haben Sie jemals auf die Plus- und Minus-Zeichen an Ihrer Autobatterie geachtet? Das Pluszeichen zeigt den positiven Pol an, das Minuszeichen den negativen.

Auf Ihrem Weg zu einem Menschen, der von Haus aus positiv ist, kann es Ihnen helfen, in Ihrem Badezimmer in ein Stück Seife ein +-Zeichen zu ritzen oder ein entsprechendes Etikett an den Spiegel zu kleben. Sie werden dann jedes Mal daran erinnert, dass Sie auf die positive Seite der Dinge sehen sollten.

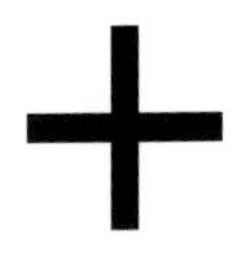

Wiederholung ist das erste Lerngesetz

Lesen Sie bitte das vorhergehende Kapitel ab Seite 282 nochmals durch.

Erst dann nehmen Sie sich das nächste vor.

Helfen Sie sich, indem Sie anderen helfen!

Wenn Sie ein Thema lehren wollen, müssen Sie zunächst selbst damit vertraut sein. Je länger Sie dieses Thema lehren, umso mehr wissen Sie darüber Bescheid.

Ich habe in den größten amerikanischen und kanadischen Städten über Themen gesprochen, die mit Persönlichkeitsentwicklung zu tun haben. Nach einem Vortrag hoffe ich oft, dass meine Zuhörerinnen und Zuhörer so viel daraus gewonnen haben, wie ich selbst.

Indem ich diese Lebensgrundsätze erläuterte, prägen sie sich auch meinem eigenen Bewusstsein noch tiefer ein.

Sie können beim erstmaligen Lesen einer für Sie neuen Theorie durchaus davon angetan sein, aber erst wenn Sie sie in die Praxis umsetzen, ziehen Sie wirklich einen langfristigen Nutzen daraus.

Andernfalls ist die Wahrscheinlichkeit sehr groß, dass Sie das Gelesene bald wieder vergessen. Je mehr Sie darüber reden, umso mehr verankert sich das neue Wissen in Ihrem Bewusstsein und steht Ihnen auf Abruf bereit.

Indem Sie die Empfehlungen aus diesem Buch umsetzen, werden Sie für den Rest Ihres Lebens vor Notlagen gefeit sein. Sie werden auch ein Überangebot irdischer Gütern zur Verfügung haben. Doch nur, wenn Sie dieses Wissen in der Praxis anwenden!

Gönnen Sie sich alles, wonach Ihnen der Sinn steht: ein schönes Haus, genügend Geld, Fahrzeuge oder Reisen. Doch statt bei Ihren Mitmenschen Neid auszulösen, könnten Sie ihnen auch aufzeigen, wie sie sich ihrerseits ihre Herzenswünsche erfüllen.

Das heißt nicht, dass Sie vor lauter Begeisterung versuchen sollten, anderen Leuten dieses Wissen förmlich aufzudrängen. Damit ist niemandem gedient und Sie werden sich nur unbeliebt machen. Viele Menschen sind so negativ gepolt, dass sie sich nicht vorstellen können, dass ihnen die Lektüre eines Buches dazu verhelfen könnte, das Blatt der Umstände zu ihren Gunsten zu wenden. Sie werden sich darauf hinausreden, dass es bei einigen ja funktioniert haben mag, aber diese Leute hätten eben Glück gehabt.

Erzählen Sie ihnen von diesem Buch. Borgen oder schenken Sie es ihnen. Mehr nicht. Wenn sie von Ihren Erfolgen wirklich angetan (und nicht nur neidisch) sind, werden sie es gerne lesen.

* * *

Frank Barry war ein Bursche wie jeder andere auch. Er hatte Arbeit und konnte sich für sich und seine Familie Essen auf dem Tisch und eine Wohnung leisten.

Dann fiel ihm eines meiner Bücher in die Hände. Er nahm sich die beschriebenen Prinzipien zu Herzen. Bald ging es ihm finanziell besser und die Familie zog in eine bessere Wohnung um.

Ein Freund fragte Frank, wie er das geschafft habe. Frank mochte diesen Mann und die beiden verbrachten viel Zeit miteinander, wobei Frank seinem Freund die Grundsätze für mehr Lebenserfolg auseinandersetzte und erklärte, wie geistige Vorstellungsbilder wirken.

Bei Franks Freund war keineswegs eine rasche Veränderung zu merken. Doch Franks eigenes Leben veränderte sich nochmals grundlegend. Er dachte zurück an seine Lebensumstände, bevor ihm diese Prinzipien bekannt waren und was alles geschehen war, seit er gelernt hatte, richtig zu denken.

„Wenn positives Denken bei mir so viel bewirken kann, was spricht dann dagegen, dass es nicht so viel mehr bewirken kann? Konnten wir nicht unser eigenes Haus haben?“

Auf diese selbstgestellten Fragen gab es keine abschlägige Antwort. Frank Barry machte weiter Fortschritte. Heute ist er der stellvertretende Präsident der Firma, in der er arbeitete. Er wohnt zusammen mit seiner Familie in einem modernen Haus, hat eine Haushaltshilfe und einen Gärtner. Das alles war ausgelöst worden, weil Frank jemand anderem geholfen hatte.

* * *

Zwei Brüder, beide verheiratet, lebten in unmittelbarer Nachbarschaft zueinander. Ihre äußeren Umstände waren etwa dieselben und beide hatte eine negative Einstellung, was ihre Zukunft betraf.

Einer der Brüder kam mit positivem Denken in Berührung und lernte, wie veränderte Vorstellungsbilder andere Erfahrungen nach sich ziehen. Er übte das und nach einiger Zeit verbesserte sich seine Lage.

„Blödsinn!“, meinte der andere. *„Das sind doch nur Glücksfälle! Du wirst schon sehen, dass es nicht ständig aufwärts gehen kann!“*

„Wie du meinst. Falls du offen bist, kannst du mich jederzeit ansprechen und dann verrate ich dir, wie du aus deinem Schlamassel herauskommst“, erwiderte der andere.

Es vergingen mehrere Monate, bis sich der negativ denkende Bruder aufraffen konnte, über seinen Schatten zu springen und seinen erfolgreicheren Bruder anzusprechen.

Der negative Bruder hatte bemerkt, dass die „Glückssträhne“ des Bruders offenbar doch länger andauerte und mehr dahinter stecken musste.

Widerwillig und kleinlaut fragte der negative Bruder nach, was denn das Erfolgsgeheimnis des anderen sei.

Über zwei Stunden saßen die beiden zusammen und der negative Bruder erhielt einen Schnellkurs darüber, wie sich negatives beziehungsweise positives Denken auswirkt und wie negatives Denken umgepolt werden kann.

Ein paar Wochen nach dieser Aussprache wurde dem positiv denkenden Bruder eine Chance geboten, die er nicht ausschlagen konnte. Es handelte sich um eine berufliche Aufgabe, bei der mehrere gute Mitarbeiter gebraucht wurden.

Er dachte an seinen Bruder und bot ihm an, dass dieser als sein Assistent mitmachen könne.

Nun sind beide Brüder auf dem Weg nach oben und keiner von beiden würde mehr von „Blödsinn“ sprechen, wenn es um positive Vorstellungsbilder geht.

* * *

Versuchen Sie nicht, Ihr Wissen jemandem aufzuzwängen, der dafür nicht bereit ist! Sie würden nur Ihre Zeit verschwenden und höchstwahrscheinlich angefeindet werden.

Auf einer meiner Vortragsreisen lernte ich einen Mann kennen, der mich zum Abendessen einlud. Wie ich kurz darauf erfuhr, war dieser Mann ein Feinschmecker. Er gab mir keine Gelegenheit, selbst zu bestellten, sondern erklärte dem Kellner genau, was er mir zu servieren habe.

Diese Erfahrung war insofern peinlich, als mich mein Gastgeber drängte und mir aufnötigte, alles zu essen, was aufgetischt wurde.

Selbsthilfe, indem Sie anderen helfen

Dieser Mann wusste sicherlich viel über Ernährung und wollte mir ernsthaft helfen, aber er drängte sein Wissen jemandem auf, der dazu nicht bereit war.

Mein Anliegen ist es, mit diesem Buch vielen Menschen zu helfen, mehr Lebensglück, Lebensfreude und Erfolg im Leben zu erreichen. Niemand kann Sie zwingen, es zu lesen. Es wäre auch sehr zweifelhaft, ob jemandem geholfen werden kann, den man zum Lesen eines solches Buch gezwungen hat. Das Bewusstsein eines solchen Lesers wäre nicht bei der Sache, sondern bei der Person, welche den unfreiwilligen Leser genötigt hat.

Falls Sie das Buch jedoch lesen, weil Sie es lesen wollen, und Sie selbst zu der Einsicht gelangt sind, dass es die Quintessenz des Wissens enthält, das Ihnen - konsequente Umsetzung vorausgesetzt – mehr Lebenserfolg beschert, wird es sich als Offenbarung für Sie erweisen.

Wir alle können uns so verhalten, dass wir mehr Lebenserfolg und Glück im Leben erfahren, sofern wir motiviert sind, also ein Motiv, einen Grund, haben. Falls Sie jemandem helfen wollen, sollten Sie ihm deshalb ein Motiv liefern, was seinen Drang nach Selbstverbesserung stimulieren wird.

Ein Beispiel: Ein Bekannter hat mich einmal in meinem Bastelraum aufgesucht, in dem sehr viele Werkzeuge hängen.

„*Mann, das ist der Traum jedes Hobbybastlers*“, sagte er, während seine Augen von Maschine zu Maschine wanderten.

„*Was spricht dagegen, dass du dir so etwas selber anschaffst?*“, fragte ich ihn.

„*Du hast leicht reden. Ich brauche jeden Cent, um mich über Wasser zu halten.*“

„Nimm's mir nicht übel, aber viele gibst du so im Schnitt für Alkohol aus?"

„Oh, mehr als 25 Dollar sind das nicht pro Woche", gab er zu, während er versuchte, meinem Blick auszuweichen.

„Wenn du diese Ausgaben halbieren könntest, hättest du genug Geld, um mit der Zeit eine ähnliche Ausstattung wie meine zusammenzukriegen", erwiderte ich.

Mein Besucher ging zum Regal, in dem meine Hobbybücher lagen, und sah sich die diversen Zeichnungen an. Sein Blick fiel auf einen Plan für Innenhofmöbel und er studierte ihn eine Zeit lang. Er wusste, dass er solche Stühle und einen solchen Tisch bauen konnte.

„OK, ich mach's!", sagte er dann sehr bestimmt.

Die Entschlusskraft dieses Mannes nahm eine unerwartete Wendung. Je mehr Werkzeuge er in seinem eigenen Hobbykeller hatte, umso begeisterter bastelte er in seiner Freizeit, was schlussendlich dazu führte, dass er den Alkohol völlig aufgab.

Das ist ein Beispiel dafür, wo jemandem geholfen wurde, indem er ein Motiv erhielt.

* * *

John Jeffries war ein Arbeitstier. Er sah keine andere Möglichkeit, als seine Tageszeiten von der Stechuhr bestimmen zu lassen. Sich selbstständig zu machen, war ihm nie in den Sinn gekommen und zum Geschäftsmann taugte er nicht. Das bildete er sich zumindest ein.

John erledigte hie und da kleinere Arbeiten auf meinem Grundstück, und wenn wir ins Gespräch kamen, hoffte ich, ihm auch einen Anreiz für die Arbeit an sich selbst zu geben.

Meist ging er darauf nicht ein, denn er war noch nicht so weit, dass er sich als etwas anderes sehen konnte, als das, was er eben immer schon gewesen war.

Eines Tages regte sich John über die Art und Weise auf, in der eine bestimmte Firma ihre Geschäfte führte.

„Ich wette, dass Sie einen guten Geschäftsmann abgäben. Sie haben sehr konstruktive und klare Vorstellungen!", sagte ich ihm so neutral wie möglich.

Er schwieg, aber ich konnte an seinem Gesichtsausdruck sehen, dass meine Bemerkung etwas ausgelöst hatte. Später hatte ich nochmals Gelegenheit, in dieselbe Kerbe zu schlagen.

Ich beschränkte mich auf Andeutungen und achtete darauf, dass meine Worte nicht als bloße Schmeicheleien gedeutet werden könnten.

Eines Tages kam er zu mir und fragte mich, was er studieren müsse, um ein eigenes Geschäft aufzumachen.

Ich erklärte ihm einen mir logisch und sinnvoll erscheinenden Plan. Er verabschiedete sich sichtbar beschwingter und entschlossener.

John Jeffries fing sein Geschäft praktisch ohne Eigenkapital an. Er besaß keines. Aber es geht sichtbar aufwärts!

Das Motiv, welches ich John Jeffries gegeben hatte, war mehr Glück und Erfolg über den Weg seiner brachliegenden Talente.

Entwickeln Sie Ihre Fähigkeiten im Schlaf!

In diesem Buch haben Sie viel über das schöpferische Bewusstsein gelernt. Sie haben erfahren, wie Sie sich seiner bedienen können, während Sie schlafen.

Kapitel 22

Im vorliegenden Kapitel haben Sie erfahren, wie Sie selbst weiterkommen, indem Sie anderen Menschen weiterhelfen. Das gilt auch für die Zeit des Schlafes.

Sagen Sie sich heute Nacht vor dem Einschlafen mehrmals eine Formulierung der folgenden Art vor:

„Ich erweitere meinen Einflussbereich und meinen Wohlstand, damit ich anderen helfen kann. Ich helfen anderen Menschen gerne, damit sie sich selbst helfen können, und verfüge immer über genügend Mittel, um großzügig sein zu können!“

Eine solche Einsage wird Ihnen ein helleres Morgen beschaffen. Sie werden über Nacht wachsen, da Ihr schöpferisches Bewusstsein von Ihnen ein Vorstellungsbild als Wohltäter aufbauen wird.

Wer bisher eher zur egoistischen Seite geneigt hatte, wird nicht auf Anhieb verstehen können, warum wir grundsätzlich mehr Gewicht aufs Geben statt aufs Nehmen legen sollten. Meines Erachtens geht das Geben jedem Nehmen voraus. Wenn wir im Leben nicht genug erhalten, geben wir auch nicht genug.

Eines ist sicher: Der Großzügige ist glücklicher als der Selbstsüchtige! Doch zum spirituellen Nutzen kommt, dass der Gebende auch mehr zurückerhält.

Auf das Berufsleben übertragen darf ich Ihnen die Geschäftspolitik des Leiters einer großen Kette von Billigläden verraten: Ein Vertreter zeigte dem Einkäufer dieser Ladenkette einen Artikel und erklärte ihm, dass der Großhandelspreis 6 Cent betragen würde. Bei einem Verkaufspreis von 10 Cent würde der Laden also einen Gewinn machen.

„Gut,“ sagte der Einkäufer *„gehen Sie bitte wieder zu Ihrer Fabrik zurück und finden Sie heraus, wie dieses Ding verbessert werden könnte, wenn der Einkaufspreis bei 7 ½ Cent liegt.“*

Mit dieser Bemerkung ließ der Einkäufer durchblicken, dass ihm die Qualität wichtiger war als ein billiger Einkaufspreis. Es ist kein Wunder, dass diese Ladenkette überall im Land bekannt ist.

Sie nähern sich dem Ende dieses Buches und ich bin sicher, dass Sie seinen Wert mittlerweile zu schätzen wissen. Lesen Sie bitte die letzten beiden Kapitel nochmals durch und geben Sie sich ein paar Tage Zeit, um das Gelesene zu verinnerlichen.

Danach nehmen Sie sich das gesamte Buch von Anfang nochmals vor.

Soviel auch bereits aus der ersten Lektüre gewonnen haben, werden Sie erstaunt sein, um wie viel größer der Nutzen für Sie sein wird, nachdem Sie es ein zweites Mal durchgearbeitet haben.

Warum?

Weil Sie anfangs vielleicht mit einer gewissen Skepsis an einige Aussagen herangegangen sind. Nun, da Sie bereits wissen, wie Sie Ihre innere Macht anzapfen können, werden Sie es in der Überzeugung lesen, dass Sie diese Prinzipien übernehmen und anwenden werden.

Wiederholung ist das erste Lerngesetz

Lesen Sie bitte das vorhergehende Kapitel ab Seite 294 nochmals durch.

Erst dann nehmen Sie sich das nächste vor.

Ein neues Leben voller Gesundheit, Wohlstand und Glück

Ein Bootsliebhaber, der mit Werkzeugen umgehen konnte und sich mit Plänen auskannte, hatte die Idee, sich selbst ein Boot zu bauen. Er besorgte sich die Baupläne und technischen Details und träumte von dem Tag, an dem er, seine Schiffermütze auf dem Kopf, in seinem Kajütboot über die Binnengewässer schippern würde.

Es war nun bereits mehrere Jahre her, dass er sich die Pläne besorgt hatte, aber bis heute ist noch nicht einmal der Kiel fertig. Der Mann nimmt sich die Pläne durchaus oft zur Hand und studiert sie sorgfältig; dann faltet er sie wieder zusammen und legt sie in die Schublade zurück.

Sie haben nun die Konstruktionspläne für ein neues Leben voller Gesundheit, Wohlstand und Glück vor sich. Sie können sie wieder weglegen und sich vornehmen, eines Tages wieder darauf zurückzukommen. Wahrscheinlich führen Sie sich damit selbst an der Nase herum.

Oder Sie können **jetzt anfangen!**

Können Sie sich vorstellen, dass man einem Bauunternehmer die Baupläne übergibt, dieser dann die Baustelle besucht, die Pläne studiert und dann wieder nach Hause geht, um sich mit etwas anderem zu beschäftigen? Man würde sich totlachen über einen solchen Unternehmer. Sobald der Vertrag unterzeichnet ist, macht sich der Bauunternehmer unverzüglich ans Werk.

Die Lektüre dieses Buches ist vergleichbar mit der Unterzeichnung eines Vertrags, den Sie mit sich selbst geschlossen haben. Mit diesem Vertrag erhalten Sie die Konstruktionspläne für ein erfüllteres Leben.

Kapitel 23

Ihr neues Leben

So wie sich ein Bauunternehmer die Pläne immer wieder vornimmt, um auf Nummer sicher zu gehen, dass er alles richtig verstanden hat und ordnungsgemäß umsetzt, sollten Sie auch an dieses Buch herangehen.

Die Wirksamkeit der dargestellten Prinzipien ist Ihnen nunmehr sicherlich klar. Instinktiv wissen Sie, dass Sie bei konsequenter Umsetzung dieser Erfolgsgrundsätze ein besseres Leben vor sich haben.

Legen Sie dieses Buch nun ein oder zwei Tage beiseite und lassen Sie alles auf sich einwirken, was noch frisch in Ihrem Gedächtnis ist.
Danach nehmen Sie es sich entschlossen nochmals vor. Lesen Sie es von Anfang an nochmals durch, überspringen Sie nichts! Gehen Sie fest davon aus, dass es Ihnen viele Segnungen und Problemlösungen bescheren wird.

Bereits beim ersten Durchlesen haben Sie vielleicht schon begonnen, den ein oder anderen Grundsatz aktiv in die Praxis umzusetzen. Sie fühlen sich wahrscheinlich bereits zuversichtlicher und siegesgewisser. Dass Sie darüberhinaus noch weitere Höhen erklimmen werden, ist so sicher wie das Amen in der Kirche!

Gestatten Sie mir an dieser Stelle auch noch folgenden Hinweis, der positiv gemeint ist: Nachdem Sie Ihr Ziel erreicht haben, sollten Sie die Quelle Ihres Glücks nicht aus den Augen verlieren. Ein Bodytrainer kann Ihnen helfen, aus einem schwachen Körper durch entsprechende Übungen und eine Ernährungsumstellung einen starken Körper zu machen. Doch wenn dieser ehemals schwächliche Mensch danach wieder in seine frühere Lebensweise zurückfällt, wird sein Körper ebenfalls wieder schwächer werden.

Es gibt keinen Stillstand!

Ein neues Leben

Es geht entweder aufwärts oder abwärts. Auf Ihr Denken übertragen bedeutet dies, dass Sie entweder immer positiver denken, oder dass Sie in die gewohnten Bahnen des negativen Denkens zurückschlittern.

„*Wieso sollte jemand in negatives Denken zurückfallen, wenn doch klar erkennbar ist, dass positives Denken mehr Gutes bringt?*“, fragen Sie nun vielleicht.

Da fünfundneunzig Prozent der Menschen zumindest in gewisser Hinsicht zum Negativen neigen, ist es unvermeidlich, dass die meisten Menschen, welchen Sie Tag für Tag begegnen, Negativdenker sind.

Die meisten Gespräche dieser Menschen drehen sich darum, wie schwer und hart doch alles sei, wie sehr man sich abzurackern habe, warum dies oder jenes so schwierig zu bewerkstelligen sei und wieso es unter den momentanen Umständen aussichtslos sei, etwas zu erreichen. Das alles klingt ziemlich logisch und birgt die Gefahr, dass der noch nicht gewohnheitsmäßig positiv denkende Mensch von der großen Mehrheit der Negativdenker angesteckt und vergiftet wird.

Dass die meisten Menschen negativ denken, ist nichts Neues. Das war immer schon so und wird wohl auch in Zukunft so sein. Deshalb waren es auch immer vergleichsweise wenige, die an die Spitze gelangten. Die Prinzipien aus diesem Buch werden Sie auf ungeahnte Höhen bringen! Doch das Lesen und Anwenden dieser Prinzipien garantiert noch nicht, dass Sie auch auf dieser Höhe bleiben.

Sie müssen beständig an sich arbeiten und auf der Hut sein, um negative Gedanken durch positive zu ersetzen, sonst gehen Sie wieder in der Masse der Negativdenker unter. Es muss Ihnen in Fleisch und Blut übergehen, an die Stelle jedes negativen Elements ein positives zu setzen.

Kapitel 23

Ich darf noch einmal zurückkommen auf meinen Freund W. Clement Stone, der – wie in Kapitel 1 erwähnt – aus einem Anfangskapital von 100 Dollar ein Versicherungsunternehmen aufgebaut hat, das ihm ein persönliches Vermögen von über 1.000.000 Dollar eingebracht hat.

Ich bin sicher, dass er in all diesen Jahren unzähligen negativen Situationen ausgesetzt war. Man hat ihm wahrscheinlich immer wieder gewarnt und ihm erzählt, was alles nicht möglich sei oder warum seine Verkäufer keine Policen abschließen könnten.

Hat sich Mr. Stone von diesen negativen Gedanken beeinflussen lassen und seinen Hut genommen? Ich bin überzeugt davon, dass er keine Minute lang daran gedacht hat.

Er hat sich das Problem wahrscheinlich genau angesehen, um herauszufinden, was solche negativen Gedanken verursachte, und dann Pläne ausgearbeitet, um die Situation zum Guten zu wenden. Dieser Mann wird Ihnen bestätigen, dass seine positive Grundeinstellung für seine großen Erfolge verantwortlich ist.

Die Höhe Ihrer Erfolge hängt ausschließlich davon ab, wie hoch Sie blicken können. Sie können Hunderte, Tausende, Zehntausende oder Millionen verdienen – es hängt von Ihrem Bewusstseinszustand ab.

Diese Tatsache wurde bereits unzählige Male bewiesen. In diesem Buch wurden einige Wahrheiten absichtlich mehrmals wiederholt, um Sie Ihrem Bewusstsein fest einzuprägen. Doch denken wir nun an Ihre Zukunft. Sehen wir uns ein Schema an, nach dem Sie sich richten können, damit gewährleistet ist, dass Ihre Lebensreise stetig nach oben führt:

1. Lassen Sie niemals einen negativen Gedanken in Ihrem Bewusstsein Wurzeln fassen.

   Ersetzen Sie ihn sofort durch einen positiven!

Falls es zur Ausmerzung des negativen Gedankens notwendig ist, tun Sie etwas Positives und stellen so sicher, dass der negative verschwunden ist.

2. Schlafen Sie immer mit positiven Gedanken ein!

Überlegen Sie sich die Dinge, für den nächsten Tag anstehen und gehen Sie mit dem positiven Gedanken zu Bett, dass Ihr schöpferisches Bewusstsein über Nacht an diesen Gedanken weiterarbeiten wird und dass es Sie am nächsten Tag anleiten wird, sich so zu verhalten, dass Sie in Gedanken und Tat alles auf erfolgreiche Art erledigen.

3. Sorgen Sie für eine glückliche Geisteshaltung!

Ein glückliches Bewusstsein ist leichter positiv zu halten als ein mit düsteren Gedanken angefülltes. Sollten die düsteren Gedanken nicht verschwinden wollen, tun Sie etwas, um einen anderen Menschen glücklicher zu machen.

4. Beginnen Sie den neuen Tag mit Begeisterung!

Freuen Sie sich auf einen produktiven und glücklichen Tag. Gehen Sie davon aus, dass Sie tagsüber in Gedanken und Tag geführt werden, damit alles, was Sie anpacken, ein Erfolg wird. Sprechen Sie beim Frühstück über Ihr Glück und Ihre Begeisterung. Reden Sie darüber, dass Sie einen fantastischen Tag vor sich haben. Sollten Sie von Leuten umgeben sein, denen die segensreichen Wirkungen eines positiven Bewusstseins noch nicht bekannt sind, freuen Sie sich darüber, dass Sie bereits weiter sind. Falls Sie andererseits mit frohgemuten und aktiven Menschen zu tun haben, lassen Sie sich davon anstecken und gehen Sie Ihre Aufgaben freudig an.

Gehen Sie negativen Leuten nach Möglichkeit aus dem Weg, es sei denn, Sie können ihnen helfen, ihrerseits ein positiveres Bewusstsein zu erlangen.

Falls es die Umstände nicht zulassen, den Kontakt mit negativ denkenden Menschen zu vermeiden, achten Sie auf Ihr Glück und schützen es vor den negativen Einflüssen.

5. *„Jeden Tag, so wie ich's mag!"* Das ist ein gutes Motto. Da nichts bleibt, wie es ist, sollten Sie dafür sorgen, dass es jeden Tag ein bisschen besser wird. Anfänglich werden Sie noch vorsätzlich daran arbeiten müssen, dass Sie Fortschritte machen, nachdem Ihnen das positive Denken in Fleisch und Blut übergegangen ist, werden immer mehr schöne Dinge ganz von selbst in Ihr Leben treten.

   Ruhen Sie sich nicht auf Ihren Lorbeeren auch, nachdem Sie äußeren Wohlstand erreicht haben. Es gibt viele neue Ufer zu erkunden!

   Vielleicht interessieren Sie sich für Musik, für gestaltende Künste oder etwas Handwerkliches. Alterung und Müßiggang gehen Hand in Hand. Ein aktives Bewusstsein ist ein jugendliches Bewusstsein. Und ein jugendliches Bewusstsein hält auch den Körper jünger, als ein anderes, das sich mit Alterserscheinungen beschäftigt.

Ich weiß, dass Sie aus diesem Buch einen wesentlichen größeren Nutzwert ziehen werden, als Sie in Geldwert dafür aufgebracht haben. Es wäre auch enttäuschend für mich, wenn es anders wäre. Ich wünsche mir und Ihnen, dass Sie mithilfe dieser Prinzipien ein Meisterwerk aus Ihrem Leben machen!

Diese Erkenntnisse gehen auch keineswegs alle auf mich zurück. Lehrer aus meiner Schulzeit, Vortragsredner und Autoren, Zeitungsartikel, Rundfunk und Fernsehen gehören zu den Informationsquellen, die dazu beigetragen haben. Ich habe Abertausende von Menschen getroffen, die meinen Wissensstand abgerundet haben.

Mein Betrag bestand lediglich in der Sichtung und Zusammenstellung der konstruktiven Gedanken, damit sie in eine Form gebracht werden, aus der Sie den optimalen Nutzen ziehen.

Ich danke Ihnen!

Wiederholung ist das erste Lerngeetz

Lesen Sie bitte das vorhergehende Kapitel ab Seite 304 nochmals durch.

Erst dann nehmen Sie sich das nächste vor.

Nutzen Sie die Möglichkeit, von weiteren lebensverändernden Gedanken von Ben Sweetland zu profitieren!

Sie erhalten ein zweites Buch von diesem Autor, jedoch nicht als gesamtes Buch, sondern **kapitelweise** in Form von PDF-Dokumenten.

Auf diese Weise ist die Wahrscheinlichkeit höher, dass Sie sich jedes Kapitel gründlicher vornehmen und das Gelesene in Ihren Alltag integrieren.

Einige Fallbeispiele aus diesem zweiten Buch sind bereits im vorliegenden enthalten; auf diese Wiederholungen wurde verzichtet.

Wie erhalten Sie dieses zweite Buch?

Die Voraussetzung, um diese PDF-Kapitel kostenlos zu erhalten, ist, dass Sie auf der Bestellseite einen Kommentar zum vorliegenden Buch hinterlassen.

Es spielt keine Rolle, ob Sie die Taschenbuch- oder Kindle-Version auf Amazon, die PDF-Version im i-bux-shop oder eine ePUB-Version bei einem anderen Anbieter (z.B. XinXii, Hugendubel, Weltbild oder bücher.de) bezogen haben.

Es spielt auch keine Rolle, ob Ihre Beurteilung ein, zwei oder drei Zeilen oder zwanzig oder dreißig Zeilen umfasst.

Und es spielt keine Rolle, wie viele Sterne Sie vergeben.

Bereits dadurch, dass Sie sich die Mühe gemacht haben, einen Kommentar abzugeben, sichern Sie sich das zweite Buch in Form von PDF-Kapiteln.

Je mehr Erfahrung Sie bei der Umsetzung der Empfehlungen aus dem vorliegenden Buch gewonnen haben, umso leichter wird es Ihnen fallen, einen objektiven Kommentar abzugeben.

Aus diesem Grunde ist die Möglichkeit zur Kommentierung und zum Bezug des zweiten Buches zeitlich unbefristet und gilt, solange i-bux.com besteht. (Das wird nicht endlos sein, weil auch wir eines Tages die Ebene dieser irdischen Dimension verlassen werden, aber es dürfte noch einige Jahre dauern).

Weitere Informationen und eine Leseprobe finden Sie hier:

http://goo.gl/6ZJCrT

Vorwort zu Ihrem Bonus

„Ich kann es!"

Diese drei Wörter rissen einen am Boden zerstörten Mann aus den Niederungen der Verzweiflung heraus und brachten ihn auf die Höhe von Erfolg und Glück.

Einer der Vorträge, die ich in New York City hielt, trug den Titel „Der Weg zum Glück". Ein wohl auf die Sechzig zugehender Mann war regelmäßig Gast bei diesen Vorträgen und hoffte, aus meinen Botschaften einen magischen Gedanken herauszuhören, der ihn in die Lage versetzen sollte, wieder zum Versorger seiner Familie werden zu können. Zum Zeitpunkt dieser Begebenheit war seine Frau die Brötchenverdienerin der Familie.

Seine langjährige Arbeitsstelle war aufgelöst worden, und bei der Suche nach einem anderen Platz musste er sich ein ums andere Mal anhören, dass er bereits zu alt sei.

Woche um Woche kam Bill (wie wir ihn hier nennen wollen) mit einem erwartungsvollen Ausdruck auf seinem Gesicht zu meinen Vorträgen, und jedes Mal ging er wieder weg, weil er die Antwort auf sein Problem nicht gefunden hatte.

Doch diesmal war es anders. Es war etwas vorgefallen.

Statt des bekümmerten Gesichtsausdrucks, den er sonst immer hatte, strahlte Bill diesmal Zuversicht aus. Dies machte mich natürlich neugierig und ich ging nach dem Vortrag auf ihn zu.

„Ich hab's!", rief er aufgeregt. Ich freute mich für ihn und wollte wissen, was der Grund für diese neue Begeisterung sei.

Bill zog mich zu dem Stuhl, auf dem er während des Vortrags gesessen war, und deutete auf ein nur teilweise sichtbares Neonschild, welches auf dem Dach eines Gebäudes montiert war.

Ich kann es!

Der Slogan beinhaltete das Wort „American", aber von diesem Platz aus waren nur die vier letzten Buchstaben lesbar: ICAN.

„Das ist die Antwort auf meine Probleme: I CAN! ICH KANN ES!

Bis jetzt habe ich mir immer eingebildet, dass es sowieso keinen Zweck mehr habe. Ich konnte nur noch daran denken, dass ich es NICHT kann", sprach er weiter „aber den ganzen Abend habe ich diese Buchstaben vor Augen gehabt. Das ist genau die Botschaft, die ich brauchte! Und morgen werde ich es beweisen!"

Bill bewies es. Er fing als einfacher Arbeiter in einer Kornmühle an und kletterte beständig immer höher, bis er tatsächlich die Stelle als Geschäftsführer mit einem ansehnlichen Gehalt erreichte.

In diesem Buch geht es darum, dass Sie es können und nicht mehr schlafwandelnd durchs Leben zu torkeln brauchen.

Bereits die einmalige bewusste Lektüre dieses Buches wird Ihnen neue Horizonte erschießen. Doch beim zweiten Durchlesen wird Ihre Entschlossenheit noch zunehmen.

Wenn Sie es dann zum dritten Mal durcharbeiten, wird Ihr Ehrgeiz so weit geweckt sein, dass Sie nicht mehr lockerlassen, bis Ihre Herzenswünsche Realität geworden sind.

Dieses Buch soll keine literarische Meisterleistung vorlegen. Es soll Ihnen nur die Prinzipien aufzeigen, welche sich in meinem Leben bewährt haben und auch Ihnen zum Erfolg verhelfen werden.

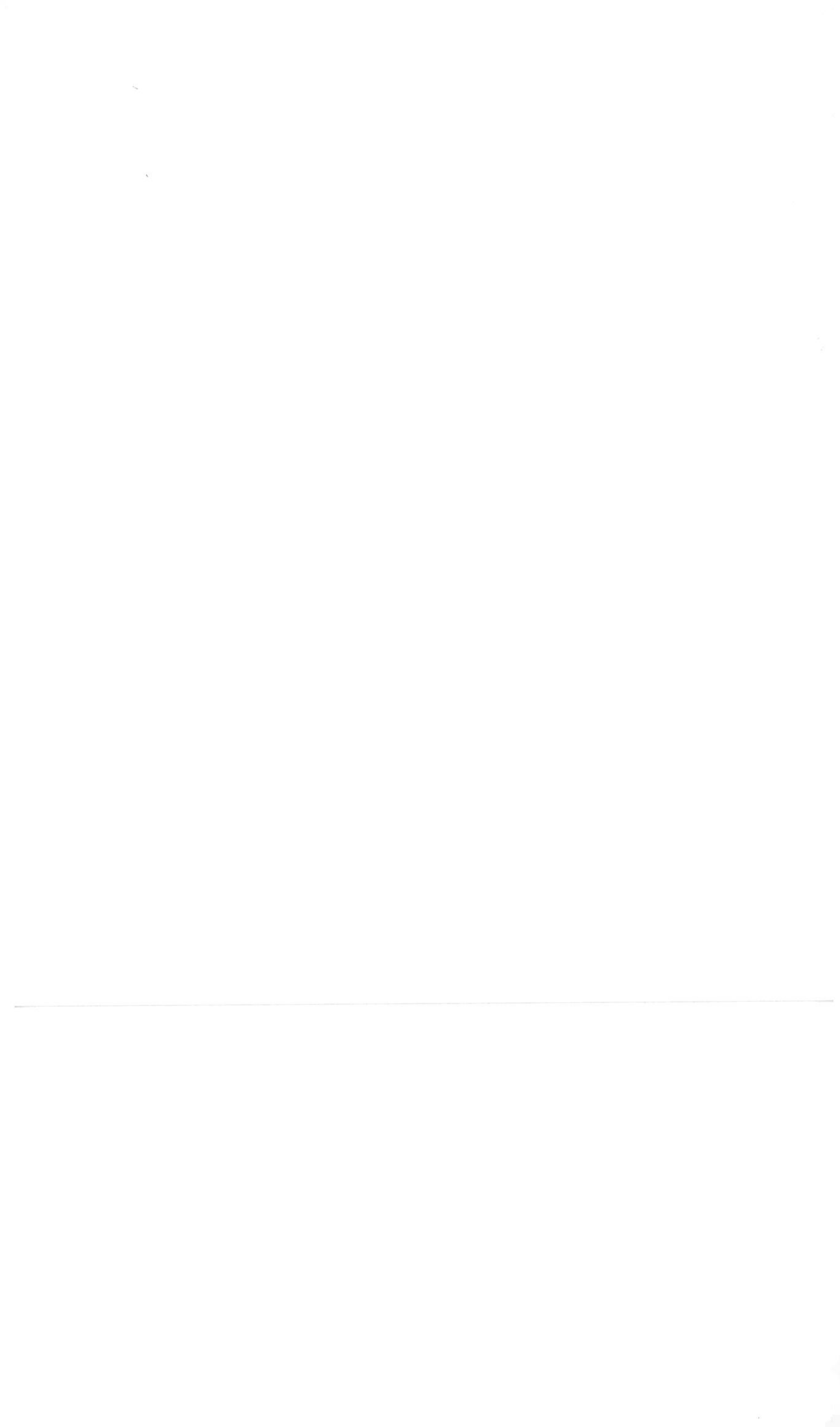

Printed in Germany
by Amazon Distribution
GmbH, Leipzig